互联网背景下
财务管理创新研究

曹　锋　郑爱民　著

辽宁大学出版社
Liaoning University Press

图书在版编目（CIP）数据

互联网背景下财务管理创新研究/曹锋，郑爱民著
. —沈阳：辽宁大学出版社，2021.12
ISBN 978-7-5698-0635-9

Ⅰ.①互… Ⅱ.①曹…②郑… Ⅲ.①互联网络—应用—财务管理—研究 Ⅳ.①F275-39

中国版本图书馆 CIP 数据核字（2021）第 263305 号

互联网背景下财务管理创新研究
HULIANWANG BEIJING XIA CAIWU GUANLI CHUANGXIN YANJIU

出 版 者：辽宁大学出版社有限责任公司
　　　　　（地址：沈阳市皇姑区崇山中路 66 号　　邮政编码：110036）
印 刷 者：沈阳海世达印务有限公司
发 行 者：辽宁大学出版社有限责任公司
幅面尺寸：170mm×240mm
印　　张：14.5
字　　数：300 千字
出版时间：2021 年 12 月第 1 版
印刷时间：2021 年 12 月第 1 次印刷
责任编辑：范　微
封面设计：徐澄玥　孙红涛
责任校对：张　茜

书　　号：ISBN 978-7-5698-0635-9
定　　价：78.00 元

联系电话：024-86864613
邮购热线：024-86830665
网　　址：http://press.lnu.edu.cn
电子邮件：lnupress@vip.163.com

前　言

2019 年的《政府工作报告》明确提出深化大数据、人工智能等研发应用，加快在各个领域推进互联网的发展。随着大数据、云计算、物联网等技术的日益成熟，互联网渗透到传统行业，其在人们的生活中占据着重要地位。同时，互联网技术已经融入各个领域，如打车软件——滴滴打车，很好地利用了移动互联网的特征，可随时随地在手机上进行打车、约车、拼车等，极大地缩短了打车时间，减少了打车费用，为人们的出行带来了实质性的改善。淘宝、京东等购物网站也是利用互联网的共享性、实时性等特点为大众新增了购物渠道，并且通过价格低廉、送货上门等优势吸引了大批客户。现如今的抖音、快手等新的视频带货模式，既让大家看到了实质商品属性，又能享受优惠的价格与服务，这些都是在互联网的影响下发展起来的，其在很大程度上促进了社会的经济发展。

在互联网不断发展的背景下，各行业竞争愈发激烈，企业要想在同行业中获得更强的竞争力，就需要考虑在互联网环境下企业自身的发展需求，构建能够符合企业自身发展的新型财务管理模式，不断提升自身的经营和管理水平。而在企业经营管理过程中，财务管理是影响企业经营质量的关键要素之一。企业进行财务管理的目标是实现企业利润最大化。同时，科学的财务管理能够为各层管理者提供准确的决策信息，是建立现代企业制度的重要保证。因此，财务管理也会基于互联网的发展逐渐转型并创新。

本书主要介绍了互联网的概念、财务管理概论、互联网背景下财务管理状况、互联网背景下财务管理的整体规划、互联网背景下财务管理观念与理念创新、互联网背景下财务管理模式与战略的创新。基于互联网的发展，新的财务管理理念突破了传统财务管理理论框架的束缚，形成了新的财务管理模式，并且在互联网高速发展的今天创新财务管理的技术与方法，充分利用网络技术的优势，创新财务管理模式，使企业在竞争中能够创造更多的机遇，带来更大的商业价值。因此，本书选择"互联网背景下财务管理创新"这一主题进行研究。

本书撰写耗费不少精力，回首撰写时光，笔者不仅习得了更广阔的知识，而且对互联网背景下财务管理创新等相关研究有了更深入的认知。笔者感恩撰写这一段时间以来大家对本书的帮助和支持。在撰写本书的过程中，笔者参考了部分专家、学者的某些研究成果和著述内容，在此表示衷心感谢。由于时间短促，水平有限，缺点和错误在所难免，恳请广大读者、专家、学者批评指教。

作　者

2021 年 3 月

目　录

第一章　互联网概述

如今，人类进入信息技术应用的新时代，无处不在的互联网是这个时代的全新特征。从互联网走进百姓的生活——人们开始在网上获得时事资讯、社交资源、购物信息，到被广泛地应用在与其相关的行业，再到对零售、金融、教育、医疗、汽车、农业、化工、环保、能源等行业产生深刻影响，可以说，互联网为人们提供了更自由的生活和无处不在的便利。

20世纪末，一条64Kb的国际网络专线，标志着中国正式步入互联网时代。自那一刻起，人类技术发展的方向已进入一个由计算机、软件、网络及物流共同构建的全新发展方向。它将人与人、人与物、物与物通过网络相连接、相关联。时至今日，网络的融入改变了人们的生活方式、转换了人们的思维模式，更转变了人们的消费观念。互联网在教育、金融、医疗领域抑或是人们日常消费、娱乐以及智慧城市的打造中都起着重要作用。

百度掌门人李彦宏曾说："中国的互联网正在加速淘汰传统产业，这是一个很可怕的趋势，但如果用一种开放的心态去接纳互联网，那么它一点都不可怕。"近年来，以互联网为载体，以移动通信、云计算、大数据、物联网等新技术为基础，互联网已经明显地带动了部分传统产业的升级。

在传统制造业领域，生产方式相对封闭，生产厂家与消费者之间的联系几乎是断裂的，没有个性化产品也没有用户体验的概念，因为生产者无法与众多消费者实现无缝连接，很多生产者都是处于闭门造车的状态，而互联网的出现彻底瓦解了这一状态，消费者可以参与生产的各个环节，相当于同生产者共同生产出他们想要的产品。在产品的销售环节，互联网时代的消费者无须通过传统厂商购买厂家的产品，而是通过网络和物流配送等环节购买产品。同时，厂家也成为网络电商，消除了消费者与厂家之间的屏障。

在传媒行业中，过去的传媒业一直处于垄断状态，话语的主导权始终掌握在媒体手中，大众的言论没有发表的渠道。当互联网同传统媒体整合后，出现了自媒体及小微媒体，人们不再完全依赖媒体获得信息，话语权回归到每一个有话语权的言说者身上，消除了读者和作者之间的屏障。在传统教育行业中，教育是一种"拜师学艺"的模式演变，但随着信息技术的发展，特别是互联网技术的发展，信息传播的成本降低，近几年在线教育受到了前所未有的关注，各种在线教育的模式和创业型公司也方兴未艾，加之如今视频分享网站的盛行，大众可以随时随地满足自己学习的愿望。教育行业的互联网化的最大优势是突破了时间和空间二者之间的局限性，学生能够按照自身实际情况，自由地选择时间和地点来学习，方便自主，同时可以充分利用资源优势，将全国的教育资源进行整合，降低资源成本，让随时随地学习成为可能。在传统金融领域，"任何人都可以享受到金融服务"是一种很荒诞的想法，而互联网和金融业的结合让传统金融业不得不放下身段，纷纷改革。对于老百姓而言，投资理财等过去被认为是"高大上"的事情，如今就像网购一样平常。

因此，互联网自出现以来就潜移默化地改变着许多行业。互联网最具价值的地方不是创造更多新鲜事物，而是对固有行业的潜在能力实施二次挖掘，同时凭借互联网思维优化和重构传统行业。如此一来，在很大程度上降低了产业门槛，使传统行业的生产和创造得到前所未有的提升。

互联网改变了传统产业的营销模式，实现了渠道的最扁平化。对于任何传统制造业而言，渠道扁平化都是其尽力追求的目标，无论从利润空间的扩大来看还是从成本竞争力的提升来看均是如此。提供商可以跨越中间渠道，通过网络传播平台，如电子商务、推送服务等方式，将丰富多样的产品提供给客户，对传统行业的升级换代将起到重要作用。

互联网这一具有强大生命力的事物，其发展影响了整个世界。无论是互联网还是互联网思维，都会在一定程度上影响各个行业，同时使其发生相应的变化。互联网的应用打破了信息不对称的格局，逐渐让一切信息变得透明。对于传统行业而言，学习互联网思维不仅是为了迎合某一消费群体或者把握其消费习惯的变化，还可以使之成为促使自身变强的利器。

第一节　互联网内涵

早在20世纪末，移动通信的迅猛发展就显露出取代固定通信的苗头。同时，互联网技术的日新月异推动了信息时代不断往纵深方向发展，移动互联网便是在这一背景条件下产生并发展起来的。移动互联网利用无线接入设备来进行互联网访问，可以使移动终端间的数据形成交换。在计算机领域内，这成为第五个技术发展周期，前四个技术发展周期分别是大型机、小型机、个人电脑以及桌面互联网。另外，移动互联网有效地将移动通信和以往的传统互联网技术进行一定程度的有机融合，一直以来都被认为是今后网络发展的关键方向之一。

一、互联网的发展状况

互联网，也称网际网络，按照音译也称因特网，即由网络和网络相互之间所串联而形成的巨大网络。各网络之间由一组通用的协议进行连接，从而构成在逻辑方面具有单一性和巨大性特点的全球化网络。该网络不仅包括交换机以及路由器等诸多网络设备，同时还包括各种连接链路、服务器以及不计其数的计算机和终端设备。在信息时代，人们依托互联网能够把各种信息瞬间发送至相隔千里的人手中。NSF 网，也就是 Internet 发展的广域网，它的建立来源于美国国家科学基金会，旨在使全美 5 个超级计算机中心实现高效连接，从而使 100 多所美国大学实现资源共享。NSF 网同样应用 TCP/IP 通信协议，同时与 Internet 相连。ARPA 网和 NSF 网起初的功能均是为科研服务，旨在实现用户对大型主机这一珍贵资源的共享。在这之后，接入主机的数量不断增多，开始有更多的人用互联网来进行通信及交流。此外，部分公司陆续通过互联网推行商业活动，效果优良。随着互联网发展不断地商业化，互联网在通信、信息检索及客户服务等诸多环节的无限能量被开发，这一切都促使互联网有了质的发展，从而走向全世界。

（一）互联网的发展历程

互联网起源于 1969 年。1969 年，美军在 ARPA（阿帕网，美国国防部研究计划署）制定的协定下将美国西南部的大学 UCLA（加利福尼亚大学洛杉矶分校）、Stanford Research Institute（斯坦福大学研究学院）、UCSB（加利福尼亚大学）和 University of Utah（犹他州大学）的四台主要的计算机连接了起来。这个协定由剑桥大学的 BBN 和 MA 执行，在 1969 年 12 月开始联机。1970 年 6 月，MIT（麻省理工学院）、Harvard University（哈佛大学）、BBN 科技公司和 Systems Development Corpin Santa Monica（加州圣达莫尼卡系统发展公司）加入。1972 年 1 月，Stanford University（斯坦福大学）、MIT's Lincoln Labs（麻省理工学院的林肯实验室）、Carnegie Mellon University（卡内基梅隆大学）和 Case-Western Reserve U 加入。在之后的几个月内，NASA/Ames（美国国家航空和宇宙航行局）、Mitre（米特雷公司）、Burroughs.RAND（兰德公司）和 Ilinois State University（伊利诺伊州立大学）也加入进来。1983 年，美国国防部把阿帕网分成军网以及民网两类，随后逐渐扩大为当前我们所看到的互联网。与此同时，加入其中的公司也日益增多。

互联网的最初设计旨在提供一个通信网络，以此来保证一些地点哪怕是被核武器摧毁仍可顺利进行工作。倘若多数直接通道被阻碍，路由器则能够指引通信信息仅仅通过中间路由器就实现网络传播。

网络起初只面向计算机专家、工程师以及科学家开放，那时尚未产生家庭和办公计算机，所有应用互联网的人都必须学习十分复杂的操作系统。以太网作为大部分局域网的协议，产生于 1974 年，是哈佛大学学生 Bob Metcalfe（鲍勃·麦特卡夫）在信息包广播网上的论文的副产品。该论文起初由于缺乏深入分析而遭到学校驳回，后经过反复研究又添加了一些分析内容才得以被接受。

TCP/IP 体系结构的高速推进，促使互联网在 20 世纪 70 年代得到迅猛发展。这一体系结构最早由 Bob Kahn（鲍勃·卡恩）在 BBN 科技公司中提出，后由斯坦福大学的 Kahn（卡恩）和 Vint Cerf（温特·瑟夫）及其相关学者改进并优化。20 世纪 80 年代，美国国防部应用了 TCP/IP 体系结构，至 1983 年，这一体系结构在全球范围内得到了广泛应用。

1978 年，UUCP（UNIX 和 UNIX 拷贝协议）在贝尔实验室被提出。1979 年，新闻组网络系统基于 UUCP 得到不断发展。而新闻组（集中某一主题的讨论组）也取得了较大成果，为在全球领域交换信息创造了一条崭新的途径。但是，新闻组并未被当作互联网的一个组成部分，原因是它没有共享 TCP/IP 协议。事实上，新闻组连接着世界范围内的 UNIX 系统，与此同时，众多互联网站点都在最大限度地应用新闻组。我们完全可以说，新闻组是网络世界发展过程中极为关键的一环。

与 UUCP 类似，BITNET 这一计算机网络的本身功能是连接世界教育单位，它主要将世界教育组织 IBM 的大型机进行有效连接，并于 1981 年起开展邮件服务。Listserv 软件以及随后开发的许多软件都是用来服务 BITNET 的。此外，网关被开发出来，旨在进行 BITNET 与互联网二者之间的连接，并开拓了电子邮件传递业务以及邮件讨论列表服务。这些列表服务与其余邮件讨论列表共同形成了互联网发展过程中的又一关键环节。

1989 年，Peter Deutsch 等人在 Montreal 的 McGill University 完成了首个检索互联网方面的可喜成果。他们为 FTP 站点建了一个被人们称为 Archie 的档案。该软件可以周期性地抵达一切处于开放状态的文件下载站点，并有序地列出其所包含的文件，与此同时形成一个具有检索功能的软件索引。事实上，检索 Archie 命令是 UNIX 命令，故而必须利用 UNIX 知识方可最大限度地发挥其性能。

麦吉尔大学率先拥有 Archie，且注意到每日美国和加拿大两地之间的通信中有 50% 以上访问 Archie。学校担心管理程序无法支持如此庞大的通信流量，于是做出关闭外部访问的决定。较为幸运的是，当时还有许多 Archie 能够供人们应用。

也是在这一时期，Brewster Kahle 建立了 WAIS（广域网信息服务），可以检索任意数据库下包含的文件并且允许文件检索。在巅峰阶段，智能计算机公司维护着全球领域内多于 600 个数据库的线索，这些数据库都可以被 WAIS 检索，并且涵盖全部新闻组中的常规问题文件以及全部正处于开发状态的旨在为网络标准提供服务的论文文档等。与 Archie 相同，它的接口并不直观，因而如果想实现较为充分的利用，需要耗费很多时间与精力。

1989 年，欧洲粒子物理实验室已经盛名在外，Tim Berners 联合实验室全体成员开发了一个与分类互联网信息紧密相关的协议。该协议在 1991 年以后被人们叫作 World Wide Web，它以超文本协议为基础，基本原理是可以在某一文字中直接将另一段文字的链接进行嵌入。当使用者在浏览该页面时，可以随时点击链接切换至另一段文字。虽然 World Wide Web 比 Gopher 先出现，但它的发展进程非常缓慢。

因为互联网起初由政府部门投资建设，故而 World Wide Web 建立之初也仅仅为研究部门、学校以及政府提供服务。World Wide Web 只能为研究部门以及各个学校的商业应用提供相应服务，禁止二者以外的商业行为。一直到 20世纪 90 年代初，随着独立商业网络的不断发展和壮大，上述情形才得以改善。它实现了在完全无须政府部门资助的网络作为中枢的情况下，由一个商业站点直接将信息发送至其他商业站点的目标。

1991 年，世界上首个连接互联网的友好接口在明尼苏达大学被建立。当时，学校仅仅计划研发一个较为简单的菜单系统，只要能够经由局域网实现访问校园网上的文件以及信息即可。随后，大型主机的狂热者以及客户—服务器体系结构的拥护者进行了十分热烈的讨论。起初，大型主机系统的支持者显现出优势，然而在客户—服务器体系结构的支持人员扬言能够在较短时间内建成一个原型系统后，他们认输了。客户—服务器体系结构的倡导者在很短时间内设计了一个先进的示范系统，并称之为 Gopher。Gopher 被证明十分有效，之后的几年时间内全球领域陆续有了 1 万多个 Gopher。Gopher 完全无须 UNIX 以及计算机体系结构的知识。在一个 Gopher 里，仅仅敲入一个数字，便能立刻选择目标菜单选项。

随着 University of Nevada（内华达州立大学）的 Reno 开发了 VERONICA，这是一种经由 Gopher 使用的自动检索服务，能够促进 Gopher 的可用性得到明显提升，被叫作 VERONICA（Very Easy Rodent-Oriented Net wide Index to Computer ized Archives 的首字母简称）。遍及全球领域的 Gopher 如同互联网一般能够高效搜集网络连接以及索引，受到了无数用户的热烈拥护，由于用户较多导致连接困难的情形一再产生。在这一背景下，大量 VERONICA 被开发出来以降低系统负荷。与此同时，类似的单用户的索引软件也被开发出来，被称作 JUGHEAD（Jonays Universal Gopher Hierachy Excavation And Display）。

Archie 的发明人 Peter Deutsch，一直坚持 Archie 是 Archier 的简称。当VERONICA 和 JUGHEAD 问世时，他显露出十分厌恶的表情。

Dephi 是一家国际商业公司，其最初的业务内容是给客户提供在线网络服务。Dephi 从 1992 年 7 月起向客户提供电子邮件服务，并且从 1992 年 11 月起开拓了较为全面的网络服务。直到 1995 年 5 月，随着 NFS（国际科学基金会）在互联网领域主导地位的消失，一切与商业站点局限性相关的谣言都烟消云散了，同时信息传播日益离不开商业网络。与此同时，AOL（美国在线）、Prodigy 以及 CompuServe（美国在线服务机构）也拓展了网上服务业务。在这一时期，商业应用不断发展，教育机构也发展得生机勃勃，这给 NFS 带来了巨大的成本投资亏损。

在这一时期，微软全方位进入包含浏览器、服务器以及互联网服务提供商（ISP）在内的广阔市场的转型彻底实现，成为以互联网为依托的商业公司。紧接着，到 1998 年 6 月，微软的浏览器和 Windows98 集成桌面电脑的问世表现出 Bill Gates（比尔·盖茨）在迅猛发展的互联网行业进行投资的巨大决心。

（二）我国移动互联网的发展现状

移动互联网是相对固定互联网来讲的，即以移动的方式而不是固定的方式接入互联网。可以说，移动互联网是移动无线通信与互联网二者之间相互融合的产物。移动用户接入互联网，享受互联网提供的服务。移动互联网由移动通信运营商提供接入，由互联网企业提供各种应用，延续了移动通信随时、随地、随身和互联网开放、共享、互动的特点。此外，移动互联网在社会生活中日益占据重要地位，无论是网络付款、视频聊天还是影音娱乐以及沟通联系等，均与互联网紧密相关。基于此，深入分析我国移动互联网的当前情况，可以进一步深化移动互联网的发展。

1.网络业务日益移动化

与固定互联网相比，移动互联网拥有不一样的连接形式，完全无须固定终端接口，仅用网络进行覆盖，用户便能采取便携移动设备时时处处接入网络，从而确保网络业务的有序开展。移动互联网的广泛应用在很大程度上推动着网络业务日益趋于移动化。

2.移动互联网主要用于娱乐

有数据显示，我国移动互联网大多用在娱乐方面，其原因主要有以下两个方面：一方面，大多数移动设备的使用者是青少年学生，而这一群体应用移动网络大体基于娱乐性质，而不是办公性质；另一方面，当前网络市场的大多数网络业务和 App 均为顺应用户需求的娱乐性应用，所以现在移动互联网的基础业务依旧是顺应市场潮流的娱乐性业务。

3.热门业务的发展尤为迅速

随着移动互联网的普及以及用户的迅速增长，我国移动互联网的业务类型越来越多，发展也日渐迅猛，视频、聊天、游戏等典型业务正在如火如荼地进行。

4.移动互联网发展存在明显区域化特征

当今时代，我国移动互联网业务不仅数目巨大而且种类多样，多数业务基本分布在北京、上海、深圳、厦门等沿海城市与经济发达的城市，比较而言，内陆偏远省份如新疆、内蒙古、陕西等的业务量通常很少。众所周知，我国地域辽阔，各省份之间的经济和科技发展速度差异巨大，人民生活与教育情况也相应地存在很大差异。因此，我国移动互联网发展也具有明显区域化特征，如城乡差异过大、东西分布不均等。这在一定程度上加大了区域间通信水平的差异，并且扩大了经济发展水平的差距，从而反作用于移动互联网的地区分布。

二、互联网内涵剖析

互联网始于 1969 年美国的阿帕网，是由各个网络共同串联形成的巨大网络，其间由一组通用协议进行相连，最终呈现出逻辑上具有单一巨大特征的国际网络。基于此，计算机网络相互之间进行有效连接，即"网络互联"，以此为基础延伸出涵盖全球范围的互联网络叫作互联网，其本质便是互相连接在一起的网络。需要注意的是，互联网与万维网并不一样，后者作为全球性系统仅仅以超文本相互连接为基础，是前者可提供的多种服务之一。

互联网具有全球化特征，即无论是谁发明了互联网，互联网都为全人类所共有。这种"全球性"并非苍白的政治口号，它有着基本的技术保证。由于互联网的自身结构依据"包交换"的连接方式，所以就技术层面而言，互联网完全没有中央控制方面的问题。换句话说，某一国家或利益集团经由某种技术而进行互联网控制，这完全没有实现的可行性。反之，将互联网封闭在某个国家中也毫无可操作性。

但是，互联网作为一个全球性网络，一定得确保可以接入的每一台主机不可以存在类似两人同名的情况。如此，互联网便需存在一个可以确认各台主机名字的固定机构，从而可以确认各台主机在互联网中的具体"地址"。但是，这只赋予了"命名权"，对地址的确认权无法等同于控制权。负责命名的机构只可以命名，无法承担其他工作。同样的道理，互联网必须存在一个机构来制定全部主机均应当遵循的交往规则（也就是协议），不然便无法形成全球范围内各不相同的电脑以及操作系统均可应用的互联网。此外，下一代 TCP/IP 协议针对各种网络信息等级实施有效分类，为的是能够提高传输速度（如优先传送浏览信息而非电子邮件信息），即这种机构所拥有的服务的有力证明。同理，上述对共同遵循"协议"的制定权亦并非控制权。显而易见，互联网所具有的这些技术特征均体现出互联网管理与"服务"有关，而与"控制"无关。

客观来说，互联网同人们频繁提到的"信息高速公路"仍有较长距离。一方面，这是由于互联网的传输速度有待提升；另一方面，互联网尚未定型，仍处于发展和优化状态。因此，一切与互联网相关的技术概念都具有当下性和现时性特征。除此之外，加入互联网的用户日益增长，在日复一日使用互联网时，人们也在持续思考，从社会、文化等各种层面对互联网存在的基本性质、功能作用以及时代价值进行深入探讨。

综上所述，互联网的产生尽管是人类通信技术的一个里程碑，但若仅从技术层面理解互联网的价值则较为肤浅。互联网的发展及其不断优化，远远超越了早期 ARPANET 在军事与技术方面的单一目的，可以说，互联网从一产生便是为人类提供交流服务功能的。

三、互联网的特点

互联网具有开放性、全球性、虚拟性、身份的不确定性和平等性等特征。

（一）开放性

互联网的本质是计算机之间的互联互通，以便能够使信息共享。互联网的这种开放性主要体现在以下几个方面：一是对用户开放。互联网是一个对用户充分开放的系统。在这里，不分国家、种族、贫富、性别、职位高低和年龄大小，只要你具备上网的硬件条件，就可以上网去体会网上冲浪的乐趣。二是对服务者开放。从系统论的角度来说，互联网是一个无限的信息巨系统。互联网上的信息来自不同的提供者，没有哪一个国家或组织能够独揽互联网的信息服务。互联网正是通过对服务者开放，为用户提供一个开放的接入环境，从而使互联网上的每一个节点，都可以自愿地、轻而易举地为互联网提供信息服务。三是对未来的改进开放。互联网的这一特点，使得互联网上的子网在遵循 TCP/IP 接入协议的前提下，可以有不同的风格和体系，可以根据不同的需要随时对任何一个子网进行更改而不影响整个互联网的运行。

（二）全球性

网络拓展了人类的认识和实践空间，难以相见的人们顷刻间变成了近在咫尺的网友。庞大的地球在不知不觉中变成了"地球村""电子社区"，人人都可以进入这个"地球村"，成为这个"电子社区"中的一员。人人都可以在网络上使用最新的软件和资料库，不同的观念和行为的冲突、碰撞、融合变得直接和现实。网络化还把异质的宗教信仰、价值观、风俗习惯、生活方式等呈现在人们的面前，经过频繁洗礼和自主的选择，不同国家、不同民族和不同生活方式的人们通过学习、交往和借鉴，达到沟通和理解。

（三）虚拟性

网络世界是人类通过数字化方式，链接各计算机节点，综合计算机三维技术、模拟技术、传感技术、人机界面技术等一系列技术生成的一个逼真的三维的感官世界。进入网络世界的人，其基本的生存环境是一种不同于现实的物理空间的电子网络空间。一方面，网际关系的虚拟性是与实体性相对的，交往主体隔着"面纱"，以某种虚拟的形象和身份沟通交流着，交往活动也不再像一般社会行动那样依附于特定的物理实体和时空位置。另一方面，网际关系的虚拟性并不与虚假性等同，在人工建设形成的虚拟情境中，网络带给人一种特殊的在现实中非实在的感受，然而就功能层面而言其又具有真实性。

（四）身份的不确定性

在现实世界中，网民的社会关系无论是亲戚、朋友，还是同事、师生，就某种程度而言，都具有"熟人型"的基本特征，他们的交往活动往往以一定的物理实体以及时空位置为基础，与此同时被相对稳定的社会价值观所支撑并且制约。但是，在网络世界中，人际关系充满了不确定性。在网络技术的基础上，任何人均能够成为"隐形怪杰"，不仅人们的身份，还有人们的行为方式以及行为目标等均能够被隐匿甚至被篡改，就像一个白发老翁能够利用网络发布信息将自己伪装成红颜少女等。比尔·盖茨对此有过非常贴切的形容："在Internet上没人知道你是一条狗！"

（五）平等性

网上的信息并不为某一个人独有，而是平等地属于每一个网民。互联网表现出的上述特征促使网民的思维日益趋于平等和双向沟通，广大网民的思维方式日益多样化，并且越来越有创造性。

第二节 互联网技术基础

互联网是由成千上万个类型与规模都不相同的计算机网络、各种类型计算机和入网终端通过电话线、各类高速专用线、卫星、微波和光缆连接在一起所组成的世界范围的巨大计算机网络。互联网的组成由小到大，首先由较小规模的网络（如局域网LAN）互联成较大规模的网络（如城域网MAN），进而进一步互联形成更广范围的网络（如广域网WAN），最终这些网络通过主干网络连接而形成遍及全球各地的万网之网（Network of Networks），也就是互联网。要想将形形色色的网络和计算机互联成功，就必须有一个具有良好网络互联功能的网络协议，TCP/IP就是这样一个协议族，它包括了ARP，IP，ICMP，IGMP，UDP和TCP等协议。其中的TCP和IP协议是最重要的网络协议。IP协议具有良好的适应性，无论是较早的X.25这样的低速网络还是后来ATM这样的高速网络，无论是以太网等广播介质网还是DDN点到点通信网络，甚至无线卫星信道，IP协议都可以将它们互联进网，成为支撑互联网的基础。

一、互联网最基础的协议

互联网的网络层提供无连接的数据包服务，这样一个服务属于"尽力而为"的服务，不能承诺数据包的到达。这一层的协议主要分为四部分，即网络协议、路由协议、网络控制信息协议和组播协议。

（一）IPv4 地址

由 IP 协议来赋予一种统一的地址格式，就叫作 IP 地址。它的功能是给互联网上的所有网络以及主机分配各自的逻辑地址，具体来说，要为网络设备及主机的所有通信端口分别提供独一无二的地址标识，从而屏蔽物理地址引起的客观差异。

1. IP 地址的分类和表示

IP 地址长为 32 个比特位，分为 4 个字节，采用点分十进制方式记录，被表示为 4 个以小数点隔开的十进制整数，每个整数对应一个字节。

2. 子网和掩码

在现实应用过程中，只是凭借网络地址来划分网络，往往可能造成 IP 资源浪费。比如，一个 A 类网络可以有 1600 万台主机，但实际上不可能有这么多主机连接到一个单一的网络中，这会给网络寻址和管理带来很大困难。据统计，在已经分配的网络地址中，主机地址的使用率仅为 5%。为了解决这一问题，引入了子网划分法，这种方法是把主机地址更细致地划分为子网地址以及主机地址，从而使对子网地址位数的定义更加灵活，最终实现对所有子网规模的控制。当一个网络被划分成若干个子网后，对外仍是一个单一的网络，网络外部无须了解网络内部子网的划分状态，与此同时，网络内部所有子网允许独立寻址并且自我管理，所有子网相互之间经由路由器互联，以克服网络寻址和安全问题。子网掩码的作用就是将一个 IP 地址划分成网络地址部分和主机地址部分。同 IP 地址一样，子网掩码也是 32 位的二进制，其网络部分都是 1，而主机部分都是 0。基于此，若想判断两个 IP 地址是不是来自同一个网络，仅仅需要对这两个 IP 地址和子网掩码实施逻辑运算，倘若运算结果一样，那么就可以认为它们在一个网络中。

（二）IPv4 数据报格式

IP 数据报由数据报头和数据域两部分组成，数据报头由长度为 20 字节的固定部分和可变长度选项部分组成，20 字节的固定部分包括 Version，IHL，Type of service，Total length，Identification，Flags，Fragment offset，Time to live，Protocol，Header checksum，Source address，Destination address，Option，Padding。

Version 是版本号，现在广泛使用的是第四版的 IP（称为 IPv4），IPv6 也已经制定出来以支持更多的新业务，部分网络已经开始使用。

IHL 指数据报头的长度（单位为 4 字节），其中最小值为 5（表明只有固定部分），最大值为 15，说明数据报头的最大长度为 60 字节，也就是说选项部分最长为 40 字节。一般报头的字长为 20 字节。

Type of service 指需要的服务类型，它只能从最小延迟、最大吞吐量、最高可靠性和最小花费中选择其一，如思科公司已经将该字段前三位用来表示路由器执行不同的服务等级。

Total length 指 IP 数据报的长度（单位为字节），IP 数据的最大长度为65535 字节，考虑到传输的时延和主机的处理能力，多数机器将此长度限制在576 字节之内。

Identification 是数据报标识，发送方每发送一个数据报，其数据报标识就加 1。若数据报在传输过程中分成若干小的数据段时，每个数据段必须携带其所有数据报的数据包标识，接受方据此可将属于同一个数据报的数据段重新组装成数据报。

Flags 部分有两个主要的字段，即 DF 和 MF。DF（Don't Fragment）指示路由器不将数据报分段，因为目的主机没有组装能力。MF（More Fragment）说明该片段是否为数据报的最后一个片段，最后一个片段的 MF 位置为 0，其余片段的位置为 1。

Fragment offset 表示该片段在数据报中的位置（以 8 字节作为基本单位），除最后一个片段外，其余片段的长度都必须是 8 字节的整数倍。注意，由于没有规定 IP 数据报的数据部分大小，从若干字节到几千字节都有，而每个路由器能够处理的最大数据报的长度是不一样的，所以若发送端发出的数据报超过576 字节，则可能在传输过程中被分割成较小的数据报，本字段就是为了在数据中发送这种分割后"子数据报"排序而使用的。576 字节则是所有路由器都能处理的最大数据报长度。

Time to live 域是一个计算器，用来限制数据报的寿命。实际使用时，它并不是用来计时的，而是用来计算数据报经过的站段数，数据报每达到一个路由器，该域就显示减去 1，一直减到 0 时，数据报就会发生丢弃。

Protocol 的内涵是上层使用的协议，其原理是接收端按照这个字段的指示确定需要把 IP 报文的数据交予哪个对象，然后让上层协议去处理。常见的上层协议包括 TCP，UDP，ICMP 和 IGMP。

Header checksum 用来校验以及对数据报头实施校验，以确保头部数据是完整的。需要注意的是，IP 协议不存在对数据部分校验的功能。

Source address 是该数据报的源 IP 地址。

Destination address 是该数据报的目的 IP 地址。

Option 是 IP 报文的选项，主要用于控制和测试。这些选项包括安全选项、严格源选项、松散源选项、路由记录和时间戳。这些选项很少被使用，并非所有主机和路由器都支持这些选项。

Padding 作为填充域，主要经由在可选字段后添加 0 的方式来补足 32 位，从而能够保证报头长度是 32 的倍数。

（三）IP 路由技术

路由（routing）是指分组从源到目的地时，决定端到端路径的网络范围的进程，是实现高效通信的基础。路由过程是在路由器上完成的，下面介绍路由器的结构以及如何工作来完成路由过程。

1.路由器结构及路由选择过程

一个路由器有多个网络接口，分别连接一个网络或另一个路由器。路由器通常包含四个部分，分别是输入端口、输出端口、路由处理器和交换结构。路由器的工作过程如下：当某个输入端口接收到数据帧时，输入端口解封装数据链路层的帧，与此同时将网络层分组取出来，并即刻通过路由处理器的路由表这一途径来搜寻输入分组的目的地址，以便精准确认目的输出端口，在此基础上路由可完成查找，并经由交换结构把分组传输至指定输出端口，再由输出端口将分组封装到数据链路层帧中发送出去。

2.路由表

路由表是网络路由选择的地图，从路由器的结构和路由过程来看，路由器的工作是围绕路由表来进行的。其中，路由处理器利用路由协议来完成对路由表的建立、更新等维护工作；交换结构执行根据路由表所确定的交换指令，来完成整个路由过程。因此，理解了路由表的结构、建立和更新过程，也就理解了整个路由过程。路由表分为两种，即静态路由表和动态路由表。其中，静态（static）路由表由系统管理员事先设置好固定的路由表，通常在系统安装时便已依照网络的实际配置概况进行预先设定，即使将来网络结构发生了改变，它也不会发生变化；与此相反，动态（dynamic）路由表的特征则是路由器按照网络系统的即时运行状况来进行自动调整。综上所述，路由器遵循路由选择协议（routing protocol）所赋予的基本功能，实现网络运行状态的自主学习以及记忆，并在有必要时自动计算及确定数据传输的最优路径。

（四）路由协议

路由协议用来建立和维护路由表。路由器上的路由协议之间主动交换路由信息，并依据这些信息通过计算来建立完整的路由表，通过路由协议，路由器可以动态适应网络拓扑结构的变化，并找到去往目的网络的最佳路径。因此，路由器不采用"泛洪"的方式来进行路径学习和选择，可以减少广播数据对网络的冲击。

互联网有一种网络组织形态，就是自治系统（Autonomous System，AS）。AS 是由一组路由器集合组成的网络，这组路由器处于同样的管理和技术手段控制之下，运行同样的路由协议，整个互联网就是由若干个 AS 组成的。路由协议被分为两大类：一类是运行在 AS 内部，被称为 IGP，典型的 IGP 有 RIP（Routing Information Protocol）、OSPF（Open Shortest Path First）和 EIGRP（Enhanced Interior Gateway Routing Protocol）；另一类是运行在 AS 之间，被称为 EGP，典型的 EGP 有 BGP4 协议。

（五）ARP 协议和 RARP 协议

1.地址解析协议（ARP）

如果在以太网上运行 IP 协议，把需要发送的数据封装后，要交给数据链路层发送。以太网上使用 6 字节的 MAC 地址，每一个网卡上使用的 MAC 地址是由网卡的生产厂家设置的，和该接口上的 IP 地址没有对应的关系，IP 层协议只知道要发送的下一站的主机和路由器的 IP 地址，那么链路层如何决定下一站的主机 MAC 地址呢？在以太网等局域网上，可以使用 ARP（Address Resolution Protocol）协议来实现 IP 地址到 MAC 地址的动态转换。

2.反向地址解析协议（RARP）

RARP（Reverse Address Resolution Protocol）协议可以实现 MAC 地址到 IP 地址的转换。此协议主要工作在有无盘工作站接入的网络中。网络中的无盘工作站在启动时，只知道自己是网络接口的 MAC 地址，而不知道自己的 IP 地址。它首先要使用 RARP 得到自己的 IP 地址后，才能同其他服务器通信。在一台无盘工作站启动时，工作站首先以广播方式发出 RARP 请求，这个 RARP 服务器就会根据提供的 RARP 请求中的 MAC 地址为该工作站分配一个 IP 地址，产生一个 RARP 响应包，并发送回去。

（六）ICMP 协议

ICMP（Internet Control Message Protocol）是一种出差和控制报文协议，用于传输错误报告和控制信息，是网络层的协议之一。ICMP 报文通常以封装在 IP 数据包中的方式实现传输，主要由头部与数据组成。当 IP 包头中的包类型是 1 时，意味着报文的数据这一部分是 ICMP 报文。尽管 ICMP 报文必须通过 IP 报文传输，却无法将 ICMP 当作 IP 的上层协议。ICMP 的本质是作为 IP 协议的有机补充。事实上，IP 协议处理数据时往往会形成一些 ICMP 报文，这些 ICMP 报文的作用是报告报文的处理状态。可见，将 ICMP 放在 IP 协议包中是为了应用 IP 的转发功能。

如果依据协议的功能进行划分，ICMP 报文可分成三种，即差错报文、控制报文及测试报文。在这三种功能中，差错报文是 ICMP 最为基础的功能，除了涵盖目的不可达之外还包含超时和参数出错报告等内容；控制报文的功能通常是拥塞控制以及路径控制；测试报文的功能则是进行网络诊断。人们在网络中经常会用到 ICMP 协议，如人们经常使用的用于检查网络通不通的 Ping 命令（Linux 和 Windows 中均有），这个"Ping"的过程实际上就是 ICMP 协议工作的过程。其他的网络命令如跟踪路由的 Tracert 命令也是基于 ICMP 协议的。

二、网络的相关命名

互联网、因特网以及万维网相互之间的关系为：互联网包含因特网，因特网包含万维网，所以只要是由可以实现彼此通信的设备所构建的网络便是互联网。因此，哪怕只有两台机器，只要能以某种技术实现彼此之间的通信，便可称为互联网。当然，因特网并非只有两台机器构建，它属于由千万台设备共同构建而成的互联网。

因特网应用 TCP/IP 协议，实现各不相同的设备之间的通信。然而，这并不是说只要应用 TCP/IP 协议的网络就叫作因特网。事实上，一个局域网也能够应用 TCP/IP 协议。因此，要想确定自己接入的是不是因特网，一方面要确认自己的电脑是否已经完成 TCP/IP 协议的安装，另一方面要确认是否具备一个公网地址（一切私网地址之余的地址）。

因特网依托于 TCP/IP 协议来发挥自身功能。TCP/IP 协议包含诸多协议，类型各异的协议分别存在于各自的层。例如，应用层存在许多协议，有 FTP、HTTP 及 SMTP 等。一旦应用层应用的是 HTTP 协议，即可叫作万维网（World Wide Web）。

三、大数据时代的来临

自 20 世纪 80 年代以来，人们就开始尝试在网上进行交易。然而，由于互联网的匿名性与早期第三方监管的缺失，网上交易产生了许多投机行为。随着第三方惩罚机制和声誉机制的建立与完善，网上交易环境逐渐得到优化，越来越多的人愿意在互联网上进行交易事宜，交易所产生的网络数据也不再是人们上网环节产生的副产品。每天在互联网上所产生的交易数据已成为维系社会经济事业的关键纽带，一些业内人士看到了其中的商机，开始运用统计学工具对这些数据进行分析。随着社会的发展，人们的生活水平不断提高，数字化与信息化随之普及，与工作生活相关的信息类型和规模都以前所未有的速度不断增长。ZDNET 机构发布的《数据中心 2013：硬件重构与软件定义》年度技术报告显示，仅在中国，2013 年所产生的数据总量就已超过 0.8ZB，相当于 2009 年全球的数据总量。如今，大数据已覆盖了人类经济社会的各个方面，数据从一类简单的处理对象逐渐转变为一种基础资源，如何有效地对其进行开发与管理已成为一个前瞻性的问题。

（一）什么是大数据

大数据是指无法在可承受的时间范围内用常规软件工具进行捕捉、管理和处理的数据集合。但是，这种定义并不够直观和严谨，大数据其实并不是一个新鲜事物，早在 20 世纪 80 年代伊始，被称为最有影响的未来学家阿尔文·托夫勒（Alvin Toffler）就指出，对大量数据的处理与分析将成为第三次浪潮中最精彩的篇章。最近几年，"大数据"这一名称更频繁、更迅速地进入人们的视野，刷新着大众的互联网思维。虽然人们已经对大数据不再陌生，但是很少有人真正地探究过隐藏在大数据背后的神秘王国。提及大数据这一概念，很多人只能从数据量上去模糊地感知它，其实大数据离我们一点儿也不远。Amazon 购物网站每秒会产生 72.9 笔订单，YouTube 网站每分钟上传的视频总时长达 20 小时之多，Google 平均每天处理 24PB 数据量，Facebook 用户超过 10 亿个，每月上传近 75 亿张照片，每天生成近 300TB 日志数据。文字成了数据，机械的物理状态成了数据，人们所处的地理位置成了数据，甚至人与人之间的互动信息也成了数据。据估计，全球人类如今每天都会增加 2.5 万亿字节的数据。大数据的起源虽然要归功于互联网与电子商务，但大数据最大的应用前景却在传统产业，一是因为几乎所有传统产业都在互联网化；二是因为传统产业仍占据 GDP 的绝大部分份额。作为传统企业，在互联网时代，应用大数据可以直接获取消费者对产品的反馈，与消费者有了真正意义上的互动沟通。在大数据时代，企业的核心还是做更极致的产品，提供更好的体验。大数据在传统产业的应用其实就是互联网的一个重要组成部分，如何利用好大数据，对传统行业进行升级转型以及管理营销都是巨大的机遇和挑战。

（二）大数据的特点

"大数据"的英文"Big Data"可以恰如其分地刻画出其自身庞大的数据规模，除了从数据量上对"大数据"进行认识，我们还可根据大数据的特征对其进行全面理解。通俗地讲，大数据的特点可以概括为"4V"（Volume，Variely，Velocity，Value）。其中，Volume（大量的）指传统的技术已无法处理的庞大数据量，如一座大型城市在一年时间内所产生的数十亿条智能电表数据，利用传统的方法甚至难以清晰地进行明细记录；Variety（多样化的）指的是大数据中不仅有传统的结构化数据，而且有非结构化、半结构化数据；Velocity（高速增长的）指数量众多的设备所产生的实时数据量十分庞大，数据总量呈指数级增长，需要利用先进的技术手段才能及时对其进行记录与存储；Value（有价值的）指单条数据的价值虽然并不大，但当数据量达到庞大的规模时，就能从中分析出有价值的信息，如企业利用客户消费的各种数据分析出不同客户群体的消费意向发展趋势，这对企业来说就是十分有价值的商业情报。当庞大的数据量难以用统计学的方法进行处理时，就必须借助数据挖掘、云计算等更先进的技术与方法对其进行处理。

四、数据挖掘

（一）数据挖掘简述

数据挖掘（data mining）是通过分析，从大量数据中寻找其规律的技术，主要有数据准备、规律寻找和规律表示三个步骤。数据挖掘的任务有关联分析、聚类分析、分类分析、异常分析、特异群组分析和演变分析等。

数据挖掘算法经过多年的发展已经成为一种成熟、稳定且易于理解和操作的技术。现在面临的尴尬境地是数据越丰富，信息越匮乏（data rich but information poor）。快速增长的海量数据，已经远远地超过了人们的理解能力，如果不借助强有力的工具，很难弄清大堆数据中所蕴含的知识。重要决策只是基于制定决策者的个人经验，而不是基于信息丰富的数据。数据挖掘填补了数据和信息之间的鸿沟。数据在商业运营上能起到非常重要的作用，有数据支持的（商业）决定总是更好的决定。

（二）数据挖掘算法

数据挖掘具有多种不同的挖掘算法，主要包括分类算法、聚类算法、关联算法、序列挖掘算法等。在实际应用过程中，具体采用哪种算法主要由挖掘的目标决定，不同类型的算法适合不同的情况，从而达到不同的效果。

1. 分类算法

分类技术在很多领域都有应用，如可以通过客户分类构造一个分类模型来对银行贷款进行风险评估及对市场营销中的客户细分等。在客户细分过程中，采用数据挖掘中的分类技术及对可以将客户分成不同的类别。此外，还有其他分类应用，如文献检索和搜索引擎中的自动文本分类技术，安全领域有基于分类技术的入侵检测，等等。具体地，在机器学习、专家系统、统计学和神经网络等领域的研究中已经相继提出了许多具体的分类预测算法，如决策树算法、KNN（K-Nearest Neighbor）算法、支持向量机（SVM）算法、VSM（Value Stream Mapping）算法、贝叶斯（Bayes）算法、神经网络算法等。

2. 聚类算法

将物理或抽象对象的集合分成由类似的对象组成的多个类的过程被称为聚类。由聚类所生成的簇是一组数据对象的集合，这些对象与同一个簇中的对象彼此相似，与其他簇中的对象相异。"物以类聚，人以群分"，在自然科学和社会科学中，存在着大量的分类问题。

聚类分析又称群分析，是研究分类问题的一种统计分析方法。聚类分析起源于分类学，但聚类不等于分类，其最大的不同点在于聚类所要求划分的类是未知的。此外，在聚类分析中，聚类是由若干模式（patterm）组成的，通常，模式是一个度量（measurement）的向量，或称为多维空间中的一个点。在一个聚类中的模式之间比不在同一聚类中的模式之间具有更多的相似性。聚类分析作为数据挖掘中的一个模块，可以作为一个单独的工具以发现数据库中分布的一些深层的信息，并且概括出每一类的特点，或者把注意力放在某一个特定的类上以做进一步的分析。此外，聚类分析也可以作为数据挖掘算法中其他分析算法的一个预处理步骤。

聚类分析的应用十分广泛，如在市场分析中，聚类分析可以帮助市场分析人员从消费者数据库中区分出不同的消费群体来，并且概括出每一类消费者的消费模式或者说习惯。目前，聚类分析主要有 K-MEANS 算法、Clara 算法、Clarans 算法、系统聚类法、有序样品聚类法、动态聚类法、模糊聚类法、图论聚类法、聚类预报法等。

3. 关联算法

关联算法一般用于关联分析，即从大量数据中发现项集之间潜在的关联或隐含的相关联系。关联分析是一种简单、实用的分析技术，就是发现存在于大量数据集中的关联性或相关性，从而描述了一个事物中某些属性同时出现的规律和模式。例如，典型的"购物篮"分析案例中，通过发现顾客放入其购物篮中的不同商品之间的联系，分析顾客的购买习惯；同时，通过了解哪些商品频繁地被顾客同时购买，帮助零售商制定营销策略。除此之外，价目表设计、商品促销以及依托购买模式的顾客划分等环节均可运用。关联算法的分析原理是从数据库中关联分析出形如"由于某些事件的发生而引起另外一些事件的发生"之类的规则。例如，67% 的顾客在购买啤酒的同时也会购买尿布，通过合理的啤酒和尿布的货架摆放或捆绑销售可提高超市的服务质量和效益。又如，C 语言课程优秀的同学，在学习数据结构课程时为优秀的可能性达 88%，那么就可以通过强化 C 语言课程的学习来提高教学效果。目前，关联规则的经典算法主要有 Apriori 算法、FP-Growth 算法等。

4. 序列挖掘算法

序列挖掘算法是基于时间或其他特定的序列而进行的一类算法。例如，顾客在观看"星球大战"系列的电影时，按照故事情节的顺序应先看《星球大战》，然后看《帝国反战》，再看《杰达武士归来》。然而，顾客观看这三部电影的行为并非一定是连续的，在任意两部电影之间随意插播了其他电影，仍然可以满足这个序列模式。在这个案例中，一部电影代表着一个序列元素，而在其他序列模式中，一个序列元素可以是一个项集，即多个物品组成的集合。需要注意的是，项集内部元素是否区分顺序无关紧要，如枕头和枕头套，能够被当成两个项构建而成的项集，作为某一个序列模式的元素。从巨量的数据中发现这些项集的顺序规律的算法便是序列挖掘算法。具有代表性的序列挖掘算法不但包含 AprioriAll 算法、AprioriSome 算法，而且包含 GSP 算法和 PrefixSpan 算法等。

（三）数据挖掘的基石——数据仓库

比尔·恩门（Bill Inmon）被人们称为数据仓库之父，他是最早的数据仓库概念的提出者。1991 年，其著作《建立数据仓库》中数据库的概念随后被普遍认可。数据仓库作为一个数据集合，其功能是支持管理决策的，它具有四大基本特征，即主题性、集成性、相对稳定性以及依据时间进行相应变化。

1. 主题性

操作型数据库所包含的数据组织主要进行事务处理，所有业务系统相互之间呈现为分离状态，但数据仓库所包含的数据则是依据相应的主题域实施组织活动。主题性作为一个抽象定义，主要是就传统数据库所具有的应用性而言的，是指在一个比较高的层次上有序地对企业信息系统中的各项基本数据实施综合、归类以及分析利用。所有主题都有与之相应的宏观分析范围。数据仓库通常会将那些对决策无效的数据进行排除，从而提供相应主题的简明视图。

2. 集成性

数据仓库所包含的数据通常依托对原有分散数据库数据进行筛选继而系统加工、汇总并且整理来最终获取，往往将源数据中的不一致性予以消除，从而确保数据仓库所含有的信息与整个企业的全局信息紧密相关，并且具备一致性这一基本特征。

3. 相对稳定性

数据仓库所包含的数据通常用来为企业决策提供帮助，以数据查询为依托，只要有数据进入数据仓库便被长久性地保留，这意味着数据仓库中往往存在大量查询操作，而修改及删除操作不多，只需规律性地进行加载或者刷新即可。

4. 依据时间进行相应变化

数据仓库的数据往往包括历史信息，可以说是系统性地记录了企业自之前任一时点（如最初使用数据仓库的时点）至现在的所有时段的信息，经由这些信息，人们能够依据企业的发展历程进行未来走向的判断。

数据仓库赋予用户能够为决策提供帮助的数据，包括当前数据与历史数据。这些数据通常在以往的操作型数据库内不太容易获取。数据仓库技术的基本功能是能够高效地将操作型数据聚集至一个统一的环境中，从而赋予决策型数据访问所需要的那些技术以及模块，旨在使用户能够更为便捷地查询自身所需信息，同时予以决策支持。

数据仓库涵盖诸多要素，不仅仅有数据仓库数据库和数据抽取工具，而且有元数据、访问工具以及数据集市等。事实上，在数据仓库环境的范围内，数据仓库所包含的数据库处于中心地位，它作为数据存放之处，赋予数据检索相应的帮助。但是，就操作型数据库而言，它的基本特征对庞大的数据管理予以支持以及实施快速检索，与此同时，数据抽取工具将各种数据从丰富多样的存储途径中提取出来，进行相应的转化及整理，继而将其存放于数据仓库中。由此可见，数据存储方式互相之间存在差异，而数据抽取工具的主要功能便是对其实施访问。数据管理不仅涵盖无意义的数据段、统一转换的数据名称和概念，而且涵盖计算统计和衍生数据、为缺值数据提供默认值，除此之外还可将存在差异的数据定义方式予以统一等内容。

元数据的作用主要是描述数据仓库所包含数据的结构以及形成方法。依据元数据的使用途径可将其划分成两种：一种是技术元数据，另一种是商业元数据。具体而言，技术元数据的作用主要是数据仓库的设计者及管理者对数据仓库进行设计开发并且实施常规管理，通常包含很多内容，如数据源信息、源数据到目的数据的映射、用户访问权限以及各项历史记录等。而商业元数据则是以商业业务为着眼点对数据仓库的数据进行系统描述的，通常包含业务主题描述及业务查询与报表等各项内容。元数据赋予数据仓库一个十分详细的信息目录，这个目录系统地描述了数据仓库所包含数据的相应类型、来源与其访问路径。访问工具的基本作用是为广大用户进行数据仓库的访问提供相应的路径。一般而言，访问工作涵盖了数据查询和报表工具、应用开发工具以及数据挖掘工具等多个类型。此外，数据集市作为从数据仓库分离而形成的数据，其通常是由于特殊应用目的以及领域而存在的，人们也将其称为部门或主题数据。综上所述，在应用数据仓库的时候，通常可以选择以某个部门的数据集市为着眼点，继而以几个基本的数据集市构建出一个完备的数据仓库。值得一提的是，当构建不同的数据集市时，一定要确保同一含义字段定义相互之间的相容性，这是为了避免应用数据仓库的过程中发生意外情况。

一般而言，数据仓库的管理均具有许多方面的内容，如安全和特权管理、对跟踪数据进行及时更新以及元数据管理。除此之外，对数据进行相应的删除、必要的复制与分发等操作也是其主要内容。

第三节　互联网发展趋势

2011 年 2 月，IT 风险投资人约翰·杜尔（John Doerr）把最热的三个关键词整合在一起，第一次提出"SoLoMo"这一概念。这三个关键词分别是 Social（社交的）、Local（本地的）以及 Mobile（移动的），它们各自起始的两个字母组合构成"社交本地移动"，其内涵便是"社交 + 本地化 + 移动"。随后，

"SoLoMo"概念风靡全球，被一致认为是互联网未来的发展趋势。对于移动视频媒体来说，移动化是其最基本的特征，体现了从静止到移动、从桌面到手持终端、从单一到多元的转变。"SoLoMo"所强调的社交化和本地化也正是移动视频媒体的发展趋势。作为日常化的伴随性视听媒体，移动视频媒体的社交意义与日俱增，移动视频社交正成为新的社交时尚，本地化贴合了移动视频媒体的伴随特征，本地功能的强化使之能够更好地进行线上线下的连接，并进一步实现社交化。随着人工智能技术的不断提升，移动互联网中的智能化已经成为广大用户的最现实需要，乘着人工智能这一先进技术的东风，移动视频媒体终会实现革命性的发展。

一、互联网社交化

以往，大众传播仅可利用模拟谈话场等单一途径进行拟态人际传播，最常用的是电视谈话节目之类的途径。当前，移动互联技术日益发展，已经十分高效地应用大众传播媒介创新了形式多样的传播工具，这些传播工具以社会化交往为立足点，充分应用多媒体、高维以及云计算等层出不穷的新技术，尽可能地将人际交往所具有的传播效果与达到效率进行有机结合。显而易见，移动媒介技术赋予广大用户的是社会交往方式层面的质的飞跃。

移动视频媒体的社交化正是移动社交和视频这一媒介的融合。移动社交用户以移动智能终端为载体，通过移动网络实现社交应用功能，存在人机交互及实时场景等基本特征，这不仅可以使用户时时处处地创造继而分享内容，还可以使网络尽可能地为广大用户的个人现实生活提供便捷的服务。当前，移动互联技术日新月异，移动社交已然被人们当作线上社交的优先方式，但视频同文字及图片相比，毫无疑问地可以承载更加丰富的信息内容，也可以更加直观生动地展示信息内容，因而更加符合广大用户的社交需要。在这个基础上，视频元素的加入理所当然地让移动社交迈进了跨越时空即时视听的便捷时代。移动互联网的技术模式对人们的时空秩序产生了颠覆式的影响，时间和空间不再是交往和组成社群的障碍，不同时空的人可以轻松组成群体并分享生活。人际交往中时空限制的被打破释放了人们追求自由的天性，主流的社会结构正在演化成一个个社群。

移动视频媒体存在固有的社交特征，其与社交的有机融合可以在一定程度上形成优势互补。例如，用户不但可以经由分享互动获取较为丰富多样的视频内容，而且可以实现超越时空限制的延展性社交。移动视频媒体不拘泥于纯粹的内容平台或工具，通过社交化，有利于实现用户聚集和传播效果倍增。移动视频的社交化发展以视频这一视听图文具备的手段进行社交，基于移动互联网络的创造、分享和交互实现视频内容的快速传播，在给社交带来诸多便利的同时，大大提高了移动视频媒体用户的黏性。

移动互联网的视频业务流量只有转化为相对黏性的能量，才可能更长久地留住用户，实现流量变现。而社交化无疑是提高移动视频媒体用户黏性的有力手段。同时，移动视频社交化在用户层面有着极强的现实基础。摄录技术和传播网络的便捷使得分享视频交流感受成为人们日常生活中不可或缺的一部分，iiMedia Research（艾媒咨询）数据显示，近四成用户愿意采用短视频代替文字交流，占比达37.3%。此外，超四成用户持观望态度，占比达41.3%。人们在使用移动视频时，往往同时有着网络社交的需求。移动视频媒体的用户黏性，不仅依赖于内容的吸引力，也有赖于社交元素的黏合度。移动视频媒体在提升内容质量的同时，为用户打造了一个社会化的交流空间，视频内容在社交元素的支持下，其分享的意味大大强化。分享视频并对视频内容发表评论，既是用户对视频的流量支持，也是和朋友的交流沟通。这意味着视频和社交的成功叠加，相当于建立了以移动视频内容为中心的一个小型社交网络，视频在社交网络的催化下，通过用户分层帮助完成筛选，用户的自主分发易于发挥病毒式传播优势，使自传播激增，传播效果大大增强。同时，这对移动视频内容的变现也起到直接的推动作用，如简单的道具系统便可实现移动视频用户对内容进行评论，也可经由赠送虚拟礼物渠道形成互动社交，实现直接变现。移动视频UGC 就是典型的用户创造视频内容并进行社交的应用模式范例，在形成用户使用风潮的同时，显著地提升了移动视频媒体的用户黏性。

移动视频的社交化有利于移动视频内容生产的多元化。移动视频用户的社交碰撞可以形成更多的视频创意，从而进一步促进移动视频的内容生产。这种社交碰撞同时也使移动视频用户能够深度参与视频创作，并进一步以创作者的身份成为种子用户，作为移动互联节点实现自身功能。社交的广泛连接，使得移动视频内容不仅要具备广度而且要具备一定的深度，内容主题广泛，以便让用户轻松探索并发现其感兴趣的特定内容。移动视频的社交化进一步促使移动视频生产者拥有个性鲜明的人格特征，打造人格化的内容，以便能够在和粉丝的交流中包含足够的情感和情绪色彩，形成有效互动。移动视频的社交化将视频和社交交融，有利于移动视频的发展和社交的价值体现，对二者将产生双赢的正向叠加效应。移动视频平台加入社交元素，使得移动视频内容在策划阶段就可以考虑与某一社交主题契合，从而使视频内容能够更便利地找到目标用户，通过社会化网络把用户凝聚成一个整体，并从中获取更大的商业价值。而基于兴趣的视频内容聚合在一起的必然是志同道合的高黏性用户，这种上游视频制作环节精准内容的定位，也便于广告主针对目标用户精准投放广告。同时，移动视频的社交化极大地丰富了社交的形式，有利于构建独特的社交地图，于无形中扩大社交的深度和广度，充分展现社交的价值。在移动视频社交化趋势下，开发操作便捷的客户端以利于多任务并行，提供配乐、故事板等深化用户自主制作视频的基本功能，不断优化评论功能与一键分享功能，同时快速打通与各个社交媒体之间的链接入口，并形成以移动视频为基本依托的全新专业化社交网络，从而使用户可以随时随地拍摄、上传、分享视频。专业团队及专业用户的视频制作将充分考虑移动视频媒体的传播特点，逐渐形成新型的视频应用模式。移动视频的社交化和社交平台的视频化分别基于视频和社交的起点，正跨向二者交融的中间地带。目前，YouTube 已发展出强大的社交功能，Facebook 已成为全球第三大视频提供商，优酷、土豆的社区建设日新月异，腾讯视频也步入国内主流视频平台的行列，这些都是依托已有的强大平台，逐步走向视频社交交融的成功案例。

随着技术的进步和硬件设备的创新，移动视频社交化将与可穿戴设备相结合，人们的身体将成为移动视频智能终端的载体。人机交互的频率从以天为单位、以小时为单位，变为以分、秒为单位，移动视频将使社交变得更为便利，人们的行为模式也将为之改变，行动效率大大提升，接入互联网的方式和入口更加多样和人性化。随着移动视频社交化的进一步深入，移动视频媒体进一步改变人们的视频应用和社交方式，移动视频社交将有可能酝酿一场席卷全球的社交革命。

二、互联网本地化

由于移动视频媒体的日常化及伴随性特征，移动视频的本地化显得顺理成章。然而，几年之前，谈及我国互联网的时候，国外媒体最大的声音就是 Copy to China（复制到中国），然而今天，包括 facebook 在内的不少互联网知名企业都开始借鉴中国互联网应用的创新模式，2016 年国外媒体推出了一个《看看中国正如何改变你的互联网》的视频，用 5 分钟时间介绍微信强大的服务功能，称赞它把电商和现实服务结合得如此完美，让许多外国公司狂追猛赶。其中，国外的另一纸媒也称腾讯的微信极具创新性，人们可以在上边聊天、看新闻、给朋友发送实时定位、发红包、逛商场购物付款，甚至用它可以在路边摊买煎饼等。国外还有一知名科技媒体更是直言：微信是移动的未来。2017 年 10 月，福布斯网站刊出长文强烈推荐以阿里巴巴为首的中国概念股，认为阿里巴巴通过线上平台为全世界的卖家提供了一个接触到中国以及全世界买家的机会，在某科技评论杂志评选出的 2016 年全球 50 大创新公司中阿里巴巴、腾讯、百度、华为等中国企业名列前茅，百度甚至击败了谷歌，在排行榜中位列第二，我国互联网创新爆发出惊人的能量影响着全球的商业格局，同时对媒介社交和产品推广有着极大的推动作用。

移动视频的本地化即实现视频的 LBS 功能。LBS 是英文词语 Location

Based Service 的缩写，可译为基于位置的服务，即帮助用户在移动网络之中实现地理位置定位以及由定位所带来的相关服务。LBS 在很多移动互联网产品中被广泛应用。例如，高德地图、大众点评等都是基于 LBS 功能而构建的互联网产品。移动视频媒体的本地化至少有两条最基本的路径。一条基本路径是联合本地各种视频内容提供方，将视频资源上传，形成本地视频资源的集合，以便更有针对性地获取本地网民的关注，从而促成本地资源变现。这种本地化视频服务还可以结合订阅功能，让用户在地图上找到自己的居住地，并通过自己的兴趣构建个人主页，形成个性化的本地视频杂志。在此过程中，人们可以通过建设区域移动视频自媒体联盟综合各种移动视频力量，在提供平台推广资源的同时，开展移动视频的系列孵化扶持服务，从而强化移动视频媒体的集体生产力。此外，将本地电视台播出的内容短视频化、移动互联网化，可以对已有视频内容进行二次利用，提升传统媒体在移动互联网阵地的影响力和话语权，有效地促进移动视频媒体的本地化。

另一条基本路径是针对 UGC 用户发挥 LBS 功能，用户上传的视频可以同步显示位置信息，也可查询已上传视频所处的地理位置，使用户能够轻松分享和发现附近的视频。移动视频媒体的本地化可以同步 GPS 定位功能，从添加视频位置标签的基本应用做起，以视频制作者在上传分享视频时的基本地理位置信息为基点，通过"附近的视频"链接周边的视频用户，从而找到有共同兴趣的视频用户，形成新的社交网络。LBS 功能使得线上线下产生更为胶着的黏性，线上的视频分享成为线下应用的引擎，线下的活动由于即时定位服务可随时演化为移动网络的流量。通过线上线下的互动，LBS 功能轻松实现网络社交与现实社交的融合，进而发展出更为稳定的社群，在满足用户深度链接需求的同时，增加广告的精准投放度。毕竟，本地化的优势就是更好的亲和力以及由此带来的更多有效用户。

此外，移动视频的本地化可以结合本地的区域资源形成更加细化的本地传播。通过视频内容的针对性策划，推出与区域内某一领域匹配的视频。例如，与地方政治结合形成区域性移动视频政治传播，与区域文化连接推动区域文化的移动视频化，与公益组织合作扩大公益主题活动的影响力，与科普部门携手促进日常科学知识的普及等。

移动互联网技术产品不断更新换代，其用户也不断增长，内容消费在区域化发展中表现出强大的潜力，越来越多的区域性优秀内容创作者和内容不断涌现。在本地化趋势下，移动视频媒体纷纷启动区域化布局。首先是依托秒拍、一直播、小咖秀积聚的人气，以内容创作者集中、文化氛围浓重、双创环境成熟为筛选条件，在全国建立移动视频孵化基地。腾讯企鹅新媒体学院以培育区域性自媒体为核心使命，依托腾讯网地方站等资源，由地方政府主管部门指导、与高校合作的模式推动区域性新媒体培训和挖掘。通过区域化布局，一方面深度挖掘更多区域性内容创作者及内容，另一方面为推动腾讯"大内容"战略的布局和内容生态的完善助力。其次是建立了华北、华东、华南、西南四大区域公司，以及北京、杭州、上海等多个城市站，迅速形成全国性视频网络，构建了覆盖全国的完整视频服务体系、视频发行体系和视频营销体系。区域新媒体能够融合当地的风土人情，为区域用户提供更为个性化的服务，生产更多接地气的内容，进一步拓展用户群体，更好地服务当地的品牌客户和影视制作团队，创作更符合当地特色的内容，以及拓展当地的视频发行媒介和渠道。

移动互联网所提供的信息服务，因为人的移动而渗透到现实世界，与真实的社会形成的互动更及时也更强烈。SoLoMo 所涵盖的本地化、社交化与移动化三者相互交织、密切联系，移动化是实现本地化与社交化的基础，本地化又能帮助进一步实现社交化。SoLoMo 指出了同一地区能够延展线上线下社交的细分群体，这一群体的线下活动和线上交流被认为是与社交沟通相关的时间以及空间方面的延伸，最终实现了十分紧密的社会化交流沟通。移动视频媒体社交属性的强化和地理位置的添加应用能够更好地获取用户资源、服务本地项目，在满足用户需求的基础之上增强用户黏性，对移动视频平台、用户及本地的发展均有促进作用，是借助移动互联实现多方共赢的发展方向。

三、互联网智能化

20 世纪 80 年代，IT 时代开启。以个人电脑、软件、传统电信网络为代表的 IT 技术，帮助企业运营中的信息获取、战略决策、设计生产、市场营销以及财务核算等实现了真正意义上的全球化，跨国公司实现了在全球范围内的最优资源配置。

20 世纪 90 年代，"互联网 +"浪潮开启。短短十几年间，信息传播方式完全被改变，传统纸质媒体几乎完全被互联网数字化媒体取代。美国仅用 14 年就让电商在互联网用户的渗透率达到了 50%。在中国，这一数字更是被缩短至 9 年。2009 年 3G 牌照发放、2010 年 iPhone 4 发布以及随后而来的各种移动端 App，标志着移动互联网时代的到来。

2016 年，全球市值最高的 5 家公司首次全部来自科技行业——苹果、谷歌、微软、亚马逊、Facebook，这五家公司均来自移动互联网网络、终端及应用领域。2019 年政府工作报告中正式提出了"智能 +"战略，"深化大数据、人工智能等研发应用。打造工业互联网平台，拓展'智能 +'，为制造业转型升级赋能"。以 5G、物联网、人工智能等技术为代表的智能技术群落迅速成熟，从万物互联到万物智能、从连接到赋能的"智能 +"浪潮随之开启。

5G、物联网、人工智能、数字孪生、云计算、边缘计算等智能技术群的"核聚变"，推动着万物互联（Internet of Everything）迈向万物智能（Intelligence of Everything）时代，进而带动了"智能+"时代的到来。基于此，智能化的新技术不断融入视频行业，有望为移动视频媒体带来创新性的改变，在智能化内容创作与剪辑、智能视频分发、优化用户体验等方面提供更多便利。

机器智能算法的应用使得内容的分发逐渐脱离依靠资深媒体从业者的人工时代，机器从辅助分发逐渐开始担当分发主角。Facebook，YouTube 等平台均引入智能算法进行视频内容精准分发，视频浏览时长持续增长。依托于今日头条的头条视频，从上线开始就采用成熟的算法分发技术为用户提供精准服务，快速帮助用户找到感兴趣的视频内容，帮助视频上传者准确找到喜欢他们内容的用户，实现视频内容和用户的精准匹配，使得用户黏性更高。通过智能分发，将内容供需渠道从点对点的两极传播升级至一个点对多个点的中心辐射型集束传播，极大地扩大了内容的辐射范围和曝光次数，提升了用户体验及短视频分发效率。

闻视频旗下的美食媒体"好好吃"开发出了内容优化及传播数字系统COS，在热点预测、主题抓取、内容策略、用户互动上，形成了智能化的大数据支撑体系。通过对大数据的分析、评估和解读，闻视频可以根据不同地区、不同年龄、不同性别用户的兴趣、偏好进行研究，提取相关的标签并进行分类，然后生成相应的内容推荐给不同类别的用户。

360 旗下快视频提出了"探索引擎"概念，从搜索引擎到推荐引擎再到探索引擎，对用户需求及兴趣的探索不断向智能化方向发展。搜索引擎的核心是人找信息；推荐引擎的核心是信息找人，或者是被动获取信息；而智能探索引擎则是比搜索引擎、推荐引擎更高阶的形态，它在兴趣推荐的同时，特别强化了情绪感知和自由探索，克服了推荐引擎"信息茧房"的弊端，突破了单纯兴趣推荐带来的牢笼，给用户提供了更新奇和惊喜的内容。快视频"探索引擎"的价值就在于拓展了人工智能对于用户情绪的感知能力，从而对用户的兴趣迁移实现更好地跟随和把握。以前信息与人的连接方式是搜索和主动表达，但有时用户并不知道自己真正的兴趣，社交推荐在一定程度上弥补了搜索的不足，人工智能下的个性化推荐真正把信息推荐到了每个关注的人，不断地通过机器学习，提升消费体验。

除视频内容分发之外，人工智能还开始涉足内容创作领域。应用人工智能，基于海量用户数据进行智能化分析，并将分析结果运用到内容制作上，从而起到指导内容生产的作用。Netflix 的《纸牌屋》使用大数据作为重要资源和生产要素，开启了大数据在影视产业应用的成功之路。爱奇艺创始人、CEO 龚宇认为："现象级内容的产生，既得益于顶级内容人才的创作才能，又得益于隐于幕后展开工作的数千名工程师。"智能算法已经贯穿爱奇艺剧本创作、角色选择、流量预测、在线交互等诸多环节，每一个爆款视频的背后都有海量数据在支撑。人工智能赋予了视频生产数据算法的理性判断，有利于更精准地预测和打造潜在爆款内容。对移动视频媒体来说，短小的体量及碎片化的阅读习惯使得对用户需求的把握更加重要，短暂的注意力停留需要更加贴合的内容和服务。应用人工智能抓取、分析、解读数据，根据用户需求定制视频内容，探索一条为用户提供分众化服务和体验的发展之路已迫在眉睫。

运用人工智能能够显著提升剪辑视频的效率，实现批量生产。在编辑软件方面，Adobe 开发了 Adobe Sensei，这是其首个基于深度学习和机器学习的底层技术开发平台。它能够自动完成视频编辑过程，同时还能够根据用户的意愿对人工智能的剪辑风格进行控制。系统可以按照用户设置的脚本找到指定内容组织镜头，并利用面部识别和情绪识别系统，对每一帧画面进行分析，然后按照不同的风格和习惯对视频进行剪辑和处理。巴西 Graava 公司将客户类型定为运动爱好者和视频分享者，推出了智能运动相机和配套的移动端应用。该相机内置了智能感应模块，并且支持 GPS 定位以及 Apple Watch 心率监测数据读取，可以通过辨别人体心跳频率来识别出拍摄者激动瞬间。当拍摄完成后，用户只需设置视频时长、选好背景音乐，Graava 即自动调出其感应到的有用片段，进行智能化剪辑。梨视频引进了智能化的视频剪刀手，在媒智库里输入关键词，只需 15 分钟，视频就自动完成剪辑制作成片。正是借助智能化剪辑和拍客运营系统，面对日益增长的拍客基数，梨视频才能持续保有高效的运营能力，并通过大数据分析，给拍客提供更专业的业务指导，从而节约了大量的人力、物力，从容实现资讯众包式生产。

移动视频媒体的特点决定了其必须以短视频为主填补用户的碎片化时间。智能化剪辑用于长视频的规模化精切，应用智能算法自动生成视频集锦，可以有效调动现有的长视频资源，把它变成适合在移动视频分发平台上传播的形式，手淘等生活服务平台对移动视频更加工业化与工具化的需求也能够得到满足。门牙视频在与淘宝短视频合作之后，门牙视频针对有营销需求但价格、时间都较为敏感的中小品牌，推出了"自助式"的短视频制作工具包，希望利用已有素材库，通过图片识别和机器学习，形成多品类的视频模板。智能化剪辑在提升移动视频平台等批量生产者内容产出效率的同时，也为普通视频用户降低了剪辑的难度，之前被视为视频应用难点的剪辑变得轻松起来。智能化剪辑能够帮助更多用户使用视频工具更好地表达自己，从而大大优化了用户体验，增加了用户媒介使用的深度及频率。将技术注入文化产业公司，符合文化产业革新与发展的要求。智能化新技术融入视频行业，促进了移动视频媒体的快速发展。计算机视觉技术使得从视频中提取信息像从图像中提取信息一样简单，让视频智能化不断升级，并让视频成为移动互联网应用的一个超级入口。同时，视频行业内容将实现进化，为用户提供新奇的场景体验，并大大解放移动视频的生产力，重构整个视频行业的结构和协作方式。

第二章 财务管理概论

所有企业的生产活动与经营活动，一般而言均是通过对人力、物力、财力等诸多生产经营要素的配置而开展的。企业的生产经营活动主要由两个部分构成，分别是生产经营的业务活动和生产经营的财务活动。同理，企业的管理活动也由两个部分构成，一部分是生产经营管理活动，另一部分是财务管理活动。综合来讲，企业财务的核心概念是在生产与经营活动中，企业自身的资金运营与它所呈现出的一切财务关系。

第一节 财务管理内涵

一、财务管理的概念

财务管理（financial management）是在一定的整体目标下，关于资产的购置（投资）、资本的融通（筹资）和经营中现金流量（营运）以及利润分配的管理。作为企业管理活动的重要内容，财务管理通常遵循财经法规制度及财务管理基本要求而对企业财务活动进行组织，最终实现对财务关系的有序处置。财务管理的本质是经济管理。

通常来讲，资金是企业财务管理活动的主要对象，而现金的流转伴随着企业所有活动的全过程，所以财务管理通常以资金为中心进行流入与流出的展开。在企业生产过程中，企业发生资金的收支活动，流转周而复始，不断循环，形成现金的循环，其具有一定的规律性与连续性。

（一）企业的组织形式

当前，我国的企业组织形式呈现多样化，不同的企业具有不同的特点。一般来说，最具代表性的企业组织形式有三类，分别是个人独资企业、合伙企业及公司制企业。三种企业组织形式中，公司制企业控制了市场中绝大部分的商业资本，因而本书的财务管理是指公司的财务管理。

1. 个人独资企业

这类企业的本质是由个人单独进行出资，独立拥有并且控制企业。个人独资企业是我国目前企业总数里占比较大的一种企业类型。这类企业规模一般不大，相应的，其应对经济危机以及承担经营失误损失的能力通常也不太高，平均存续年限往往很短。个人独资企业的优缺点见表2-1。

表2-1　个人独资企业的优缺点

优点	缺点
创立容易	由于个人资本有限，信誉较低，难以筹集大量资本
维持企业固定成本较低	独资企业业主对债务承担无限责任
不需要缴纳企业所得税	企业的存续年限受制于业主的寿命

2. 合伙企业

这类企业的本质是营利性组织，其基本特征主要有以下两点：一是从合伙协议的订立、资金的出具、企业日常的经营管理到对收益的分配与风险的承担等环节，均由全部合伙人共同进行；二是所有合伙人共同对所负债务承担无限连带责任。一般而言，合伙人指两个（包含两个在内）以上的自然人，偶尔也包含符合规定的法人与其余组织形式。

根据《中华人民共和国合伙企业法》，法人和其他组织可以参与合伙等。这给我国原本形式单一化的合伙制度注入了新的生机和活力，对促进风险投资和中小企业的发展，提高我国专业服务机构的竞争力，做大做强合伙企业起到了重大作用。合伙企业的优缺点见表2-2。

表2-2　合伙企业的优缺点

优点	缺点
创立容易	所有权转让困难，筹集资金困难
费用较低	合伙人对合伙企业债务承担无限连带责任

3. 公司制企业

公司是依照《公司法》在中国境内设立的有限责任公司和股份有限公司，是以营利为目的的企业法人。它是适应市场经济社会化大生产的需要而形成的一种企业组织形式。公司制企业不同于前两种企业组织形式，其具有独特的优缺点，具体见表2-3。

表2-3　公司制企业的优缺点

优点	缺点
容易在资本市场募集资金	双重课税
承担有限债务责任，投资者风险降低	组建公司的成本高
股份转让便利，投资人资产流动性强	存在代理问题

　　一般而言，公司可被划分为两种类型。第一种是有限责任公司，通常具有50名以下股东，所有股东共同出资，并且以各自所出具金额为限度对公司承担相应责任。除此之外，公司凭借其所有资产承担公司债务责任。第二种是股份有限公司，这类公司以等额股份形成所有资本，所有股东以各自认购的股份为限度承担相应的公司责任，与此同时，公司凭借自身所有资产承担公司债务责任。需要说明的是，不包括法律的另行规定，两者的股东对公司承担的都是有限责任。企业的三种组织形式有着不同的特征，具体见表 2-4。

表2-4　企业组织形式的特征

项目	个人独资企业	合伙企业	公司制企业
投资人	一个自然人	两个或两个以上的自然人，有时也包括法人或其他组织	多样化
承担的责任	无限债务责任	每个合伙人对企业债务须承担无限、连带责任	有限债务责任
企业寿命	随着业主的死亡而自动消亡	合伙人卖出所持有的份额或死亡合伙人转让其所有权时需要取得其他合伙人的同意	无线存续
权益转让	比较困难	比较困难	容易转让所有权无须经过其他股东同意
筹集资金的难易程度	难以从外部获得大量资金用于经营	较难从外部获得大量资金用于经营	融资渠道较多，更容易筹措所需资金
纳税	个人所得税	个人所得税	企业所得税和个人所得税
代理问题	——	——	存在代理问题

（二）企业财务活动

　　财务活动的基本定义是以现金收支为主要内容的所有资金收支活动的总称。拥有一定数量的资金，是企业从事生产经营活动、获取利润的基础。如成立企业，需要资金购置厂房、设备、材料，支付经营管理人员、职工的薪酬，缴纳各项税费等。在日常经营中，企业通过销售商品、提供劳务及让渡资产使用权获取资金，通过购买商品、接受劳务支付资金等。总之，企业运行很重要的部分就是组织财务活动，它不仅包含了筹资与投资活动，而且包含了资金的营运及分配等各项活动。

1. 筹资活动

只有具备足够的资金，企业才能顺利开展自身的生产和经营活动。这就意味着，企业资金活动的根本必须建立在通过各种途径进行的形式多样的筹资活动上。筹资在本质上是企业用以实现自身投资用资的实际需求而进行筹措与集中资金的活动。在筹资阶段，企业首先必须精准判断筹资的总体规模，从而确保足够的投资资金；其次，企业必须选择适合自身的筹资途径、方式及工具，从而确保筹资结构的科学合理性，尽最大可能降低筹资成本与潜在风险。

就整体层面而言，所有的企业均能从以下两个方面进行筹资，这同时也构成了两类不同性质的资金来源。第一类指企业的自由资金，这部分资金一般经由三种方式获取：一是企业引导投资人员进行直接投资，投资人员可以是国家、法人也可以是个人；二是企业发行股票；三是企业自身所留存的收益。第二类指企业的债务性资金，这部分资金一般由企业以银行借款或者是发行债券等方式筹集而来。一方面，企业的筹资意味着资金的流入；另一方面，企业偿还借款及支付利息股利等活动意味着资金的流出。总而言之，由筹资形成的资金收支，就是来自企业筹资的财务相关活动，同时也是企业财务管理活动的关键环节。

2. 投资活动

企业一旦将资金筹到后，就需要立即投入使用，尽可能地用来获取最高经济效益，不然便没有意义。企业投资一般分为广义和狭义两类。广义的企业投资是企业将所筹资金进行充分利用的全过程，不仅涵盖了购置流动资产与固定资产等这些属于企业自身对资金的使用情况，而且涵盖了购置其余各个企业的股票与债券等这些属于企业对外投资的情况。而狭义的企业投资则只包含企业对外的投资部分。不管企业购置自身经营发展所需资产抑或是各种其他证券，均需进行资金支付。事实上，在企业进行内部资产变卖或者是收回对外投资的过程中，都将拥有基金收入。简言之，由企业进行投资所引起的资金收付，就可以认为是投资引起的财务活动。

此外，企业在投资时，一方面要确保投资规模符合自身发展的实际情况，从而使企业能够拥有最高经济效益；另一方面要科学判断和决定自身的投资方向及方式，建立合理的投资结构，从而达到扩大收益、缩小风险的目的。

3. 资金营运活动

任何一个企业在生产经营活动中均会形成诸多资金收付。第一，企业必须购置材料或者商品用来支持自身的生产与销售环节，也必须支付员工的薪资及各项营业费用；第二，企业在将产品或者商品进行售出之后，会收到资金；第三，倘若企业当前资金无法与经营实际所需相匹配，则需利用短期借款这一渠道进行筹资。上述三项内容均会形成企业资金的收付，这是由企业经营活动所产生的财务活动，可叫作资金营运活动。

企业营运资金的基本功能是为满足日常经营需求而进行垫支，其周转规律同生产经营周期相比存在一致性的特征。在一定阶段中，企业资金周转速度越快，生产效率越高，所生产出的产品数量越多，取得的利润就越可观。在这个基础上，尽可能地加快资金周转速度从而提升资金利用率，这对企业财务管理十分关键。

4. 分配活动

企业经由投资与资金营运能够获得收益，同时进行资金增值。基于此，分配往往指分配投资成果。在一定意义上，投资成果指企业所获取的收入扣掉所有成本花费的利润。从广义的角度来讲，分配的本质是针对投资收入以及所得利润实施分隔与分派。而从狭义的角度来讲，分配则只包含利润分配。

企业的投资收入只有在弥补了生产经营费用与各项税收之后才能称之为营业利润。企业的利润总额除了营业利润之外，还包括投资净收益及营业外收支净额等。利润总额须依据国家相关规定进行所得税缴纳，净利润须支撑公积金及公益金提取，以便保障扩大积累、弥补亏损及优化员工福利基础设施，除此之外的利润才能当作投资者的收益来进行分配，或者留作企业的备用资金，再或者用于投资者对投资的追加等。必须提及的是，企业所筹资金包括两个部分，分别是所有者权益和负债。因此，在进行分配的过程中，所有者权益分配的性质是税后分配，这就是说它以利润分配这一方式分配；负债分配的性质是税前分配，通常经由计入成本费用的方式实施分配，如利息方式。

随着分配这一环节的不断实施，企业资金不断予以退出或者留存，无论是企业资金运动的规模还是结构，均相应地受到一定程度的影响。因此，在遵循法律规定的基础上，科学合理地确定企业资金分配的规模与方式，让企业的长久收益尽可能最大，成为企业财务管理的中心内容之一。

以上所述四种财务活动之间是联系和依存而非割裂的关系，它们组成了企业全部财务活动和全部财务管理活动。

（三）企业财务关系

企业财务关系是指在企业的财务活动中，企业居于主体地位，它以法人身份同企业内外各方进行种种经济利益上的联系。企业财务关系主要有以下七类。

1. 企业与国家行政管理者之间的财务关系

政府部门作为国家行政管理者，其职能是维护社会正常秩序、保障国家安全以及组织和管理社会各项活动等。在履行这些职能时，政府部门必须以无偿的方式来参与企业的利润分配。同时，企业必须依据国家相关税法规定来进行各项税款的缴纳，如所得税、流转税以及计入成本的税金。企业与国家政府之间的这种分配关系具有强制性和无偿性。

2. 企业与投资者之间的财务关系

这类财务关系通常表现为企业的所有者向企业投入资本形成的所有权关系，由于企业所有者不仅包括国家还包括个人和法人单位，因而实际呈现出独资、控股以及参股三种不同的关系。企业的生产经营具有独立性，企业通过自负盈亏的方式来进行所有者资本的保值与增值。在此基础上，所有者作为出资人来参加企业税后利润分配，具有所有权特点的投资与受资关系。

3. 企业与债权人之间的财务关系

这类财务关系的特点是企业通过债权人获取贷放资金，并且依据借款合同相关条款规定进行利息支付以及本金归还。一般而言，企业的债权人包括三类，分别是金融机构、企业以及个人。在应用权益资金开展经营活动之余，企业也需借入相应数目的资金用于扩大生产经营规模并且缩小资金成本。债权人无权直接干预企业的经营管理活动，无权对企业重大事宜进行表决，甚至无权干预剩余收益的分配问题。然而，当企业遭遇破产清算时，债权人有权要求优先赔偿。由此可见，债权人的投资风险在一定程度上并不太大，相应地其收益也不太高。

4. 企业与债务人之间的财务关系

这类财务关系的特点是企业利用资金购置债券从而提供借款或商业信用等途径出借给其他单位。在借出资金后，企业有权对债务人提出要求，让其依据合约进行利息支付并且归还本金。在这一过程中，企业应该注意风险和收入之间的平衡与对称，因为企业除了能够获得直接信用收入以外，还可能会遭遇坏账损失等风险。

5. 企业与受资者之间的财务关系

这类财务关系的特点是企业经由股票购置或直接投资的途径来向其他企业进行投资。现如今，市场经济发展日益成熟，企业生产经营的规模与范围随之进一步扩充，这类财务关系将日益普遍。

按照出具金额的多少，企业向外部单位的投资可划分为三种类型，分别是独资、控股以及参股；与此同时，企业可按照自身出具金额的多少来参与受资一方的关键决策以及利润分配等相关事宜。众所周知，企业之所以进行投资是为了尽可能地获得收益。然而，这在某种程度上也具有风险性。

6. 企业内部各单位之间的财务关系

这类财务关系的基础是企业内部单位在生产经营过程中互相提供所必需的产品或劳务。如果企业自身采用责任预算、考核以及评价这一机制时，企业内各责任单位互相提供产品或劳务则需依据内部转移价值实施核算。如此，在企业内部所建立起的资金结算关系，在一定程度上表现出了企业内各个中心间的利益均衡特点。

7. 企业与职工之间的财务关系

这类财务关系建立的基础是企业支付职工相应的劳动报酬。职工在企业内参加劳动，凭借自身提供的劳动进行企业利润分配，企业按照职工的实际劳动状态和结果给予薪资、奖金等。

二、财务管理的内容

在企业的生产经营活动中，财务活动以及财务关系具有客观存在的特征。财务管理在这一基础上形成，它在本质上属于经济管理工作，其主要内容是企业进行财务活动、处理财务关系。完整的企业财务活动通常包括资金的筹集、投资、营运以及对剩余利润的分配这四个部分。相应地，企业财务管理也包括四个部分，分别是筹资管理、投资管理、营运资金管理以及利润分配管理。

（一）筹资管理

在企业的生产经营中，筹资管理作为财务管理的第一环节，通常被认为是企业投资活动的基本保障。可以说，只要企业一直处在发展状态，筹资及其管理就会一直存在，不管在企业形成之初还是进行规模扩大的快速成长阶段，以及日复一日的经营周转状态，均会遇到筹资需求。由此可知，筹资的实质是企业为了满足自身发展中用资和投资的实际需求而进行资金筹措与集中的过程。值得一提的是，企业除了必须科学判断筹资的总体规模，预留投资所需资金，还必须合理选择筹资渠道，从而缩小筹资风险。

依据产权关系的不同，企业资金来源有两种，分别是权益资金和负债资金。通常而言，企业不应当利用权益资金进行筹资，这不是明智的，因为这无法获得负债经营的利益。然而，负债比例如果过大，那么风险相应也较大，企业不经意间便会遭遇财务危机。因此，就筹资而言，科学合理的资本结构是十分关键的一门学问。

依据使用期限的不同，企业资金分为两种，即长期资金和短期资金。二者除了在筹集速度、成本、风险等方面存在明显差异，在借款时的企业受限内容方面也有所不同。因此，就筹资而言，科学合理的长、短期资金比例也是不容忽视的一大问题。

（二）投资管理

企业利用资金旨在获取更高收益以及规避风险而开展的资金投放活动，即可称为投资。一方面，企业需要确定科学的投资规模；另一方面，企业也需要优化投资方向和方式，以确保投资结构符合自身发展实际状况，最终实现投资效益的提升，同时缩小投资风险。作为企业发展中财务管理的关键部分，投资是否具有科学合理性，在某种层面上会对企业的未来发展产生决定性影响。

1. 投资按其方式可分为直接投资和间接投资

直接投资的含义是把资金投放于基本的生产经营活动中，旨在获取利润，主要包括购置设备以及建造厂房等方面。间接投资的含义是把资金投放于金融商品，旨在获取利息或股利收入，主要包括购置政府债券、企业债券等方面。

2. 投资按影响的期限长短分为长期投资和短期投资

长期投资的含义是影响超过一年的投资活动，主要包括固定资产投资以及长期证券投资等。短期投资的含义是影响和回收期限处于一年以内的投资活动，主要包括应收账款、存货等。一般而言，短期投资也叫作流动资产或者是营运资金投资。通常来说，长期投资所占时间相对较长，风险也相对较大，它对企业在市场竞争中的存活和进一步发展具有决定性作用。因此，企业在面临决策分析的时候更加应当注意资产期限和投资风险相关事项。

3. 投资按其范围分为对内投资和对外投资

对内投资的含义是企业对自身内部生产经营活动方面的投资，通常包括购买流动资产和固定资产等。对外投资的含义是企业以自身合法资产对各单位或金融资产开展投资的活动，通常包括购买其他企业的股票和债券等。

（三）营运资金管理

企业流动资产扣除流动负债的余额就叫作营运资金，营运资金由流动资产和流动负债两个方面构成。因此，营运资金管理也包含流动资产和流动负债两个方面的管理。流动资产的含义是一年以上（包括一年）的营业周期中变现或运用的资产，它的基本特征是占用时间少，周转速度快，且容易变现。如果企业所具有的流动资产很多，那么便能够规避一部分财务风险。流动负债的含义则是一年以上（包括一年）的营业周期中所偿还的债务，也被叫作短期负债，它的基本特征是成本小、偿还时间短。

（四）利润分配管理

企业只要投资就一定能够获得收入与资金增值。投资结果可以说是企业所得收入扣除所有成本后的剩余，那么在此基础上，利润分配往往是指投资结果的分配。从广义层面来讲，利润分配所分割的内容是投资收入和利润；从狭义层面来讲，利润分配的对象唯有利润。对利润或者股利的分配管理，通常是先确定企业缴纳所得税后的利润额度，随后确定分配给投资者的额度和留于企业进行生产经营再利用的额度。倘若利润分配太高，则可能限制企业进行再投资的能力，继而限制未来收益，阻碍企业可持续发展；倘若利润分配太低，则可能难以获得投资者的满意。因此，利润分配的重中之重是确定利润或股利的发放率。值得一提的是，干扰企业进行股利决策的因素有诸多方面，企业必须按照自身实际发展情况实施最优利润分配策略。

三、财务管理的目标

按照系统论的基本观点来看，唯有目标正确，方可使系统达成良性循环。同理，企业的财务目标在促进企业财务系统的良好运行方面也意义重大。财务管理目标也经常被叫作理财目标，其本质是企业开展财务活动最终想要实现的目标，它在确立企业财务管理方向方面起着决定性作用。企业财务管理主体必须尽可能地探索财务活动客观发展规律，按照企业具体情况和发展趋势来确立财务管理目标。

（一）企业目标

企业的根本目的是获得营利，企业的出发点和归宿也是获得营利。企业从创建之初就开始经历不断的竞争，同时一直遭遇生存和倒闭、发展和萎缩等一些矛盾。企业唯有先保证生存方可具有活力，唯有持续发展方可获取生存机会。因此，企业目标通常被划分为生存、发展和获利。

1. 生存

企业必须先保证自己的生存，方可获得收益。企业必须具备以收抵支的能力，方可在激烈的市场竞争中存活。企业既要通过货币基金的支付这一方式来从市场中获取自身生产经营所需实物资产，又要为市场发展输送相应的商品与服务而换回货币。企业由市场所得货币必须大于等于自身所付出的货币，否则无法支撑企业的生产经营，这是企业能够持续存活于市场经济环境中的基础。

此外，企业于激烈的市场竞争中得以存活的第二个条件是到期偿债。通常来说，企业在扩大自身发展规模或满足生产经营活动的临时周转需求时，可对外进行借债。在此基础上，国家为了保证市场经济的有序发展，便会从法律层面维护债权人的切身利益，规定企业到期进行本金与利息的偿还，企业若不遵循该规定便会被债权人接管，甚至被法院判定破产。

2. 发展

于发展中谋求生存，是所有企业前进的基本规则。正如逆水行舟，不进则退，企业的日常生产经营活动也是如此。当前科学技术日新月异，企业必须持续生产出高质量且有新颖性的产品方可受到广大用户的青睐，从而在市场竞争中站稳脚跟。倘若一个企业无法持续地提高产品及服务质量，无法使自身市场份额持续增长，便也无法获得更好的发展，甚至会出现生存困境，继而被其他企业吞并。

3. 获利

企业必须获利，方可在市场竞争中获得生存。企业创办的最终目标即营利，这除了是企业进行生产经营活动的出发点和归宿以外，也能够反映企业目标的达成情况，同时辅助其他目标的顺利达成。

（二）企业目标对财务管理的要求

1. 生存目标对财务管理的要求

一般而言，企业生存的危机有两个：根本原因是企业生产经营活动的长期亏损，直接原因则是企业无力偿还到期债务。遭遇亏损的企业想要继续运营就必须以借新债的方式来偿还旧债，这叫作偿债性融资。倘若企业依旧无法扭亏为盈，那么终将面临借不到钱而无法继续周转的情况，最终的结果便是无法偿还到期债务。事实上，盈利企业也会发生"赤字破产"。例如，当借款扩大规模时，恰逢某些因素使得投资未能成功，这时为偿还债务则要出售企业资产，造成生产经营活动无法正常进行。因此，企业必须尽可能地增强自身以收抵支和偿还到期债务等相关能力，降低发生破产的风险，从而促进企业的可持续发展。

2. 发展目标对财务管理的要求

企业发展的最终目标是增加收入。增加收入的有效方法是提升产品质量从而提高其销售数量，而这就意味着企业必须持续创新设备与技术，同时加强高素质人才的培养。换句话说，企业一方面必须投入更多高质量的物力与人力，另一方面必须改进技术和提高管理水平。在激烈的市场竞争中，所有资源的获得都必须付出相应的资金，尤其企业的自身发展更是无法离开资金。因此，根据企业实际发展需要进行筹资十分重要。

3. 获利目标对财务管理的要求

就财务方面而言，盈利就是指让资产获取高于其投资的回报。众所周知，在市场经济的基本条件下，可以免费使用的资金并不存在。事实上，资金的各项来源均暗含了成本，这就意味着每项资金均具投资的本质，也均应当得到与之相匹配的报酬。无论是企业生产经营所创收的资金还是对外投资所获取的资金，财务管理者均应当对其进行有效运用。

（三）一般财务管理目标

财务管理目标不仅仅是所有财务活动达成的最终目标，而且被公认为是企业进行所有财务活动的基本出发点。据事实而言，企业财务目标通常由企业实际生存与发展的目标决定，二者往往是相吻合的。在市场经济激烈竞争的环境中，企业均将利益最大化视为自身的发展目标。同时，人们往往也将企业财务目标等同于经济效益最大化。然而，这缺乏直接性、集中性和明确性。在此基础上，首先，要从经济利益最大化这一点出发，确立科学合理的财务目标；其次，要使财务目标可以更为直接而集中地凸显财务管理特点，并且可以凸显出财务活动发展的客观规律。遵循当前企业财务管理现状，典型的财务管理目标大体上包括以下三种。

1.利润最大化

利润最大化通常是指假定企业财务管理的最终目标是达成利润的最大化，基本原因有以下三个方面：第一，人类之所以从事生产经营活动，是为了尽可能多地制造剩余产品，在市场经济环境中，剩余产品的多少可凭借利润这一指标来进行衡量；第二，资本市场以自由竞争为基础，资本的使用权往往会归属于获利较高的企业；第三，所有企业均尽可能地产生利润，社会财富方可达到最大化，最终推动社会的前进。

通常而言，企业为实现利润最大化，一定会仔细进行经济核算，强化企业管理，完善生产技术，并且不断提升劳动生产率，缩减产品成本，等等。这些对策均能够促进企业资源的优化配置，从而促进企业经济效益更为有效地提升。

然而，利润最大化也有其缺点：①作为一个绝对指标，利润最大化并未曾衡量企业投入与产出的关系，这就无法轻易在资本规模各异的企业之间或者是统一企业的不同发展阶段中进行对比。②未对企业不同发展阶段的收益进行区分，也未衡量资金的时间价值。事实上，投资项目的收益现值除了由其收益将来值总额决定之余，也由获取收益的时间所干扰。获得收益越早，能够再投资时间就越早，最终获得新的收益的时间就越早，但是利润最大化未曾考虑到这个方面。③未衡量风险问题。通常来说，收益的多少和风险的大小成正比关系。谋求利润最大化便存在风险增高的可能性，而利润最大化目标未曾衡量企业风险这个方面。④利润最大化有导致企业财务决策出现短期行为的可能性，这就是说，企业片面寻求利润增长，不重视可持续发展。

2.资本利润率（每股利润）最大化

资本利润率通常是指利润额与资本额的比率。就利润而言，每股利润一般也被称为每股盈余，它是指利润额同普通股股数之间的对比结果。此处利润额的含义是税后净利润。一般而言，所有者或股东作为企业的出资者或投资者，其最终目的是最大化地获取收益，具体则是指税后净利润与出资或股份数相互之间的对比关系。该指标的优点在于可将企业获得的利润额与所投入的资本或股本数对比，从而表明企业的盈利率，可在资本规模相异的企业间实施比较，表明其盈利水平的差异特征。然而，该指标无法避免上述利润最大化中的②、③、④项的缺陷。

3.企业价值最大化

企业价值最大化的含义即企业财务管理行为的最终目的是达成企业价值最大化。我们可将企业价值认为是企业所有者权益的市场价值，亦可认为是企业可产生的估测未来现金流量的现值。事实上，未来现金流量这一含义，涵盖了资金时间和风险两个部分。未来现金流量的预测拥有很大的不确定性以及风险性，同时现金流量的现值往往以资金时间价值为依托来折算现金流量。

企业价值最大化刺激企业利用科学合理的财务政策，尽可能地平衡资金时间价值、风险与报酬之间的相互关系，以企业持续稳定发展为基本条件，努力实现企业总价值最大化。总之，将企业价值最大化当成财务管理目标，存在以下优势：第一，衡量了所得报酬的时间，同时依据时间价值机制计量；第二，衡量了风险和报酬二者之间的关系；第三，把企业长久稳定的发展与收益获取置于第一位，可以规避企业谋求利润的短期行为，事实上，除了当下利润对企业价值的限制，预测未来的利润也同时会限制企业价值的提高；第四，以价值替代价格，可以消除部分来自外部市场因素的影响，从而在一定程度上规避企业的短期行为。

然而，将企业价值最大化当成财务管理目标也具有相应的问题。首先，企业价值以理论为基础，难以操作。虽然上市公司的股价变动可以反映企业价值变动，然而股价的形成不是来自单一因素，尤其在资本市场效率不高的状态下，股价并不那么容易来反映企业价值。其次，就非上市公司而言，唯独对企业实施专项评价方可确定其实际价值，但在企业资产评价过程中往往难以保持客观性以及准确性，因为评价标准和方式会造成一定程度的干扰。很长一段时间，上市公司数目不断上涨，其在国民经济中占据的地位日益重要，所发挥的作用也日益突显，企业价值最大化目标也随之被普遍认可。

（四）具体的财务管理目标

财务管理总体目标给出了财务管理活动的总体指导思想，要实现总体目标，则必须在实际的理财活动中树立具体目标。

1. 不同财务活动的财务目标

（1）企业筹资管理目标

企业为了确保生产活动的顺利进行以及满足扩大再生产的需求，往往都需要有一定数目的资金。这些资金可通过各种途径、利用各种方式筹集而来。来源各异的资金，其使用时限、附加条款内容与风险高低均存在差异。因此，企业筹资通常是在适应生产经营活动实际需求的基本条件下，凭借较低的筹资成本和风险，最终尽可能多地获得收益。

（2）企业投资管理目标

投资主要指企业在资金方面的投放与使用，一般有对内和对外两种方式。企业无论对内或是对外投资，其最终目的都是谋求更高利润与收益。然而，企业在投资过程中并不总是成功，也会遭遇失败以致无法收回资金的情况。因此，企业投资的目标往往是用最低的风险和最少的资金投放与使用，得到尽可能大的利润和收益。

（3）企业利润分配管理目标

分配的概念即把企业所得收入与利润在企业和各个利益主体之间科学合理

地分割。这种分割与所有利益主体的经济利益息息相关，在一定程度上影响财务的稳定和安全。此外，分配方案的差异也可能引起企业价值的变化。详细来说，企业如果在当期分配给投资者较多利润，则可能提升其即期市场评价。然而，大部分利润被分配出去，会使企业即期现金不足，甚至缺少发展及积累资金，最终则可能限制企业将来的市场价值。由此可得，利润分配是为了使企业能够合理确定利润留分比例，并且选择科学的分配方式，最大化地挖掘企业的潜力，最终实现企业总价值的提升。

2.不同发展阶段的财务目标

（1）初创阶段

企业在初创时遭遇的最大风险来自市场，不但包括商品市场和金融市场，而且包括人力资源市场和技术市场等诸多其他市场。在这些市场中，商品市场占据十分重要的地位。这是因为，企业必须生产出符合市场实际需求的产品，方可于激烈的竞争环境中获得立足之地。因此，配合生产部门优化管理与协作，同时确保投资方向科学合理，及时通过相应渠道筹资，便成为企业初创阶段的主要财务目标。

（2）发展阶段

企业度过创业初期逐步迈进发展阶段时，市场占有率不断提高，这时企业为了继续增加市场份额，则一定会继续扩大投资，旨在谋求更大收益。

（3）成熟阶段

企业发展到一定阶段后，其所生产的产品往往会在市场中形成饱和状态，这时企业所占市场份额也基本上处于稳定状态，这一阶段通常被叫作成熟阶段。为使成熟阶段延续更久，企业必须优化内部管理并且加快资金周转速度，所以缩减成本资金占用率至关重要。

（4）衰退阶段

在企业进入衰退阶段，新的替代品问世时，为了在激烈的市场竞争中获得生存，企业经营者往往会努力寻求新的经济增长点，如新市场挖掘、资本结构优化等，这个阶段的财务目标便是优化资本结构配置，实施战略性转移。

（五）不同利益主体在财务管理目标上的矛盾与协调

在市场经济条件下，现代企业组织所有权和经营权的分离以及融资渠道的多样化，使企业的利益主体呈现多元化倾向。企业的利益主体表现为所有者（出资者）、经营者、债权人、政府机构、企业职工和社会公众等。通常而言，利益主体不同，相应地，其财务目标的倾向性也存在很大差异。为了使所有利益主体的目标都能够遵循企业财务目标，这些利益主体必须努力化解经营中所产生的矛盾。

1. 所有者与经营者之间目标的矛盾与协调

企业属于所有者，因而财务管理的目标理应以所有者的目标为准。所有者通常委托经营者来进行企业管理，因而所有者同经营者相互之间的财务关系在企业诸多财务关系之中占据重要地位。这实际上是一种"委托—代理"关系。然而，所有者同经营者分离后，二者之间的目标常常出现不一致的现象，更有甚者差异巨大。

（1）经营者的目标

第一，提高报酬，不仅是物质上的报酬，还有非物质层面的报酬。例如，提高工资和奖金，提高荣誉，提供足够的保障与社会地位等。

第二，工作尽量轻松，增加休息时间。例如，减少名义工作时间与有效工作时间、降低工作强度等。

第三，降低风险。在市场竞争中，经营者不是总能获取应有的报酬，倘若他们的行为与结果之间具有不确定性，这时他们往往采取措施尽可能地降低风险，从而期盼能够获取一份有足够保障的报酬。

（2）经营者与所有者利益的矛盾

经营者也许会不顾所有者利益而只以达成自身目标为重，这种背离通常包括以下两个方面。

第一，道德风险。经营者的经营活动仅仅是为了达成自身目标，他们并不竭尽所能地去达成企业的财务管理目标，认为无须为提高股价而付出代价，股价提高的收益属于股东。在这种思想之下，经营者不做任何错事，仅仅不那么努力，从而使自身的空余时间增多。如此行为，无法形成法律或者是行政责任问题，往往仅涉及道德层面的问题，股东轻易无法追究其责任。

第二，逆向选择。经营者不顾股东目标，仅仅以自身目标为重。比如，设计并装修风格豪华的办公室、买高档汽车出行等。同时，经营者可能损公肥私，或者蓄意压低股票价格，以自己的名义借款买进股票；或者设法将企业的资产与利益占为己有，将劣质产品高价卖给企业，或将企业的优质产品低价卖给自己的企业等，使得股东利益受损而自身利益扩大。

（3）所有者与经营者之间的协调

一般情况下，为了有效调和所有者与经营者二者之间所存在的矛盾，所有者往往将经营者的报酬与绩效进行紧密相连，同时利用相应的对策从旁帮助，旨在共同实现企业价值的最大化。

①解聘。解聘的本质是所有者利用行政手段对经营者进行约束。所有者有监督经营者的权利，倘若经营者没有努力采取措施而实现企业价值的最大化，就会被解聘。在这种情况下，经营者为了不被解聘便会尽己所能地去达成财务管理目标。

②接收。接收的本质是利用市场调节来实现对经营者的约束。倘若经营者出

现决策失误或者是经营不力的现象时，没有立即以有效对策和方案来提高企业价值，那么就存在被其他企业强行接收甚至是吞并的风险。此时，经营者也面临被解聘的风险。因此，经营者一定要努力提升企业价值，从而规避这种接收的发生。近几年来，我国企业间的兼并浪潮此起彼伏。在兼并实现后，兼并企业在改组被兼并企业，将其纳入自己的企业集团的过程中，公司原有的经理们大多会被新的经营者取代而下岗，这样，就会给经营者带来压力，促使其努力工作。

③激励。激励的本质是所有者把经营者的报酬和绩效紧密联系，旨在刺激经营者能够自觉实施策略实现企业价值最大化。该方式在一定程度上可被认为是最为有效的机制，它符合我们社会所推崇的"双赢"原则。激励一般有两种方式，分别是股票选择权方式和绩效股方式。股票选择权方式即同意经营者凭借固定价格购置一定数目的公司股票，这就意味着股票价格越是高于固定价格，经营者的最终报酬就越高。在这种情况下，经营者想要获得更高的股票收益，便一定会自觉实施可以提高股票的对策和方案。绩效股方式即公司综合利用单股利润、净资产收益率等各项参数和指标来进行经营者业绩的评价，依据经营者业绩多寡提供给其相应数目的股票作为报酬。倘若公司的经营者没有完成规定业绩目标，则其所拥有的部分绩效股便会丧失。在这种情况下，经营者会持续改进策略来提高经营业绩，并维护股市价格稳定上升，旨在实现每股市价的最大化。

④经理市场及竞争。一般来说，经理市场的竞争能够刺激管理者在经营活动中始终关注股东利益，从而避免将被他人取代的风险。但是，这种机制以存在良好健全的经理人员市场为前提。经理人员市场之所以会起作用，关键在于经理人员作为职业人员，对自身职业声誉的看重。如果没有职业声誉，也就没有职业经理价值。

2. 所有者与债权人之间的矛盾与协调

企业的资本来源主要有两个方面：一是股东；二是债权人。二者的区别在于，债权人的投资回报往往固定不变，而股东的最终受益通常是随着企业经营效益的实际变化而变化的。如果企业效益较好，债权人获取的固定利息仅仅占企业所有收益的极少部分，其余部分则属于股东。如果企业效益较差甚至遭遇财务危机时，债权人则可能遇到无法追回资本的风险。如此，便会使所有者同债权人相互之间期盼达成的目标形成矛盾。一方面，所有者如果没有得到债权人的允许便要求经营者投资预测风险较高的项目，则使负债风险加大。在此基础上，如果高风险的项目能够成功，则额外利润归所有者独享；如果失败，损失则需债权人同所有者共担。显而易见，债权人所承担的风险和最终收益存在不对称现象。另一方面，如果所有者与股东没有获得当前债权人的允许便要求经营者发行新债券甚至借新债，则会加大企业破产的可能性，从而使得旧债券或老债缩小，最终损害债权人的利益。因此，在企业财务拮据时，所有者和债权人之间的利益冲突会加剧。

所有者与债权人之间的上述矛盾通常都能利用如下途径加以解决：

（1）限制性借款

限制性借款通常利用三种方式来避免和迫使股东以上述两种方法剥夺债权人的债权价值，分别是限制借债用途、担保条款以及信用条件。

（2）收回借款

在债权人留意到公司企图侵蚀自己债权价值的时候，利用收回债权的方式，并且拒绝对公司重新放款，以便维护自己的权益，这一行为就叫作收回借款。不包括债权人，其他与企业经营者相关的各个单位与企业之间均会订立合同，合同中通常会将利益冲突以及限制条款等内容标记明确。企业经营者一旦不顾员工、客户等各方的切身利益，就可能促使企业目标的顺利达成。因此，企业是在存在各种限制条件的状态下达成企业价值最大化的。

（3）债转股

债转股是指经由合约方式把一部分债务转化为股本，以此完成债权人和股东的角色互换，最终同时达成两者利益目标。

3. 企业的社会责任

企业的社会责任不仅有法定责任还有理性责任。一般而言，企业的社会责任与财务管理目标密切相关。

（1）法定责任

所谓法定责任，是指国家法律法规、制度所确定的企业一定要遵循的社会责任。综观世界各国，对于企业必须履行的社会责任，大多通过制定法律来要求企业承担，如各项税法、环境保护法、反暴利法及消费者权益保护法等。企业的法定责任具有以下3个基本特征：

①明确性。即明确企业应承担哪些社会责任，并对容易引起误解的相关内容做出准确的解释。

②强制性。即强制企业承担社会责任，并以相应的法律法规作为强制的依据，有关执法部门有权依法强制执行。

③严肃性。即对企业履行法定责任的情况进行严肃认真的检查和监督，对不履行者或违反者予以追究。

（2）理性责任

人类社会的延续和发展需要社会各界履行必要的社会责任，而这些社会责任不可能完全以法律法规来加以规范。这时，就需要人们以社会道德准则来规范自身的行为。例如，许多企业勇于承担非法定的社会责任，如接收下岗职工就业、接受残疾人就业、安排军人家属就业等；当某地发生自然灾害时，不少企业也会积极向受灾地区伸出援助之手。从某种意义上讲，企业的理性责任意识往往标志着国家的文明程度，无疑值得大力提倡。

（3）财务管理目标与社会责任的关系

通常而言，财务管理目标与社会责任之间的关系形成以双方的协调统一为基础，并且前者的实现往往同后者的履行大体是一致的。

为了尽可能地获得企业价值，首先，企业自身所生产的产品一定要做到适销对路，这样不仅可以适应社会实际需要还可以实现企业价值。其次，企业应该不断研发并推广新技术，在促进生产力提升的基础上最终实现社会进步。最后，企业应该深挖自身潜力，大力提高利润，缴纳更多税金，从而增强国家财政实力。然而，企业财务管理目标的达成并无法永远同社会责任的履行保持一致，也可能发生企业承担了社会责任却造成即期利润降低而导致股东利益损害的现象。比如，为了降低环境污染带来的危害，企业必须花费大量人力、物力、财力去治理污染以保护环境。除以上所述之外，包含在社会责任之内的理性责任想要公平合理地实现分配也十分不易。这些均有导致企业与社会之间产生矛盾的可能性，因而行业协会、政府机构应加强调解与管理，社会公众也应当发挥主人翁精神进行监督。

四、财务管理的特点

作为企业管理中的一个重要内容，熟悉财务管理的特点不但能够更好地组织财务活动，而且能够更为高效地处理财务关系。财务管理主要有以下三方面的特点。

（一）综合性高

财务管理是用价值的形式将企业的资源和相关内容进行科学、合理的计划和组织，因而财务管理工作会涉及与企业内外部方方面面的关系，如政府行政管理部门、投资者与受益者、债权人与债务人、企业内部各单位之间及其企业内部职工等。可见，企业的财务管理工作不仅仅是人力资源管理、设备管理、生产管理等内容，而且涉及了和企业经营相关的各种内容的综合体。因此，企业的财务管理工作具有较高的综合性。

（二）联系性广

以企业自身为例，其财务管理活动发生在企业生产、供应以及销售的各个方面。一方面，企业所有部门同资金之间均是紧密相连的。企业对所有部门进行财务指导与监督，使其能够合理配置资金并不断提升资金使用率。在此层面上，财务管理部门源源不断而又及时精准地为企业各项生产经营管理活动准备所需资料。另一方面，现代企业财务管理除了与企业自身紧密相连，与外部环境之间也存在种种联系。在市场经济体制大背景下，企业在实施融资、投资与利润分配等的时候，往往同利益主体之间紧密相连，如企业同股东之间，企业同债权人、政府部门以及金融机构等各方之间。

（三）反应灵敏

企业以现代企业制度为基础，逐渐转化为以面向市场为特点的独立法人实体和以市场竞争为核心的主体。一般而言，企业经营管理通常以获取最大经济效益为目的。这主要由两个方面决定，一方面是现代企业制度对资本投入的客观要求，另一方面是我国社会主义现代化建设的本质要求。在日益激烈的竞争环境中，企业若想获得生存，就一定要做到以收抵支和到期偿债。而企业若想获得更大发展，则必须要扩大收入。因为收入的增长往往代表着人力、物力、财力的增长，这些均能够以资金流动为依托而在企业财务方面实现全方位的反映，同时极大地影响着财务指标的顺利完成。由此可见，企业的所有管理都是以财务管理为基础，企业如果能够高效做好财务管理工作，就意味着抓住了管理重点，那么企业管理的各项工作便更容易落实。

第二节　财务管理体制与环境

一、财务管理体制

企业在不同的发展阶段，在不同的环境下，会选择不一样的财务管理模式。不同的经营管理团队，不同的财务管理理念，会形成不一样的财务管理风格。在外部环境及内部管理的共同要求下，企业会形成一套适合自身发展的财务管理体制。

（一）财务管理体制概述

财务管理体制是指划分企业财务管理方面的权责利关系的一种制度，通常被认为是财务关系的外在呈现形式。它一般具有两个层次：第一个层次存在于企业投资者与经营者之间；第二个层次则存在于企业内部。总体而言，企业集团财务管理体制的基本作用是确认集团内部所有财务层级的财务权限以及它们各自的财务责任与利益等相关内容。其中，怎样进行财务管理权限的配置是重中之重。

（二）财务管理体制的模式

财务管理模式即企业集团公司的财务管理体制，是指存在于企业集团公司整体管理框架内，为实现企业集团公司总体财务目标而设计的财务管理模式、管理机构及组织分工等项要素的有机结合，主要涉及母公司与子公司之间重大财务决策权限的划分，通常除了融资决策权和投资决策权以外还包含资金管理权与资产处置权等。

不同的企业因为内部管理的需求不同，其采用的财务管理体制的模式是不一样的。同一个企业在不同的发展阶段，其采用的财务管理模式也是不一样的。企业采用的财务管理模式应当能满足其实现企业目标的需要。一般来说，企业财务管理体制的模式包括三种，分别是集权模式、分权模式和混合模式。

1. 集权模式的财务管理体制

集权模式的财务管理体制是指企业对其管辖的子公司、分支机构等的一切财务活动及财务关系的决策都进行高度集中，其管辖的子公司、分支机构等都没有财务决策权限的管理体制。在集权模式下，企业总部财务部门具有高度的财务决策权限，不但可以指导其管辖的子公司、分支机构等决策，必要的时候还可以参与其管辖的子公司、分支机构等决策的执行。在集权模式的财务管理体制中，总部财务管理部门采用高度的集权手段，控制其管辖的子公司、分支机构等。

（1）集权模式的财务管理体制的特点

在集权模式的财务管理体制下，企业主要的财务管理权限集中于企业总部财务部门，其管辖的子公司、分支机构等没有财务决策权限。企业总部财务部门负责所有的财务决策，其管辖的子公司、分支机构等只需要按照总部的财务决策执行即可。

（2）集权模式的财务管理体制的优点

集权模式的财务管理体制的优点是企业的各项财务决策均由企业总部财务部门负责，包括制定财务管理制度、财务预算、资金使用等。在集权模式的财务管理体制下，企业由总部统一协调控制，可以充分发挥一体化管理模式的长处，有利于充分调动企业内部的人才、智力、信息资源，有效降低成本、风险损失；有利于统一调度有限的资源，实现资源优化配置；有利于企业整体的税收筹划，实现企业的发展战略。

（3）集权模式的财务管理体制的缺点

集权模式的财务管理体制的缺点是企业的所有财务决策权限均集中在企业总部的财务部门，其管辖的子公司、分支机构等没有任何的财务决策权限。这不利于其管辖的子公司、分支机构等根据实际情况制定财务制度和财务预算，不能根据环境的变化及时调整财务管理手段；高度集权不利于其管辖的子公司、分支机构等发挥集体智慧，财务管理人员缺乏主动性、积极性、创新性；不利于其管辖的子公司、分支机构等财务管理人才的成长，团队丧失活力，复杂的财务程序降低了其管辖的子公司、分支机构的办事效率，面对瞬息万变的市场，缺乏财务弹性，容易错失市场机会。

（4）集权模式的财务管理体制在企业中的应用

在现实的企业管理中，采用集权模式的财务管理体制可以最大限度地聚合资源优势，减少分歧，有利于贯彻实施企业发展战略和经营目标。但是，企业采用集权模式的财务管理体制，除了要求企业管理高层必须具备高度的素质能力外，还要求企业必须有一个能及时、准确地传递各种信息的网络信息平台，并通过信息传递过程的严格控制以保障信息的质量。如果一个企业能够达到以上这些严格的要求，集权模式的财务管理体制就能充分发挥其优势，实现集团集权管理的高效率。但是，在强调发挥集权模式优势的同时，管理者也应当看到信息传递及过程控制的成本问题。随着企业规模的扩大，信息的传递及过程控制成本会大幅度增加，如果成本过高，集权模式的财务管理体制就不能满足成本效益的原则。另外，随着集权程度的提高，集权模式的财务管理体制的优势可能会不断强化，但企业管辖的子公司、分支机构等的积极性、创造性与应变能力却可能在不断削弱，不利于团队的培养和进步。

2.分权模式的财务管理体制

分权模式的财务管理体制是指企业将财务决策权与管理权完全下放到其管辖的子公司、分支机构等，其管辖的子公司、分支机构等只需对一些财务决策结果向企业总部财务部门备案即可的管理体制。在分权模式下，企业总部财务部门不对其管辖的子公司、分支机构等进行干预，只关注其管辖的子公司、分支机构等财务决策与管理的结果。

（1）分权模式的财务管理体制的特点

在分权模式的财务管理体制下，企业的财务决策和管理权限分散在其管辖的子公司、分支机构等，其管辖的子公司、分支机构等在人事、财务、资产、供应、生产、销售等方面均有决定权。企业的财务决策权和管理权完全下放到其管辖的子公司、分支机构等，企业总部财务部门对其管辖的子公司、分支机构等不进行干预。

（2）分权模式的财务管理体制的优点

分权模式的财务管理体制的优点是企业管辖的子公司、分支机构等不受企业总部财务部门的干预，可以根据自身面临的环境、生产经营管理的特点以及预期经营成果等因素制定财务制度和财务决策，在执行过程中，可以根据实际情况及时调整和控制，有利于针对自身存在的问题及时做出有效决策；可以根据自身的情况因地制宜地搞好各项业务，也有利于分散经营风险，促进财务人员的成长。

（3）分权模式的财务管理体制的缺点

分权模式的财务管理体制的缺点是企业管辖的子公司、分支机构等各自为营、各自为战，缺乏统一的部署和发展战略，容易引发企业资源的内耗和无效配置，不利于其管辖的子公司、分支机构等树立全局观念和整体意识；不利于资金的集中管理，不能发挥有限资源集中配置的优势，容易出现资金成本增大、费用失控、利润分配无序等不良情况。

（4）分权模式的财务管理体制在企业中的应用

分权模式的财务管理体制实质上是企业把决策权限、管理权限在不同程度上下放给比较接近信息源的子公司、分支机构等，通过就近原则以及从实际出发的原则及时处理企业的业务。这样便可以大大缩短信息传递的时间与传递流程，减小信息传递过程中的控制问题，节约信息传递失真及过程控制的成本，提高信息的传递质量与效率；加快企业的决策进程，提高决策的效率与管理的效果。但是，如果过度放权，会导致权力过度分散，产生企业管理目标换位问题，这是采用分权模式的财务管理体制无法完全避免的代价。因此，企业采用分权模式的财务管理体制，应当规范企业的管理制度、明确责任人的权责，避免企业管理目标换位等问题。

3. 混合模式的财务管理体制

混合模式的财务管理体制（集权模式与分权模式相结合的财务管理体制）是指企业执行集权下的分权，即企业对其管辖的子公司、分支机构等在所有重大问题的决策与处理上实行高度集权，企业管辖的子公司、分支机构等则对日常经营活动具有较大的自主决策和管理权限的管理体制。混合模式的财务管理体制既有集权又有分权，在重大问题上实行集权，在日常管理中实行分权，这是现代企业普遍采用的财务管理体制。

（1）混合模式的财务管理体制的特点

在混合模式的财务管理体制下，企业以发展战略和经营目标为核心，将重大决策权集中于企业总部，由企业总部高度集权。在日常管理中，企业管辖的子公司、分支机构等具有较大的决策权限；在制度建设方面，企业应制定统一的管理制度，明确各层级财务权限及收益分配方案，企业管辖的子公司、分支机构等应当严格遵照执行，并根据自身的情况进行补充；在管理方面，可以充分利用企业总部的各项资源优势，对部分权限集中管理；在经营方面，应当充分调动企业管辖的子公司、分支机构等的生产经营积极性，企业管辖的子公司、分支机构等应当围绕企业发展战略和经营目标，在遵守企业统一制度的前提下，自主制定生产经营的各项决策。

（2）混合模式的财务管理体制的优点

混合模式的财务管理体制实质上是将集权模式与分权模式进行有效组合，在重大问题上由企业总部实行高度集权，统一调配资源，充分发挥企业总部的资源优势，实现企业的战略目标和经营目标。在日常的管理中，企业总部给予企业管辖的子公司、分支机构等较大的决策权限，充分调动企业管辖的子公司、分支机构等的积极性。混合模式的财务管理体制既可以避免所有问题统一决策带来的"水土不服"效应，又可以避免各自为战、各自决策带来的"利益冲突"问题。

（3）混合模式的财务管理体制在企业中的应用

企业选择集权模式的财务管理体制还是分权模式的财务管理体制来进行财务决策，是要根据企业的内外部环境综合考虑的，至今都没有固定的思路或者现成模式可供借鉴。财务管理体制的集权模式与分权模式，需要考虑企业与其管辖的子公司、分支机构等之间的资本关系和业务关系的具体特点以及集权与分权的"成本与利益"来综合判断。作为实体的企业，企业与其管辖的子公司、分支机构等之间往往具有某种业务上的联系，特别是那些实施纵向一体化战略的企业，要求管辖的子公司、分支机构等保持密切的业务联系。企业与其管辖的子公司、分支机构等之间的业务联系越密切，就越有必要采用集权模式的财务管理体制；反之，则采用分权模式的财务管理体制。

在企业的实际管理中，选择集权模式的财务管理体制还是分权模式的财务管理体制，还应当判断集权与分权的"成本与利益"。集权的"成本"主要是企业所管辖的子公司、分支机构等的积极性损失和财务决策效率的下降，分权的"成本"主要是可能发生企业所管辖的子公司、分支机构等财务决策目标及财务行为与企业整体财务目标的背离以及财务资源利用效率的下降。集权的"利益"主要是容易使企业财务目标协调和提高财务资源的利用效率，分权的"利益"主要是提高财务决策效率和调动各所属单位的积极性。另外，集权与分权应该考虑的因素还包括环境、规模和管理者的管理水平。由管理者的素质、管理水平与方法和管理手段等因素所决定的企业及各所属单位的管理水平，对财权的集中和分散也具有重要影响。较高的管理水平有助于企业更多地集中财权；否则，财权过于集中只会导致决策效率的低下。

在实际工作中，很少有企业单纯采用集权模式的财务管理体制或分权模式的财务管理体制，而是根据企业的具体情况以及面临的内外部环境综合考虑，一般采用混合模式的财务管理体制。在管理上，混合模式的财务管理体制更能发挥管理上的弹性，需要集权的时候能够集权，需要分权的时候可以分权，管理比较灵活，信息传递及过程控制能够及时地反馈和调整，满足成本效益的原则。因此，混合模式的财务管理体制在企业中得到普遍的应用。

（三）企业财务管理体制的设计原则

企业财务管理体制的设定或变更应当遵循以下四项原则。

1. 与现代企业制度的要求相适应的原则

现代企业制度是一种产权制度，是以产权为依托，对各种经济主体在产权关系中的权利、责任、义务进行合理有效的组织、调节与制度安排，它具有"产权清晰、责任明确、政企分开、管理科学"的特征。按照现代企业制度的要求，企业财务管理体制必须以产权管理为核心，以财务管理为主线，以财务制度为依据，体现现代企业制度特别是现代企业产权制度管理的思想。

企业内部相互间关系的处理应以产权制度安排为基本依据。企业作为各所属单位的股东，根据产权关系享有作为终极股东的基本权利，特别是对所属单位资产的收益权、管理者的选择权、重大事项的决策权等。但是，企业各所属单位往往不是企业的分支结构或分公司，其经营权是其行使民事责任的基本保障，它以自己的经营与资产对其盈亏负责。

企业与各所属单位之间的产权关系确认了两个不同主体的存在，这是现代企业制度特别是现代企业产权制度的根本要求。在西方，在处理母公司与子公司关系时，法律明确要求保护子公司权益，其制度安排大致如下：①确定与规定董事的诚信义务与法律责任，实现对子公司的保护；②保护子公司不受母公司不利指示的损害，从而保护子公司权益；③规定子公司有权向母公司起诉，从而保护自身利益与权利。

2. 明确企业对各所属单位管理中的决策权、执行权与监督权三权分立原则

现代企业要做到科学管理，必须首先要从决策与管理程序上做到科学、民主。因此，决策权、执行权与监督权三权分立的制度必不可少。这种管理原则的作用就在于加强决策的科学性与民主性，强化决策执行的刚性和可考核性，强化监督的独立性和公正性，从而形成良性循环。

3. 明确财务综合管理和分层管理思想的原则

现代企业制度要求管理是一种综合管理、战略管理。因此，企业财务管理不是也不可能是企业总部财务部门单一职能部门的财务管理，当然也不是各所属单位财务部门的财务管理，它是一种战略管理。这种管理要求：①从企业的整体角度对企业的财务战略进行定位；②对企业的财务管理行为进行统一规范，做到高层的决策结果能被低层战略单位完全执行；③以制度管理代替个人的行为管理，从而保证企业管理的连续性；④以现代企业财务分层管理思想指导具体的管理实践。

4. 与企业组织体制相对应的原则

企业组织体制主要有 U 型组织、H 型组织和 M 型组织三种基本形式。

U 型组织产生于现代企业的早期阶段，是现代企业最为基本的一种组织结构形式。U 型组织以智能化管理为核心，最典型的特征是在管理分工下实行集权控制，没有中间管理层，依靠总部的采购、营销、财务等职能部门直接控制各业务单元，下属公司的自主权较小。

H 型组织即控股公司体制。集团总部下设若干子公司，每家子公司拥有独立的法人地位和比较完整的职能部门。集团总部即控股公司，利用股权关系以出资者身份行使对子公司的管理权。它的典型特征是过度分权，各子公司保持了较大的独立性，总部缺乏有效的监控约束力度。

M 型组织即事业部制，就是按照企业所经营的事业，包括按产品、地区、市场等来划分部门，设立若干事业部。事业部是总部设置的中间管理组织，不是独立法人，不能够独立对外从事生产经营活动。因此，从这个意义上说，M 型组织比 H 型组织集权程度更高。

但是，随着企业管理实践的深入，H 型组织的财务管理体制也在不断演化。总部作为子公司的出资人对子公司的重大事项拥有最后的决定权，因而也就拥有了对子公司"集权"的法律基础。现代意义上的 H 型组织既可以分权管理，也可以集权管理。M 型组织下事业部在企业统一领导下，可以拥有一定的经营自主权，实行独立经营、独立核算，甚至可以在总部授权下进行兼并、收购和增加新的生产线等重大事项决策。

（四）企业财务管理体制的选择

企业应将其所处的外部及内部环境相结合，构建出一套适合本企业的财务管理体制。财务管理体制的制定是否恰当，可根据以下标准来判断。

1. 是否有利于建立稳健高效的财务管理运行机制

企业内部财务管理体制的构建，目的在于引导企业建立"自主经营、自负盈亏、自我发展、自我约束"的财务运行机制，从而形成一套完整的自我控制、自我适应的系统。因此，在构建财务管理体制时，关键是看其是否有利于财务管理机制的有效运行。

2. 是否有利于调动各方积极性、主动性、创造性

财务管理是企业管理的一部分，因而企业能否成功地构建其内部财务管理体制，很大程度上取决于是否把各级经营者、管理者的积极性调动起来，使企业内部各级管理者、经营者出于对自身利益的追求，自觉地把个人利益与企业利益、个人目标与企业目标有效地结合起来，从而形成一股强大的凝聚力。

3. 是否有利于加强企业的内部管理

财务管理是企业管理各项工作的综合反映，它与企业管理的各项工作密切相关，相互制约，相互促进。同时，财务管理本质上是处理企业同企业内外部各种经济利益的关系，因而成功地构建企业内部财务管理体制能够强化企业内部管理。

4. 是否有利于促进企业经济效益的提高

经济效益是衡量企业管理好坏的标志，是判断一种体制优劣的根本，而且企业内部财务管理体制构建的目的是为企业管理服务并有利于经济效益的提高。因此，企业内部财务管理体制构建的成功与否，也只能用企业经济效益来衡量。

（五）混合模式的财务管理体制的基本内容

集权模式与分权模式相结合的财务管理体制是现代企业普遍使用的，其

关键是企业总部必须做到制度统一规范、资金集中管理、信息集成传输和人员委派制度。如果企业总部实现不了制度统一规范、资金集中管理、信息集成传输和人员委派制度，那么混合模式的财务管理体制就达不到预期的效果。在混合模式的财务管理体制中，应当集权管理的项目包括制度制定权、筹资权、投资权、用资及担保权、固定资产购置权、财务机构设置权、收益分配权；分权管理的项目包括经营自主权、人员招聘及管理权、业务定价权、费用开支审批权。

1. 集权管理的项目

（1）制度制定权

企业总部根据国家法律法规和其他相关规定，结合企业自身的发展战略、内部经营管理的需要，制定统一规范的财务管理制度，在企业总部及其管辖的子公司、分支机构等统一执行。需要注意的是，企业管辖的子公司、分支机构等只有制度执行权，但其可以根据自身的实际情况制定实施细则和补充规定。

（2）筹资权

筹资是指企业按照投资和日常经营活动等的需要，采用一系列的手段和方式筹措一定数额资金的活动。在集团企业中，为了使企业筹资风险最小，筹资成本最低，应当由企业总部统一部署、统一筹集资金。如企业管辖的子公司、分支机构等需要贷款，应当由企业总部集中统一联系金融机构办理贷款总额，企业管辖的子公司、分支机构等再分别办理贷款手续，按合同规定自行支付利息；如企业管辖的子公司、分支机构等需要发行短期商业票据，企业总部应当充分考虑，综合分析企业资金的占用情况，并保证到期时银行账户有足额的资金贴现，不能因为票据到期不能兑现而影响企业信誉。企业总部对管辖的子公司、分支机构等进行追踪，审查现金使用状况，合理调配内部资金，提高资金使用效率。

（3）投资权

投资是一项风险性的经济活动，企业对外投资应当遵守成本效益性、分散风险性、安全性、整体性的原则。无论是企业总部还是其管辖的子公司、分支机构等的对外投资，都必须经过可行性分析、研究论证、决策等的过程，还必须有财务人员参加投资决策的过程。财务人员应当会同有关专业人员，通过仔细调查了解，开展可行性分析，预测今后若干年内的市场变化趋势及可能发生风险的概率、投资该项目的建设期、投资回收期、投资回报率等，写出财务报告，提出建议，报送领导参考决策。

为了保证投资效益，分散投资风险，企业对外投资应当执行限额管理，超过限额的投资，其决策权归属企业总部。被投资项目一经批准确立，财务部门应协助有关部门对项目进行跟踪管理，对出现的偏差，应及时和有关责任部门对接，并予以纠正。对投资收益不能达到预期目标的项目，应及时清理解决，并追究有关负责人员的经济管理责任。同时，应完善投资管理，企业应当根据自身特点建立一套具有可操作性的财务分析指标体系，规避有可能出现的财务风险。

（4）用资及担保权

企业总部应加强资金使用的安全性管理，对大额资金的拨付要严格跟踪监督，建立完善的审批手续，并严格执行财务制度。企业管辖的子公司、分支机构等财务状况的好坏直接关系到企业所投入资本的保值和增值问题，同时因为资金受阻导致获利能力下降，会降低企业的投资报酬率。

企业担保不慎，会引起信用风险和违约责任。企业内部的对外担保权应归企业总部集中管理，未经企业总部批准，企业管辖的子公司、分支机构等不得为其他企业提供担保，同时企业总部为其管辖的子公司、分支机构等提供担保应制定相应的审批程序。对过去的逾期未收货款，指定专人，统一步调，积极清理，谁经手，谁批准，由谁去收回货款，做到责任明确。

（5）固定资产购置权

固定资产具有占用金额大、使用期限长、难以变现等特点。因此，企业管辖的子公司、分支机构等需要购置大额固定资产时，必须说明理由，提出申请，报企业总部审批，经批准后方可购置。企业管辖的子公司、分支机构等的资金不得自行用于资本性支出，进行资本性支出必须经过企业总部审批。

（6）财务机构设置权

企业管辖的子公司、分支机构等的财务机构设置必须报企业总部批准，财务人员由企业总部统一招聘和调整，财务负责人或财务主管人员由企业总部统一委派。企业管辖的子公司、分支机构等的财务部门直接对企业总部负责，在企业总部的统一部署下开展财务工作。

（7）收益分配权

企业内部应统一收益分配制度，企业管辖的子公司、分支机构等应客观、真实、及时地反映其财务状况和经营成果。企业管辖的子公司、分支机构等的收益分配，属于法律法规明确规定的，按规定分配，剩余部分由企业总部本着长远利益与现实利益相结合的原则，确定分配以及留存的比例。企业管辖的子公司、分支机构等留存的收益，原则上可自行分配，但应报企业总部备案。

2.分权管理的项目

（1）自主经营权

企业管辖的子公司、分支机构等负责人主持本企业的生产经营管理工作，组织实施年度经营计划，决定生产和销售，研究和考虑市场周围的环境，了解和关注同行业的经营情况和战略措施，按规定时间向企业总部汇报生产经营管理工作的情况，对突发的重大事件，要及时向企业总部汇报。

（2）人员招聘及管理权

企业管辖的子公司、分支机构等的负责人有权任免下属管理人员，有权决定员工的聘用与辞退，企业总部原则上不应干预，但其财务人员的任免应报经企业总部批准或由企业总部统一委派。

（3）业务定价权

企业管辖的子公司、分支机构等所经营的业务均不相同，因而业务的定价应由各经营部门自行拟定，但必须遵守加速资金流转、保证经营质量、提高经济效益的原则。

（4）费用开支审批权

企业管辖的子公司、分支机构等在经营管理中必然发生各种费用，企业总部没必要进行集中管理，各所属单位在遵守财务制度的原则下，由其负责人批准各种合理的用于企业经营管理的费用开支。

二、财务管理环境

企业财务活动是在一定的环境下进行的，并与其发生各方面的联系。企业的发展离不开环境，所以必然受到环境的影响。作为企业管理的一个重要组成部分，财务管理活动不可避免地受到其所处环境的影响。因此，在财务管理活动中，企业需要不断地对财务管理环境进行审视和评估，并根据其所处的具体财务管理环境的特点，采取与之相适应的财务管理手段和管理方法，以实现财务管理的目标。

人们将影响财务管理的内部因素和外部因素总称为财务管理环境，财务管理环境是在财务管理范围外影响企业的财务管理活动正常运作的全部总和。一般情况下，人们将技术、经济、金融、法律等环境都包含在财务管理环境中。

（一）技术环境

技术包括技术手段、技术条件，在财务管理方面的技术手段和条件就组成了财务管理的技术环境。技术环境将对财务管理的效果产生重要的影响，同时也影响着管理效率。会计系统提供的会计信息是管理者制定相应政策的重要依据，会计信息同时也为投资大众、债权人提供服务帮助。因此，我们应该重视会计的信息化服务，规范会计信息化体系的建立，为财务管理的技术环境提供保障。

（二）经济环境

企业的发展需要注入大量资金，经济支持是企业生存发展之关键，而经济环境对经济的筹集和注入是至关重要的。在企业财务管理方面需要进行经济宏观调控，将管理体制、结构状况（经济方面）以及政策扶持等都纳入经济环境范畴。由此可见，经济环境对企业经济良性发展意义重大。

1. 经济管理体制

体制建设是老生常谈的话题，在经济管理方面进行体制建设就要从宏观与微观两个方面入手。在一定的社会环境下，人们将经济管理体制概括为对生产关系建立形式、组织管理、制度分类方式等的总称。从宏观层面上讲，整个国家的体制以及政府、企业、归属人三者之间的经济往来政策体现了经济管理体制的大方向。企业财务管理的目的、管理主体、管理方式都隶属于宏观经济管理的一部分，是和国家的经济管理体系建设相符的。从微观层面上讲，微观经济管理与宏观经济管理相呼应，具体到单个企业就是表现在个体内部的财务关系上。

过去实行的计划经济使得企业亏损由国家承担，在企业财务方面国家具有统一支配的权力，由国家进行统筹规划，这种经营方式使得企业在财务方面比较被动，财务管理的实际活动也比较简单。随着市场经济体制的不断壮大，企业成了经营的主体，企业自我管理的角色定位使得企业有了更灵活机制的经济管理权。根据实际出发，对企业自身的经济利益进行合理分配，此时的企业财务管理水平有所提高，财务管理的方式丰富而多样，更适合企业自身发展。

2. 经济结构

人们将经济结构进行产业、地区、技术、分配等方面的划分，这样可以直接地反映社会生产的需要。其中，以产业结构作为研究主体，也是经济结构中重要的组成部分。不同产业的结构特征在一定程度上可以决定企业的财务管理性质。根据企业发展需要，进行规模投资或资本运作的程度也不尽相同，因而合理进行产业结构的分配是影响企业生存和发展的关键。

3. 经济发展状况

财务管理水平是和经济发展水平密切相关的，经济发展水平越高，财务管理的程度也越高，任何经济实体在发展过程中都不是一帆风顺的，总是呈现直线上涨的情况是不现实的，只有在起起伏伏的波动状态中寻求经济稳步上升才是发展之道。依托全球经济大环境，在经济利好时机扩大生产规模，加大投资力度，可以迅速提升销售额，当然收益也稳健上升。相反，在整个经济市场不景气的前提下一定要做好防控，规避风险，做到减少投资，避免资金链的断裂，尽量摆脱财务困境。

4. 宏观经济调控政策

政府对整个经济具有宏观调控的作用，在政府的帮助和监督下，企业将是直接的受益者。政府通过制定相应政策来管理企业，表现在宏观经济上就是从制订计划、财政税收、金融交易等层面入手。同样，企业应该听命于政府的管理，否则将举步维艰难以生存。

（三）金融环境

人们将金融市场范围内的环境统称为金融环境。金融市场是进行金融交易的场所，在金融市场内进行的资金筹措、投资收益、经济运营以及利益分配的活动都离不开金融市场的参与。金融环境可以促进资本的合理流动和资源优化配置，是企业财务管理的直接环境。

1. 金融市场概述

笔者从广义和狭义两个方面进行金融市场的阐述。在进行货币借贷、办理汇票承兑、证券往来交易及资本流动等活动时往往都是在金融市场范围内进行的。广义上说，有关金融的一切交易都是金融市场的运作范围。狭义上的金融市场单指进行票据和有价证券的交易。

下面就金融市场的构成要素进行四个方面的解读。

（1）参与者

参与者是指参与金融交易活动的所有单位和个人，凡是参与金融交易活动的单位和个人都属于参与者。金融市场最初的参与者主要是资本不足或资本盈余的单位、个人以及金融中介机构。随着金融市场的不断发展，现代金融市场的参与者已经扩大到社会经济生活的各个方面，包括企业、个人、政府机构、中央银行、商业银行、证券公司、保险公司等。按照进入金融市场时的身份不同，金融市场的参与者可以分为资本提供者、资本需求者、金融中介机构和管理者。

随着市场经济的不断深入发展，金融市场越来越发达，从而可以提供越来越多的金融交易或金融服务。根据市场发展的规律，推动金融交易活动的力量来源于两个方面。

第一，参与者对利润的追求。资本提供者提供资本是为了获取稳定的利息或股利；资本需求者筹措资本是为了获取超过筹资成本的利润；中介机构提供服务是为了获取手续费或赚取差价收入。参与者对利润的追求推动着资本的流通。

第二，金融活动中的所有者对利益进行的博弈。资产供需双方的争夺使资本需求者试图以最小的资金成本取得资本，而资本需求者之间的竞争又使资金成本不会太低；资本提供者与资本需求者的竞争，使资本提供者试图以最高的收益转让资本，而资本提供者之间的竞争又使这种收益不会过高。这种参与者之间的互相竞争引导着资本的流动方向。人们常说的资本优化配置过程就是将资本从低收益部门转移如高收益部门的过程。

（2）金融工具

金融市场的良性运行离不开多样化金融工具的转移，资本拥有者和资本需要者对金融资本的借贷数目、期限、利差的不同需求就使得金融工具呈现出多种多样的特点。

（3）组织形式和管理方式

金融市场的组织形式主要有交易所交易和柜台交易，金融市场的管理方式主要包括管理机构的日常管理、中央银行的间接管理以及国家的法律管理，其以现货、期货、期权、信用等作为交易的主要组织形式。

（4）内在调节机制

金融市场交易活动的正常进行还必须有健全的内在调节机制。内在调节机制是指具有一个能够根据市场资本供应情况灵活调节利率高低的体系。在金融市场上，利率是资本商品的"价格"。利率的高低取决于社会平均利润率和资本供求关系。但是，利率又会对资本供求和资本流向起着重要的调节和引导作用。当资本供不应求时，利率上升，既加大了资本供应，又减少了资本需求；当资本供过于求时，利率下降，既减少了资本供应，又扩大了资本需求。因此，利率是金融市场上调节资本供求、引导资本合理流动的主杠杆。

2. 金融工具

金融市场交易双方通过使用金融工具对资金进行交易往来和转让。资金通过金融工具的帮助从供应方传递到需求者手中。其中，人们将基本的货币、股票、债券等简单常见的金融工具称为基本金融工具；将由金融工具的基本通道通过特殊技术形成的新的、高端的金融工具称为衍生金融工具，包括长期约定、互换、资产支持证券等，具有风险高、收益高等高杠杆效果的特征。金融工具一般具有流动性、风险性和收益性的显著特点。

3. 金融市场对财务管理的影响

金融市场是商品经济和信用形式多样化发展到一定程度的必然产物。它在财务管理中具有重要的作用。

（1）为企业筹资、投资提供场所

金融市场可以为资本所有者提供多种投资渠道和投资方式，也可以为资本需求者提供多种筹资渠道和筹资方式。在实务中，资本所有者在投资时，一般关注投资的安全性、流动性和获利性；而资本需求者在筹资时，一般关注资金成本的高低、资金在数量和时间上的安排。因此，为了满足资本所有者和资本需求者的共同需求，人们提供了一个理想的、实用的交易场所，而金融市场上有多种融资形式和金融工具均可供双方选择。资本所有者和资本需求者都能够通过金融市场的多样化融资形式和融资工具实现各自的预期目标。

（2）企业资本灵活多样化

金融市场上多样化的金融交易活动频繁交错，形成了一张巨大的交易网。融资活动可以实现不同类型的资本之间的相互转换，如长期资本与短期资本的相互转换，不同区域资本之间的相互转换，大额资本与小额资本之间的相互转换。在实务中，股票、债券的发行能够将储蓄资本转换为生产资本，将短期资本转换为长期资本，将不同地区的资本转换为某一地区的资本等，多种方式的相互转换能够调节资本供求，促进资本流通。

（3）引导资本流向和流量，提高资本效率

金融市场通过利率的上下波动和人们投资收益的变化，能够引导资本流向，使资本流到最需要的地方。一般情况下，资本都是从低收益部门进入高收益部门，将各部门之间的资本进行合理规划，以实现资产的优化。

（4）为企业树立财务形象

金融市场是企业树立财务形象的最好场所。企业有良好的经营业绩和财务状况，股票价格就会稳定增长，这是对企业财务形象最客观的评价。

（5）为财务管理提供有用的信息

企业进行筹资、投资决策时，可以利用金融市场提供的有关信息。从宏观看，股市行情反映了国家的总体经济状况和政策情况；从微观看，其反映了企业的经营状况、盈利水平和发展前景，有利于投资者对企业财务状况做出基本评价。此外，利率的变动也反映了资本的供求状况等。

（四）法律环境

在法治社会的今天，企业开展经济活动的前提就是在法律允许范围内执行。法律的作用是双效的：第一，企业从事的业务往来受到法律的管控，是对经济行为有效的约束；第二，法律可以保护企业的合法权益不受损害。如此一来，才能保证经济市场的繁荣稳定。

国家通过行政、法律、经济的手段对企业的各项经济活动进行管控。经济体制的不断完善，市场经济亦趋于稳定，国家在行政力度上逐渐减少，而采取经济和法律的执行手段越来越多。在企业经济管理过程中运用到的法律一般有企业组织法、税收法及财务方面的法规等。这些都是保障企业财务运行机制正确合理化的关键。

总体而言，法律环境制约企业财务管理的工作表现在以下三个方面。

（1）在一般集资和众筹活动中，国家法律对公司发行债券和股票的条件做出了严格的规定，但已取消了对筹资最低规模的限制。例如，法律规定了股份有限公司的注册资本不得低于500万元，而有限责任公司的注册资本不得低于3万元。在抓紧完善相关法律法规的基础上，自2014年3月1日起，新颁布的《中华人民共和国公司法》实行由公司股东（发起人）自主约定认缴出资额、出资方式、出资期限等，并对缴纳出资情况的真实性、合法性负责，不再限制公司设立时股东（发起人）的首次出资比例和缴足出资的期限。

（2）在投资活动中，国家通过法律规定了投资的方式和条件。例如，《中华人民共和国证券法》规定进行证券交易的企业必须严格守法，坚持按照国家的有关政策执行并且保证公平竞争。

（3）国家通过法律手段来监督企业的利益分配，依据《中华人民共和国税法》《中华人民共和国公司法》《企业会计制度》等法律对企业的成本、费用支出、应缴税费、利益计算方法等做出约定。

财务管理活动总是依存于特定的财务管理环境。无论哪一种财务管理环境都不是一成不变的，而是在不断地变化中逐步发展的。因此，企业必须随时关注经济环境的变动，以求能够尽快调整战略规划从而顺应环境变化，使企业长期、稳定地生存和发展下去。

（五）技术环境

技术环境决定管理的最终结果，通过采用可实现的科学技术手段进行的财务管理就是技术环境存在的价值。会计信息占企业经济信息总比的70%～80%，通过会计系统提供的核算数据，将信息提供给决策层是技术环境所能做的内部工作。面向企业的债权人和投资者所做的财务报表一类的工作是会计信息的外部技术。

随着新时代互联网与各行各业的深入融合，人工智能水平的不断提高，财务管理的方式也进行了革新，数据管理人员不用再为烦琐的数字而头疼，他们将时间和精力用在企业财务战略管理上，既节省了人力又提高了效率。

第三节　财务管理价值观念

一、资金时间价值的概述

（一）资金时间价值的含义

资金时间价值是指一定量的资金在不同时点上的价值量的差额。资金的时间价值来自资金在运作过程中经过一定时间的投资与再投资后所产生的增值。

资金时间价值在商品经济中是十分普遍的。例如，在不存在风险和通货膨胀的情况下，某人将1元存进银行，假设年利率为10%，则在一年后此人从银行能够取得本息1.1元。这就说明1年前的1元经过投资（存入银行）产生了增值（增值了0.1元），这部分的增值额便是资金时间价值。

资金时间价值有两种表达形式，即相对数和绝对数。人们将无风险、无通货膨胀下的社会平均资金利润率称为时间价值率，通常可以用国库券来代替。绝对数即是时间价值额，是资金在生产过程中带来的绝对增值额，如上述例子中的年利息0.1元。

（二）资金时间价值的作用

随着我国经济的不断发展，各项金融体系、经济制度等正在不断地完善和建立。除去风险和通货膨胀的影响，资金时间价值体现了企业资金利润率的最低限度，因而它是评价企业经济效益、考核经营成果的重要依据。

在企业的筹资活动中，企业需要根据资金时间价值选择筹资的时机，确定筹资的规模。在实际的筹资环境中，企业筹资的时点和投放资金的时点总是不一致的。企业只有在最接近资金投放时点筹集到足够的资金，才能避免资金的浪费，使企业的收益达到最大化。企业所面临的投资机会是很多的，但并不是所有的投资机会都适合企业，只有在项目的收益大于筹资成本时该项目才是可行的。

在企业的投资活动中，企业需要从动态的角度分析不同项目的可行性，为投资决策提供依据，从而提高投资决策的正确性。企业树立资金时间价值观念，以能够正确地看待项目的建设期以及不同时点上的资金流量。

（三）资金时间价值相关概念

1. 现值与终值

在未来时刻的资金折算成现在的资金价值就是现值，又可称为本金。将现在定量的资金折合为未来某一时刻的价值叫作终值，又可称为本息和。

2. 复利和单利

单利是指按照固定的本金计算利息的一种计算方式。按照单利的计算方法，只有本金在贷款期间获得的利息，不管时间长短，所生利息均不得加入本金重复计算利息。

复利是指不仅本金计算利息，还对利息计算利息的一种计算方式，即俗称的利滚利。

如今，财务管理一般都将复利计息作为资金时间价值的计算依据。

二、资金时间价值的计算

（一）现金流量时间线

计算货币资金的时间价值，首先要清楚资金运动发生的时间和方向，即每一笔资金是在哪个时点发生，资金是流入还是流出。通过现金流量时间线就可以直观、便捷地反映资金运动的时间和方向，现金流量时间线如图 2-1 所示。

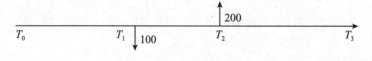

图 2-1　现金流量时间线

图 2-1 中横轴是时间轴，横轴上的坐标为各个时间点，T_0 表示期初，T_1、T_2 分别表示第一期期末、第二期期末，以此类推。同时，T_1 也可以看作第二期的期初。

图中从各时间点上引出的纵向箭头表示各时点的现金流量，流向由箭头的方向来表示。一般而言，向下的箭头表示现金流入，向上的箭头表示现金流出。现金流量的大小用箭头旁边的数字表示。

现金流量时间线对于更好地理解和计算资金的时间价值很有帮助。

（二）资金时间价值的计算

资金时间价值非常近似于利息和利息率，因而资金时间价值计算通常采用终值和现值两种形式。所谓终值又称将来值，是指现在一定量现金在未来某一时点上的价值，俗称本利和。终值与现值的计算涉及利息计算方式的选择。目前，利息计算方式主要有两种，即单利和复利。

1. 单利的终值和现值计算

所谓单利，是指每期都按初始本金计算利息，当期利息即使不取出也不计入下期本金，计算基础不变。

（1）单利终值

单利终值是本金和未来利息之和。因此，单利终值的计算公式为

$$F = P \cdot (1 + i \cdot n) \tag{2-1}$$

式中：i 为利息率；n 为计息期数；F 为单利终值；P 为单利现值。

（2）单利现值

单利现值是指未来收到或付出资金按单利计算的现在价值。它可用倒求本金的方式计算，具体公式为

$$P = F / (1 + i \cdot n) \tag{2-2}$$

2. 复利的终值与现值计算

一般情况下，现在资金的时间价值都是按复利方式进行的。复利就是人们常说的"利滚利"，就是本金和本金所产生的利息随着时间的推移都要再计算利息。

（1）复利终值

所谓终值是指若干期以后包括本金和利息在内的未来价值，又称本利和。终值的一般计算公式为

$$FV_n = PV \cdot (1 + i)^n \tag{2-3}$$

式中：FV_n 为复利终值；PV 为复利现值；i 为利息率；1 为计息期数。

复利终值用时间轴表示如图 2-2 所示。

复利时间轴表示如图 2-2 所示：

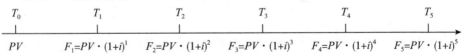

图 2-2　复利终值

在上述公式中，$(1+i)^n$ 叫复利终值系数，$(1+i)^n$ 可写成 $FVIF_{i\cdot n}$，复利终值的计算公式可写成

$$FV_n = PV \cdot (1+i)^n = PV \cdot FVIF_{i\cdot n} \tag{2-4}$$

（2）复利现值

复利现值是指以后年份收入或支出资金的现在价值，可用倒求本金的方法计算。由终值求现值，叫作贴现。在贴现时所用的利息率叫贴现率。现值的计算可由终值的计算公式导出，即

$$FV_n = PV \cdot (1+i)^n$$
$$PV = \frac{FV_n}{(1+i)^n} \tag{2-5}$$

复利现值用时间轴表示如图 2-3 所示。

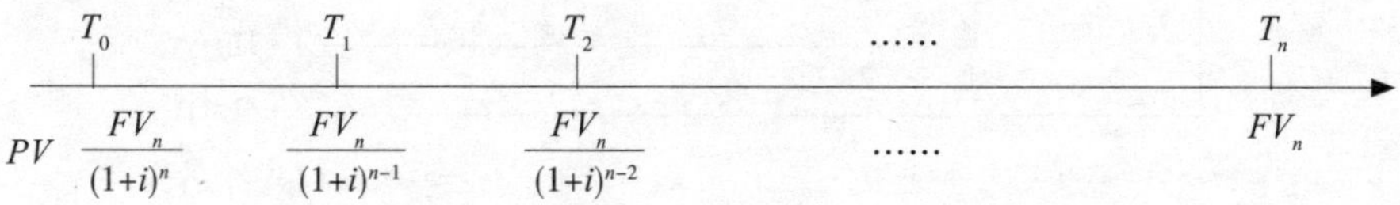

图 2-3 复利现值

公式中，$\dfrac{1}{(1+i)^n}$ 是复利现值系数或贴现系数，$\dfrac{1}{(1+i)^n}$ 可以写成 $FVIF_{i\cdot n}$，复利现值的计算公式可写为

$$FV = FV_n \cdot PVIF_{i\cdot n} \tag{2-6}$$

（三）年金终值和现值的计算

年金是指一定时期内每期相等金额的收付款项。年金的特点是"三同"，即同额、同向、同距。同额是指每期收付款项的金额相等；同向是指每次收付款项的方向相同；同距是指每两次收付款项的时间间隔相等。折旧、利息、租金、保险费等通常表现为年金的形式。

年金按付款方式可分为后付年金（普通年金）、先付年金（预付年金）、延期年金和永续年金。

1. 后付年金

后付年金是指从第一期开始，在一定时期内每期期末有等额收付的系列款项。在现实经济生活中这种年金最为常见，因而又称为普通年金。

（1）后付年金的终值计算

后付年金终值犹如零存整取的本利和，它是一定时期内每期期末等额收付款项的复利终值之和，如图 2-4 所示。

假设：A 为年金数额；i 为利息率；n 为计息期数；FVA_n 为年金终值。后付年金终值的计算公式为

$$FVA_n = A(1+i)^0 + A\cdot(1+i)^1 + A\cdot(1+i)^2 + \cdots + A\cdot(1+i)^{n-2} + A\cdot(1+i)^{n-1}$$
$$= A\cdot\left[(1+i)^0 + (1+i)^1 + (1+i)^2\right] + \cdots + (1+i)^{n-2} + (1+i)^{n-1} \qquad （2-7）$$
$$= A\cdot\frac{(1+i)^n - 1}{i}$$

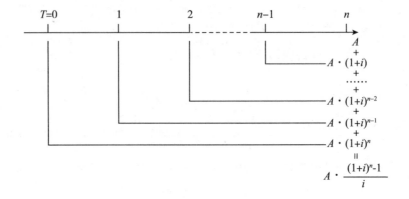

图 2-4　后付年金终值

上式中的 $\dfrac{(1+i)^n - 1}{i}$ 叫年金终值系数或年金复利系数。$\dfrac{(1+i)^n - 1}{i}$ 可写成 $FVIFA_{i\cdot n}$，则年金终值的计算公式可写为

$$FVA_n = A\cdot FVIFA_{i\cdot n} \qquad （2-8）$$

（2）后付年金现值计算

一定期间内每期期末等额的系列收付款项的现值之和叫后付年金现值。年金现值的符号为 FVA_n，如图 2-5 所示。

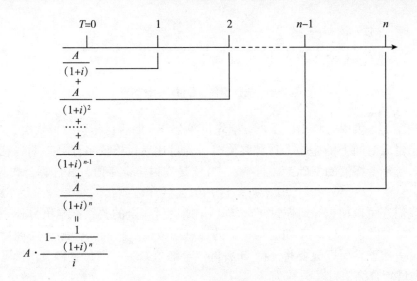

图 2-5　后付年金现值

后付年金现值的计算公式为

$$PVA_n = \frac{A}{(1+i)^1} + \frac{A}{(1+i)^2} + \cdots + \frac{A}{(1+i)^{n-1}} + \frac{A}{(1+i)^n}$$

$$= A \cdot \frac{1 - \frac{1}{(1+i)^n}}{i}$$

（2-9）

上述式中，年金现值系数（或年金贴现系数）是 $\dfrac{1 - \dfrac{1}{(1+i)^n}}{i}$。年金现值系

数也可以写成 $PVIFA_{i \cdot n}$，则后付年金现值的计算公式可写为

$$PVA_n = A \cdot PVIFA_{i,n}$$

（2-10）

2. 先付年金

在一定时间范围内，期初等额的系列收付款项的总和就叫作先付年金。"先付"与"后付"只是在付款时间上有所区别。

（1）先付年金的终值计算

计算先付年金的终值和现值时可以利用后付年金系数表，在后付年金的基础上用终值和现值的计算公式进行调整安排。例如，n 期先付年金终值和 n 期后付年金终值之间的关系如图 2-6 所示。

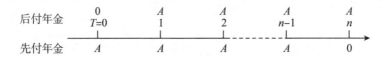

图 2-6　先付年金与后付年金比较图

从图 2-6 可以分析出，虽然 n 期先付年金与 n 期后付年金的付款次数一样，但由于付款时间上的差距，计算终值时，先付比后付终值多计算一期利息，所以在后付年金终值的基础上，再乘 $(1+i)$ 便是先付年金终值，其计算公式为

$$FVAD_n = A \cdot FVIFA_{i,n} \cdot (1+i) \tag{2-11}$$

我们还可以根据 n 期先付年金与 $n+1$ 期后付年金的关系推导出另外一个公式。n 期先付年金与 $n+1$ 期后付年金的计息期数虽然相同，但比 $n+1$ 期后付年金少付一次款，所以只要将 $n+1$ 期后付年金终值减去一期付款额 A，就可求出 n 期先付年金终值，其公式为

$$FVAD_n = A \cdot FVIFA_{i,n+1} - A$$
$$= A \left(FVIFA_{i,n+1} - 1 \right) \tag{2-12}$$

（2）先付年金的现值计算

n 期后付年金现值与 n 期先付年金现值的付款期数相同，但后付年金是在期末付款，先付年金是期初付款，在计算现值时，后付年金比先付年金多贴现一期，所以可以在后付年金现值的基础上再乘 $(1+i)$，便可以求出先付年金的现值，其计算公式为

$$PVAD_n = A \cdot PVIFA_{i,n} \cdot (1+i) \tag{2-13}$$

根据 n 期先付年金与 $n-1$ 期后付年金现值的关系，还可推导出计算 n 期先付年金现值的另一个公式。n 期先付年金与 $n-1$ 期后付年金的计息期数相同，但 n 期先付年金比 $n-1$ 期后付年金多一期不用贴现的付款 A，因而先计算 $n-1$ 期后付年金的现值，然后再加上一期付款 A，便可以求出先付年金的现值，其公式为

$$PVAD_n = A \cdot PVIFA_{i,n-1} + A$$
$$= A \cdot \left(PVIFA_{i,n-1} + 1 \right) \tag{2-14}$$

3. 延期年金

延期年金就是在最早若干期没有收付款项时，之后若干期等额的系列收付款项，又称递延年金。一般情况下，不是从第一期开始的后付年金都算是延期年金。假设最初有 m 期没有收付款项，后面 n 期有等额的收付款项，则延期年金如图 2-7 所示。

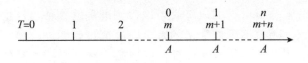

图 2-7　延期年金

（1）延期年金的终值计算

从图 2-7 我们可以发现，延期年金终值和 n 期后付年金终值的计算方法一样。

（2）延期年金的现值计算

假设最初有 m 期没有收付款项，后面 n 期有等额的收付款项，则延期年金的现值即为后 n 期年金贴现至 m 期第一期期初的现值。可先求出延期年金在 n 期期初（m 期期末）的现值，再将它作为终值贴现至 m 期的第一期期初，便可求此延期年金的现值，其现值计算公式为

$$PVA_0 = A \cdot PVIFA_{i,n} \cdot PVIF_{i,m}$$
（2-15）

延期年金现值还可以有另外一种计算方法，先求出 $m+n$ 期后付年金现值，减去没有付款的前 m 期后付年金现值，二者之差便是延期 m 期的 n 期后付年金现值，其计算公式为

$$PVA_0 = A \cdot PVIFA_{i,m+n} - A \cdot PVIFA_{i,m}$$
$$= A \cdot \left(PVIFA_{i,m+n} - PVIFA_{i,m} \right)$$
（2-16）

4.永续年金

无限期支付的年金就是永续年金。永续年金无终值，永续年金现值的计算公式为

$$P_0 = \frac{A}{i}$$
（2-17）

三、风险与收益

（一）风险概述

人们在进行经济来往时，一般都会涉及风险的概念。现实的经济贸易往来不是简单的买与卖，而是有计划、有组织地进行资产的分配，并且寻找最佳的投资回报利差。在前期投入资金后收益是否可以达到预期效果就存在一定的概率问题，并不是每一次的投资都能保证盈利。人们将没有办法确定预期收益的可能情况称为风险。

针对投资过程中存在的风险人们要有正确的认识，一定要肯定风险的存在，正确面对，只有端正态度，以客观理性的角度看待风险才能总结经验，防患于未然。风险的大小和严重程度是相对而言的，在一定时间内，随着金融市场的变动，经济行为趋于稳定，就可以确定之前预估的影响因素，并且将其

认定为事实。对于确定可控的风险就可以得到准确的预估，这也是风险管理课程最关心的问题。随着不可控变量的减少，决策也就明朗许多，风险也随之降低。在金融活动的最后，所有之前预估的风险也随着金融交易的结束而不再存在，这就是人们所谓的风控在金融经济过程中起到的中间支持作用。

（二）风险类别

第一，从企业本身来看，风险主要包括经营风险和财务风险。

人们常说的商业风险就是经营风险，任何商业活动中都不可避免地存在生产经营方面的不确定性。人们将影响经营风险的政治因素、资源因素、金融因素等称为外部环境因素，将企业的运营状态、管理状态带来的影响因素称为内部环境因素。

如果企业想扩大规模又没有雄厚的资金，那么可以进行借贷经营，这就涉及还本付息制的资金投入，这其中就有筹资风险。企业因借债而增加的额外的风险就称为筹资财务风险。金融危机时就有很多企业因无力还债导致财务困难而最终破产。在合理规划和把握好风险控制的前提下再进行借债经营是企业可以正常运营的关键。

第二，从风险产生的原因来看，风险主要包括市场风险和公司管理上的风险。

投资者有时无法规避的风险就是不可分散风险，也叫系统风险。这是受市场大环境影响的，如战争爆发、通货膨胀等重大的经济变动。这种类型的风险是无法通过多种手段来进行分散的。

发生在公司内部的可控的风险，且可以被分散的非系统风险称为公司方面的风险。最典型的要数研发失败、员工罢工、败诉等对公司不利的风险。这种风险投资者可以通过多种途径和多种手段进行分散。

风险本身也具有价值。企业在从事财务活动中承担的风险经合理规避后获得的额外收益就是风险价值。

如今的投资市场琳琅满目，各种投资项目层出不穷，企业根据自身情况斟酌再三后选择的风险投资可以获得较高的额外收益，这就是风险市场促进企业经济增长的优势。这种良性的风险投资也会吸引更多的企业为了经营利益愿意承担一定的风险，正所谓高风险高收益，就是这个道理。

笔者从两个方面进行风险价值的判断：一是风险收益额，这是一个确定的数值；二是风险收益率，这就是相对而言的了。人们大多数都是以风险收益率来表示风险价值的。

（三）风险的价值

价值等同于报酬，风险价值就是风险报酬的体现。企业经营过程中不会单单进行一项投资，在众多的投资回报中有高收益也有低收益，有盈利也有亏损，如果企业愿意多冒风险，则要求获得额外的收益，否则便没有企业愿意冒风险。在这种竞争下导致的结果是高风险高收益，低风险低收益。风险价值的衡量可以有两种表现形式：第一种是风险收益额，它是一个绝对数；第二种是风险收益率，它是一个相对数。在一般情况下，人们以风险收益率来表示风险价值。风险价值由两个部分组成：一是无风险收益率，通常用国债利率代替，原因是国债相对于其他组织形式发行的债券其存在的风险可以忽略不计；二是风险收益率，该收益率的大小与企业所选择的投资项目风险的大小相关。

（四）单项资产的风险和收益

1. 单项资产风险的衡量

企业要正视风险的客观存在性。风险广泛地影响着企业的经营活动，并且为企业的决策提供有用的帮助。同时，风险的量化过程是不易进行的，但由于风险与概率相关，所以人们用概率和统计学的知识对风险进行比较分析。衡量风险的指标主要有方差、标准离差、标准离差率等。

（1）概率分布

在概率论中将必然会发生的事情定义为 1，绝对不可能发生的事情定义为 0，可能会发生也可能不发生的概率就在 0 和 1 之间。概率越大，说明这件事发生的可能性也就越大。人们称发生在 0 和 1 之间的事件为随机事件。概率越小表示该事件发生的可能性越小。概率论中用 P_i 表示。因此，概率必须符合下列两个要求：

① $0 \leq P_i \leq 1$

② $\sum_{i=1}^{n} \leq P_i = 1$

（2）期望值

期望值也可以说是期望报酬率，是一个概率分布中的所有可能结果的平均值，它是以各自相应的概率为权数计算的平均值，通常用 $\bar{E}$ 表示。它表示在一定风险的条件下，投资者的合理预期。常用计算公式如下：

$$\bar{E} = \sum_{i=1}^{n} X_i P_i \qquad （2-18）$$

式中：X_i 为 i 种结果的报酬（率）；p_i 为第 i 种结果出现的概率；n 为所有可能的个数。

从上述计算结果可见，A、B 两个项目的期望报酬率均是相同的（12%），但是否说明两个项目是等同的呢？答案是否定的，因为即使项目的期望值相同，但其风险也可能不一样。因此，我们还需要利用概率的方差、标准离差以及标准离差率等指标来分析项目的离散程度。通常，离散程度越大，风险越大；相反，离散程度越小，风险越小。

（3）离散程度

①方差

我们将随机变量和期望值之间的离散程度用方差表示，其计算公式为

$$\sigma^2 = \sum_{i=1}^{n}\left(X_i - \bar{E}\right)^2 \cdot P_i \qquad （2-19）$$

②标准离差

标准离差也称为均方差，是方差的平方根，其计算公式为

$$\sigma = \sqrt{\sum_{i=1}^{n}\left(X_i - \bar{E}\right)^2 \cdot P_i} \qquad （2-20）$$

标准离差以绝对数衡量风险的大小。在期望值相同的情况下，标准离差越大，风险越大；标准离差越小，风险越小。

③标准离差率

标准离差与期望值的比值称为标准离差率，通常用符号 V 表示，其计算公式为

$$V = \frac{\sigma}{\bar{E}} \qquad （2-21）$$

标准离差率是一个相对数指标。通常，标准离差率越大，风险越大；标准离差率越小，风险越小。

2. 单项资产的风险与收益

风险报酬率可以表示为风险程度的线性函数，其公式为

$$R_R = b \cdot V \qquad （2-22）$$

式中：R_R 为风险收益率；b 为风险价值系数；V 为风险程度，标准离差率。投资者进行投资时，所要求的风险报酬为

$$K = R_f + R_R + bV \qquad （2-23）$$

式中：K 为风险报酬；R_f 为风险收益率。

（五）组合资产的风险与收益

考虑到风险的存在，在实际的投资决策中，很少有决策者只进行一项投资，决策者将尽可能地分散风险，即将两项或者两项以上的投资进行有机组合，或者形成组合投资。

组合投资的风险衡量指标有协方差、方差（或者标准差）、β 系数等。组合投资的风险和组合投资的收益同样有两种表达方式：一是以组合标准差表示；二是以 β 系数表示。

β 系数称为风险价值系数，它表示系统风险的高低，反映投资者承担风险的大小。β 系数越小说明投资者承担的风险越小，投资者的投资报酬率将会越低，反之亦然。β 系数的高低通常受到企业的资产组合、负债结构等因素的影响，为了更好地进行对比，人们把市场的平均风险所对应的 β 系数确定为 1。

公司风险的系数有多种计算的方法，实际的计算过程相当复杂，所幸的是 β 系数一般由一些投资机构定期公布，不需要投资者进行计算。

单个证券 β 系数的加权平均数统称为组合资产的 β 系数，权数为各个资产在组合中所占的比重，其计算公式为

$$\beta_P = \sum_{i=1}^{n} x_i \beta_i \qquad (2\text{-}24)$$

式中：β_P 为资产组合的 β 系数；X_i 为第 i 种股票所占的权重；β_i 为第 i 种股票的 β 系数。

在进行组合资产投资时，投资者针对承担的风险也要进行补偿，报酬率是和风险成正比的，风险大则报酬高。因为组合资产可以把非系统风险分散，所以组合投资的风险补偿只是对系统风险要求补偿。因此，资产组合的风险补偿是投资者因承担不可分散风险而要求的超过时间价值的额外报酬，其计算公式为

$$R_R = \beta_P \left(R_m - R_f \right) \qquad (2\text{-}25)$$

式中：β_P 为投资组合的 β 系数；R_m 为市场的平均收益率；R_f 为无风险收益率，一般以国库券利率衡量；R_R 为资产组合的风险收益率。

因此，投资者的收益率为

$$K = R_f + R_R \qquad (2\text{-}26)$$

式中：K 为投资收益率，R_f 为无风险收益率；R_R 为风险收益率。

上述公式便是资本资产定价模型的核心关系式，这一模型把组合投资的风险分成两个部分：一是无风险收益；二是风险收益。这一模型说明了必要收益与不可分散系数的关系。

第三章　互联网背景下财务管理状况

第一节　互联网背景下财务管理环境现状分析

一、财务管理观念有待改进

（一）缺乏必要的财务风险观念

管理者的决策往往直接影响企业的生存和发展，企业管理者或带头人不能只顾追求利益最大化，不计成本地扩大规模，在新产品研发、经营规模多途径多方面以及扩大生产等影响企业生存的重大决定上一定要慎重，不然一旦投资失败会带来无法挽回的局面。现实社会中因为财务决策上的失误而连累公司的实际案例非常多，如巨人集团、三株集团、爱多集团等，所以要从中吸取教训，总结经验，将企业风险投资、成本核算、时间价值等方面作为财务管理的重中之重。建立科学合理的财务管理制度对企业的生存发展至关重要。传统的财务管理观念并不适用于如今飞速发展的社会，随着互联网时代的到来，财务管理的重要地位和作用也与日俱增，企业管理者应该高度重视互联网背景下的财务管理状况，建立长效运营机制，合理规避风险，充分发挥财务管理的价值和作用。

（二）重有形资产的使用价值而轻无形资产的价值贡献

过去经济发展首先要依托于机器、设备、厂房、资金等有形资产，人们更重视其使用价值。如今，随着社会进步、科技发展，人们对无形资产的价值也重视起来，关于公司的专利、商标、计算机软件、产品自主研发等这些以知识产权为基础的产业也越来越重要。这些资产已经能够帮助企业快速发展，提高企业整体实力，为企业价值做贡献。同样，在对无形资产的管理方面，有些企业不懂得如何进行核算，有时候会出现低估其价值的情况，这些情况都会影响无形资产的资本运营。

二、财务信息化管理水平较低

财务人员的水平限制了财务信息化对企业的贡献，有些财务人员通过陈旧的手动操作、手工记账等方式进行复杂的数据统计不仅增大了自身的工作量，对企业信息化建设也不会带来任何帮助，而且还耗费大量时间。如今是计算机普及的社会，更高端的计算机技术也已经被大众所接受，在大数据、云计算等领域表现突出的企业，运用高科技手段进行财务数据统计工作，如中兴集团建立财务云管理，可以随时提取企业在全球的业务往来活动，查看实时金融数据，为及时制定管理决策提供了有效快捷的帮助，同时减轻了财务工作人员的工作压力，提高了工作效率，更推动了企业的快速发展。在我国的三四线城市的企业中还存在管理不到位、资金不足、人员素质有待提高等问题，这些影响因素都是导致企业财务信息化建设无法顺利推行的重要原因。在中小型企业当中也会因人力、物力等因素阻碍了财务数据的有效利用，这对于企业而言，都是制约发展的关键因素。

笔者根据我国财务管理水平和实际情况，针对财务管理的定位和财务管理方面存在的问题进行分析总结，并从财务管理人员和财务投资决策两个方面进行阐述。

三、互联网背景下投融资缺乏科学性

企业筹集资金有两种方式，一般分内部筹资和外部筹资。内部筹资就是将企业内固有的资金进行筹集，一般是以自有资金、盈余公积和未分配的利润为主。外部筹资主要靠负债筹资和吸收股东权益筹资。筹资的啄食顺序理论是根据企业融资成本比较的结果而提出的，这一理论指出企业筹资的顺序是先内部筹资后外部筹资、先债权筹资后股权筹资，即先内后外、先债后股。

传统的企业财务管理的目的是为生产经营活动而服务的，这不能算是真正的管理。在我国，很多企业财务管理的目的甚至是在资本市场圈钱，这种现象如今已经有了很大的改善，但从投资角度出发，财务管理的服务性和辅助性更为突出。财务管理一般处于被动地位，不具有决策权。企业重大投资决定往往只是企业"一把手"的头脑发热，根本不是根据科学合理的商议、计划、选择、审查这些步骤一步步实行的，这就容易导致投资失败、资源浪费、风险增加，严重者会直接导致企业倒闭破产。

（一）财务核算不规范

企业筹资、投资、经营、分配等一系列的活动组成了企业的财务活动。财务管理的实质是以财务核算为基础对财务活动中的"六大"要素进行管理。大多数企业的财务核算严格依照企业财务准则和制度，以统一的核算方法对企业以及各部门进行集中或分散核算。然而，在实际操作中，由于某些原因企业的财务核算方法常常不规范，出现如财务核算不符合可比性原则、应收账款或存货的周转时间长导致周转速度慢、成本核算不真实、财务核算方式有传统和智能之分、财务决策易受主观影响且流于形式、财务控制和监督作用力度不大且

难以发挥等问题。由此可见，如果财务核算不准确就不能对财务管理的信息提供有效的依据，这就会引起决策错误的发生，还会使财务管理工作变得被动，出现偏差和管理滞后的现象。

（二）财务控制不到位

财务控制是指为了确保实现财务目标，财务人员或者财务部门通过制定财务制度、财务法规、财务计划或者财务定额等对日常现金流转、资金的来龙去脉以及整体财务活动组织、指导、约束和督促的一系列活动。财务控制是财务管理的重要职能，与财务预测、财务决策、财务分析与财务评价共同构成财务管理的全部职能。企业财务管理的首要任务就是要建立和完善财务管理体制，健全公司内部的财务控制。

事前性、动态性和主动性是财务控制的主要特征，这也是财务管理中财务控制的重要性的体现。在网络深入人们生活方方面面的今天，互联网财务管理模式已经是时代发展的需求。企业和社会各界的财务管理也都对智能化网络互联的财务给予高度重视。创新财务管理观念和理念、创新财务管理技术和方法、创新财务管理战略与模式等才能适应不断发展的时代要求。在充满风险和挑战的互联网金融市场中，财务控制发挥出了其不可替代的作用。

财务控制表现在企业投资上就是短期负债的偿还、再投资等人们称为"短贷长投"的决策上。这是财务管理中非常重要的一方面。如果财务控制做得不好，那么就会导致企业投资失利。例如，某上市民营集团通过短期贷款10亿元，长期投资于一个文化广场、一幢阔景楼和一个大酒店。固定资产交付使用后，收回的4000万元租金和贷款10亿元的差距，使得该企业的资金周转出现严重问题，并且该企业之前做过的因互相担保而产生的关联担保逾期未还，根据该公司披露的年报还可以分析出，公司之所以核心竞争力差、资产结构不合理、资产负债率高，其财务风险控制薄弱无疑是重要的原因。综上所述，该企业财务结构不合理最终导致企业的生存危机。

（三）企业自身财务制度体系不完善

制定企业合理制度比拥有超高的技术水平还要重要。良好的财务制度推动企业正常运行及快速发展，因而企业必须健全财务管理制度体系以适应互联网的发展需求。美国安然公司就是因为管理疏忽、财务体系不完善导致经营不善，海南船务公司也是因为同样的原因使得公司付出了惨痛的代价。因此，在汲取这些失败教训的同时，我们应该痛定思痛，深刻反省自身的缺陷，补其不足，建立一种切实可行的符合实际的财务管理体系。

企业财务管理的提高可以体现在生产经营活动中。企业想要达到预期的经济效益，就要重视财务管理的创新，更新财务管理的技术方法，重视培养全面的财务管理人员，保障财务管理在企业生产经营全过程中的重要地位，以求能够适应社会发展，和企业经营活动一同快速成长。

第二节 互联网对财务管理创新带来的影响

一、管理范畴的转变

每个时代都有其独特的一面，曾经适用于生存的法则不一定在互联网时代行得通，因为如今的时代信息量很大，资源的开发利用率也非常高，高速信息的繁荣带来了经济一体化形式的产生，在这样一个资源、信息相互交错的市场大环境下，企业之间的交流和业务往来变得非常重要，单靠一己之力很难将企业做强做大，因而我们要发挥集体精神，进行企业之间的互通。企业管理与财务管理并驾齐驱，相互影响，做好企业与企业之间的协同配合，其表现在财务管理方面就是要把握好原材料的供应、技术公司的支持、代理商之间的往来、品牌策划营销等，这些方面与传统财务管理工作中的预算管理、成本控制、业绩评价等同样重要，有时甚至比后者更为重要。只有"两手抓、两手都要硬"才能使企业立于不败之地，才能提高企业的核心竞争力。企业进行财务资源整合，建立完善的财务供应链和良性的生态网络环境，并将个体企业之间和各个集团之间都形成财务管理的网络化从而可以有效地进行会计核算，并且可以拓宽财务管理的边界。

二、管理需求的转变

企业想要生存发展有时就需要进行企业内部的变革，有变革就要涉及新知识、新技术的应用。过去进行财务报表的分析仅仅是单一的一个方面，想要做好核算工作，真正对企业的发展起到帮助作用就需要对互联网大数据和企业运营过程中的往期数据进行分析。如果只是进行核算工作，而不深挖数据背后隐藏的关键信息，那么就达不到变革的目的，对企业管理来说意义也不大。因此，企业管理中的财务管理应该以一种积极主动的方式进行，从耳提面命的服从型向掌握核心的经营管控型靠拢，同时还要关注及时性信息的利用以及财务方面的信息与业务往来上信息的一致性。财务管理中预算的制定是依据往期数据和市场波动等的综合考量，通过准确的预算人们可以控制活动的组织策划全过程。预算后的经济活动完成是收入的重要保障，财务部门在收入获得之前的流程中可以有效地进行风控，将业务各个环节的收入和总收入进行比较分析，通过网络系统建立的财务管理软件的帮助，合理进行资源分配，统筹规划。资产在经营活动中提供物质保障，资产使用情况可以通过财务上的资产管理体现，一目了然，直观便捷。风险控制可以通过往期的经营以及财务管理水平上得到答案。互联网上与企业息息相关的信息需要耗费大量的人力、物力进行甄选，这就需要寻找到同时拥有财务管理能力和数据分析能力的专家进行有效解读，所以企业要大力发展财务管理方面的专业人才，保障后续力量的供应，为企业发展保驾护航。

三、工作职能的转变

企业财务部门的工作职能受到互联网思维的影响，在大数据和云计算等高科技的支持下进行的财务管理变革使企业的财务管理水平更上一个台阶。财务管理的职能不单单是基础的简单财务核算，应该向战略型财务管理和公司决策管理方向靠拢。在影响企业生存和发展的重大事件中，财务管理部门应该积极参与，将决策后才进行统计改为事先进行把控，全面参与企业战略部署中，与互联网紧密相连，使用现代化的财务管理手段进行各项指标的制定，为企业运营和发展做出应有的一份贡献。

四、工作方式的转变

受到互联网的影响，财务管理的工作方式也正在悄悄发生变化。传统意义上的财务管理的重点是进行繁重的财务数据核算。这一重复性极高、技术含量很低的工作逐渐被计算机取代，财务工作人员也可以从大量简单繁重的工作中解放出来，进行更为重要的决策性工作的制定。互联网系统中有一种财务共享的服务系统，这可以辅助财务工作人员的各项工作，由原来单纯记账的方式转变为为财务人员提供财务建议，在各部门之间也可以提供有效的财务支持，还可以灵活地根据市场情况的变化进行快速反应，将工作的重点放在制定决策和提供数据支持上。这种财务工作方式的转变将企业的财务管理直接推向了战略管理的水平，是一种技术上的腾飞。而基于大数据和智能制造的信息整合，不仅可以快速地为企业的发展提供高效动力，也为决策层进行创新管理提供有效保障。

第三节　互联网背景下财务管理的创新措施

一、建立网络化创新理念、搭建大数据平台

如今的市场经济环境竞争日益激烈，在竞争进行至如火如荼的阶段时，领

导层的决策就显得尤为重要。随着互联网时代的兴盛，企业要想生存下去并得到很好的发展就必须依靠互联网通信技术、网络信息化办公，这就要求企业全体人员都要掌握新的科技手段，并不断进行学习来提高自身的能力，通过每一个人的努力为企业的发展壮大添砖加瓦。企业要树立创新理念，在经营模式、管理方式、制度制定等方面进行创新，因为企业的管理是一个长期并潜移默化的过程，管理对企业的成长具有至关重要的作用。财务管理在企业管理中占有非常重要的地位，所以我们要针对财务管理采用全面、合理、科学的管理方式。我们可以借助网络化的创新理念，通过大数据的支持，运用信息化技术开展业务往来，保障财务管理的正常化进行。

第一，搭建数据平台就是要对财务数据进行把握和控制，这就要求财务工作人员做好初步的数据统计和规整工作，将数据提取并进行加工，突出数据对企业运营的显著作用，为企业的快速发展提供依据。

第二，企业为了自身发展的需要可以进行独立的云计算和大数据技术的开发，建立符合企业需求的网络创新模式进行办公。这样既可以节约运作成本又可以将财务管理工作进行细化，提高工作效率，方便数据的提取和传输。企业可以建立自己的技术部门，针对财务软件的维护和升级工作进行定期检查，确保财务软件的正常运行，还可以结合信息化技术和高科技手段，对大数据信息管理平台定期进行更新，及时发现系统漏洞，并进行补救和维修，从而增加数据稳定运行的保障，为企业财务管理贡献一份力量。

第三，财务部门的软件不单单只是进行数据核算，还可以增加其他部门的业务往来。在软件模块建设方面可以增设具有实际用途的交流平台，不仅可以提高财务部门和其他部门的信息传递，还可以提高综合实力确保工作及时，而且对公司的风险控制和财务计划制订都有很大的益处。

二、建立创新性财务管理目标

在财务管理的创新实践中，首先要解决财务管理目标的问题，而制定合理并且可执行的目标是基础。对新时代财务管理目标进行创新，建立属于自己企业的符合经济发展切身利益的管理目标是顺应时代的产物。这就要根据实际情况出发，理论联系实际，将经济形态的变化因素也考虑进去。随着互联网时代的深刻变革，共享经济体制下一些转移性知识体系成了社会主流，将大数据用于企业的财务管理已经成为趋势，这也对企业本身是一种更高的要求。企业应该由过去追求利益最大化作为管理目标变为以追求知识最大化为目标。这里所说的知识不是单单指数据知识、科学知识，更多的是知识与科技的融合，信息与产业的结合。知识、信息等有效价值是瞬息万变的，这在股票市场上尤为突出，因而互联网时代要求企业在做决定时务必参考数据信息的及时更新，确保在最正确的时刻做出最有意义的决策。在企业追求知识资源的时候，也是企业考虑自身整体利益的时刻，这是促进企业成长的原动力，也是企业目标与社会目标相一致的体现。

三、建立创新性财务管理模式

支付方式的改变是互联网时代最便捷的表现。电子支付的形成在短短时间内便得到普及，不仅给我们的生活带来了方便，同时也对整个社会的飞速发展提供了有效保障。如果我们还要继续维持传统的财务管理模式就会被社会淘汰，为了跟上时代的步伐，我们必须在企业中建立一套完整的财务管理系统。

第一，就是我们常说的建立财务管理云平台。通过云平台进行企业各个部门之间的联系，也同时满足集团企业中各个分公司的集约化管理。云平台能够同时摆脱时间、距离、空间等障碍，将企业之间用远程控制的方式进行财务账面管理，既方便操作又便于监督。

第二，对于财务管理中的非常规问题，财务信息化的优势也可以得到很好的发挥。企业针对财务管理的分支机构进行财务资源的监督控制，使数据可以得到实时核对，这是信息化财务管理创新模式的另一个重要方面。企业管理者对财务业务的动态化的管理方式既可以及时整合信息资源，又可以拓宽财务信息的体系。

第三，将财务业务与企业其他业务进行连接，在协同化管理模式的运行下，可以实现信息流的快速传送。而对物流、产品、仓储等一系列的问题进行链条式管理，企业管理者在统一的信息库里就可以查阅到最新的消息，这对决策层来说是一种科学、方便、及时的反馈。

四、建立信息化财务管理流程

企业管理者通过创新财务管理的模式，依据互联网产业的大环境，结合自身发展需要，针对财务管理建立信息化管理流程，可以有效地提升企业的管理效果。第一，企业应该制订相应的计划，也就是对信息化财务管理流程进行预先分析，通过科学、合理的搭建方式，结合自身优势，将传统方式与现代化管理手段相结合，建立一套完善的财务管理流程方案。第二，企业管理者将财务信息化管理和业务管理流程进行合并，两者有相互关系又各自独立，这就需要两者的兼容，因而信息化财务管理流程必须要和企业实际的业务进行对接。这样就可以提高财务部门和业务部门的联系，加强沟通，减少矛盾，方便工作，提高效率。与此同时，还可以使财务部门根据业务的发展需要而随机应变，不仅提高企业的业务水平，同时兼顾财务管理。第三，财务信息化管理流程的建立可以增加监督功能，使财务部门在符合企业规定的前提下对业务的往来进行监督，财务管理的同时对业务的流程进行了解、审核，这样可以有效避免企业出现贪污腐败的情况，对企业的发展可以说是起到了很关键的作用。

五、培养复合型财务管理人才

人才是 21 世纪的宝贵财富，也是各行各业不断寻找和追逐的目标。培养符合时代要求的财务管理人才也是如今社会的当务之急。人才对于一个企业甚至一个国家的发展都至关重要。计算机技术帮助我们完成了繁重的数据工作，减轻了财务人员的工作压力，也就使得财务人员有时间、有精力进行自我能力的提升。这些财务工作人员通过进修、培训、自学等方式都可以提升自己的实力，将自己的价值得到最大限度的利用，也为企业带来更多的经济效益。

企业通过互联网进行财务管理的同时也提高了员工自身的工作能力。企业员工在工作中结合自身所学，将书本中的知识进行转化，应用于实际工作，为企业的发展注入新的活力。针对企业的财务状况和经营利弊进行总结分析，利用所学和专长，制定科学合理的财务管理制度，为财务管理的决策方案提出有效的意见，实现自身价值。财务管理人员通过自己学到的新知识可以及时地发现企业经营过程中存在的潜在风险，并能够提出解决方案，帮助企业避免因经营不善带来的亏损。企业也应为员工制造合适的学习环境，创造良好的学习氛围，使更多的员工愿意投身到学习中去，提升自我。培养复合型财务管理人才不仅是新时代迫切的要求，而且也为企业的创新管理提供人员支持，是适应互联网时代发展的，应该得到大力提倡。

总之，在互联网时代企业要想得以生存就必须全面发展财务管理的各个方面，在人才培养上加大力度，引进先进的财务管理模式，掌握互联网财务管理技术，这是时代发展的潮流，也是企业能够长久持续地发展下去的不竭动力。

第四章　互联网背景下财务管理的整体规划

第一节　互联网背景下财务管理框架

平衡计分卡缩写 BSC，英文全称为 Balanced Score Card，是绩效考核中较为常见的一种考核方式。本书将绩效管理建立成为从财务管理、客户资源、公司运营、学习成长这四个方面出发使公司的战略管理变为可以操作的衡量指标和目标值的一种新型管理体系。本书将绩效管理系统建设成为"实现战略制导"的体制，旨在设计出优良的平衡计分卡。这种创新型的平衡计分卡实施后可以有效地增强企业的战略部署，提高企业的整体竞争力。平衡计分卡也成了最有效的企业战略管理工具。

平衡计分卡是一种比较超前的管理思维应用，它可以单纯地用于绩效管理，也可以把它与其他的管理工具合并起来，一起构建财务管理的网络框架，这样才能真正发挥其优势，使其得到充分的利用。企业在竞争中是从价值管理、客户价值、业务价值链、产品组合管理这几个方面进行比较的，所以要想提高企业的竞争实力就必须做好这几个关键因素的定位，充分进行成本控制，把握好时间优势（商业时机），做好风险防控。下面笔者就将互联网财务管理分为八个方面进行解读。

第一位是价值管理，第二位是客户价值。从平衡计分卡的维度处理方面来看，价值管理和客户价值的实质是相同的。价值管理的最终目的是使企业价值得到最大化的体现，这是企业财务管理中提高现金流量、降低获得收益所付出的代价的本质目的。在新时代财务管理网络化的今天，人们不能仅局限于资金的流动，财务数据可以反映企业经营的状况，并不能代表企业发展的全部，所以企业在进行管理时也要多方面考虑，进行全面的分析，要有整体意识和全局观念。面对顾客提出的不满和建议，企业应当高度重视，没有客户的维护，怎么会真正带来收入和利润呢？因此，要重视客户价值，提升客户的满意度，这样企业的价值也会相应提高，这两者是紧密相连的。

做好客户价值的提升后，管理者就要对企业财务中的盈利机制进行分析，总结盈利机制带给企业的实质性的收益，这是企业提高自身生存能力的体现。笔者将盈利机制归为互联网财务管理中的第三个方面价值链分析和第四个方面产品组合管理分析。

知识管理、客户关系管理、供应链管理和企业资源管理系统，这些管理手段可以作为企业财务管理的工具和方法，这些方法都是建立在企业盈利机制基础上的。企业要想做强做大就得依靠以上这些具体的管理方式，同时兼顾行业的价值链分析。

下面笔者就互联网财务管理的第三个方面进行解释说明。财务管理的第三个方面就是行业价值链分析。管理者把企业内部的工作细化，明确可以增加价值的工作和降低价值的工作分别都是哪些，在比较增加价值的工作中，可以和同行业进行横向对比，也可以将工作与客户、供应商联系起来进行纵向对比。为了使工作的价值可以更大化地体现，企业可以将一些工作进行外包，赚取其中的差价，这样既可以减少人力和物力投入，又可以节约时间，有效降低成本的同时保证了利润。有些工作是通过横向比较之后发现企业进行同业并购可以发展得更好，并且能够在行业价值链上进行一体化建设，带来更大的利润。综上所述，行业价值链这种全面、系统、科学的分析方法使企业清晰明了地知道自身价值创造的过程，也能明白企业所赚取的利润的来源，从而对企业整体的运营情况进行有效把控。笔者以"便利带"公司为例进行阐述，分析企业内部存在的规模问题、业绩问题以及非增值业务的问题，这些都是实际存在的影响公司发展的关键问题。"便利带"公司推出了提供顾客方便的塑料袋，顾客根据自己物品的大小选择相应的塑料袋打包，快递员直接取件，不仅提高了工作效率，而且节省了装载车辆的利用空间。

下面笔者将对互联网财务管理的第四个方面商品组合管理进行解释。企业的环境、文化、历史不同，所以企业自身的产品也就不同，"便利带"公司就是通过各种各样规格的塑料袋来进行产品间的划分，从而实现公司利润的最大化，有效提升了工作人员的效率。

企业可以通过品牌建设、控制成本、有效时间管理等方面进行竞争力的综合提升。

互联网财务管理的第五个方面是定位。曾经最大的胶片公司"柯达"的倒闭就是因为对自身企业定位上的失误导致的。"柯达"只是将自己定位为世界最大的胶片公司，这就导致其只专注于胶片生产，可不承想，随着科技水平的提高，人们转而在成像产品上寄予厚望。数码相机的产生使得胶卷没有了用武之地，"柯达"公司的存在也就没有了自身的价值，被社会淘汰也是必然的。

互联网财务管理的第六个重要的方面就是成本优势。企业在竞争过程中不能只顾赚得的利润，还应从降低成本方面入手。同样的销售价格而制造成本不同的话，带来的收益也就不同，这也是利润产生的增长点。"便利带"公司就是看到了其中的商机，为了让顾客满意，得到更多的订单，"便利带"公司采用"分区快递模式"，既提高了工作效率又增加了业务量。随着大量订单的实现，公司的营业收入也随之提高，平均至单件成本来说，降低了过程中的消耗（时间成本、人力成本、交通成本等成本的降低），这就使得公司有了更大的利润空间。"便利带"公司推出的一系列改革政策使 0.5 千克以下的小件的送件成本降至全行业的最低水平，使公司一下跃居行业首位，其他快递公司只能望尘莫及。

互联网财务管理的第七个方面就是时间优势。苹果公司推出的智能手机之所以能够迅速占领市场就是因为它是市面上第一家生产出符合人们生活需求的触摸屏智慧型手机。其他公司随后的效仿也就只能是落后于苹果公司，在时间上苹果公司占据了绝对优势。同样，"便利带"公司也是将自己的快递定位在"比邮局要快"，这样就将时间优势牢牢地把握在了自己的手中。

互联网财务管理的第八个方面就是风险价值。风险是在未来经营过程中对未知的估量。风险伴随经营活动产生，风险影响企业的价值。风险可以分为系统性风险和企业特有风险。企业应对风险最好的方式就是增加财务方面的保障，以强大的经济后盾作为保证，并不能单凭预测就可以防范。企业可以通过"假设——验证"的有效过程来降低风险，从而创造价值，建立竞争优势。

一、价值管理

人们用利润来评价企业绩效时存在没有考虑风险，使企业重视短期业绩等缺陷，所以 Cope land 提出用"经济利润"[1]来评价企业是否创造价值。

经济利润 = 税后营业净利润 − 资本支出

= （营业利润 − 所得税）−（加权平均资本成本 × 资本支出）

其中：营业利润 = 销售收入 − 销售成本 − 管理费用 − 销售费用

投资资本 = 总资产 − 流动负债

经济利润和经济增加值实质都是评价企业是在创造价值还是在破坏价值。企业可以通过计算每一个业务单元的经济利润来评价各业务单元是否在创造价值。

2012 年 1 月 31 日国务院国资委下发《关于认真做好 2012 年中央企业经营业绩考核工作的通知》（以下简称《通知》），要求中央企业加大经济增加值考核范围和权重，2012 年要覆盖到所有三级企业。《通知》还对企业中的资本占用、价值创造等进行了详细规定。根据不同的价值创造能力，加强分类指导，优化资源配置，提升价值水平。经济增加值只是考虑了股东投入资金的机会成本以及把部分费用化研发支出和品牌支出重新资本化，来计算企业会计年度所创造的价值，但这种对"利润"指标的改良不够彻底，因为经济增加值只是财务维度的分析，没有包括顾客、内部流程和学习与成长能力维度，所以需要和其他的工具与方法综合使用，取长补短。

---

[1]　经济利润和经济增加值一样都主张扣除股东投入资金的机会成本来衡量企业业绩，但经济增加值更复杂，经济增加值还主张企业应把研发支出等资本化。

二、客户价值

企业要想生存发展就必须依赖客户的支持。企业在满足客户要求的同时就是企业自身价值的最好体现。企业要建立"以客户价值为基础"的思想观念，这样的企业才可以获得客户的认可，得到客户支持。一旦一家企业或一个商业流程达到了客户所定义的愿景，企业就必须持续监督市场变化，更新愿景。企业要提高自身的实力就必须具有敏锐洞察客户需求、发现市场变化的能力，根据瞬息万变的市场环境采取及时准确的应对措施。

（一）客户需求子流程

客户需求子流程旨在定期进行目标市场的需求分析。这些流程可以用一套正式记录的程序来表示，包含四个方面：一是对市场的划分和定位；二是监督划分后市场的需求；三是需求行为驱动类别；四是结合客户理想愿景制定战略性措施。

（二）客户对企业表现认知的子流程

客户对企业表现认知的子流程包括两个方面：一是重视对客户的回访，针对客户满意度进行详细调查；二是增加和客户的互动，采取对客户有激励效果的方式。

（三）客户抱怨子流程

客户抱怨子流程是以提供迅速反应和解决问题为目的，因而"处理抱怨的流程"是调查的良好渠道之一。

（四）客户服务子流程

客户服务的一个明显目的，即满足客户的要求，提供客户所需，想客户所想，急客户所急。客户服务的第二个目的就是分析和深入了解客户新的需求和愿望。

（五）找出机会并确定优先顺序的子流程

确定优先顺序就是将客户价值管理放在首位，是处于金字塔顶端的重要事项，为金字塔中间和底层的政策制定、投资管理提供依据。

（六）企业财务计划子流程

企业财务计划子流程要求建立重要的客户导向。

首先，跨部门的活动是以整体观念作为依据，企业财务计划子流程要求负责人行使自己的权利，从企业出发通过投资等方式改善企业经营状况。

其次，根据客户表达的意愿，将企业的资源合理派分到每一个流程中去。客户价值管理提供了一个机制，以满足客户需求所带来的潜在报酬为基础，将整个企业的财务与资源进行跨部门的整合，并将提案过多的僵局瓦解。只要实施这种流程，企业便可以观察市场中的变化，并在客户的需求与公司的产能之间维持平衡。

三、价值链

在行业价值链中，有些企业选择所有环节，有些企业选择其中的少数几个环节。在企业内部也存在价值链，它的表现形式可能是行业价值链中的研发、设计、采购、制造、销售、售后服务等附加值叠加的过程，也可能是一系列作业流的叠加。选择行业价值链的环节，企业内部价值链活动（作业）的组合形式以及企业价值链的不同执行方式是企业提高竞争优势的核心事项。

企业建立和维持有竞争优势的行业价值链和企业内部价值链需要投入巨大的人力、时间和资金等，这样才能在和竞争对手的竞争中获胜。价值链分析能提示企业未来努力的方向，规避存在的风险，发挥自身的优势，明确业务范围，从而奠定企业盈利模式。

"便利带"公司正是改变了快递员收送件作业的执行方式（分区快递业务模式），才使成本下降，同时无偿占用客户的资金，不用支付利息，也使成本下降。事实上，该企业没有进行任何的外部融资就使企业获得了快速发展。价值链的起点是顾客目前和未来的需求。"便利带"公司并不认为顾客需要快件"今天就到"，顾客也不需要快递员代为包装，因为这降低了顾客的工作效率。顾客需要的是在约定的时间收件，在约定的时间到达。"便利带"公司正是从这一需求出发设计了自己的业务流程和活动。因为资本少，无钱购置大型车辆，所以公司不能运送大件。内部的固定资产（机车）、快递员、流程和外部特定的顾客相互匹配。

企业需要思考目前的行业价值链的环节选择以及内部价值链的作业是否存在问题，从顾客的未来需求角度、竞争对手的反应、环境的变化等进行多维度和系统的审视，重新构建价值链。"便利带"公司正是推出"便利袋"服务这种新的业务模式才得以快速发展，过去成功的经验可能会成为未来发展的障碍。

四、产品组合管理

核心竞争力理论认为企业的核心产品、终端产品最终体现的是企业的核心竞争力，核心竞争力是企业长期盈利、提高企业价值的重要源泉。如本田汽车的核心竞争力是能做出能耗更小、更低噪声、质量更好的发动机，其核心产品是摩托车发动机和汽车发动机，终端产品就是汽车和摩托车。

企业有追求多元化和规模更大的偏好，如果企业的多元化不是发展企业的核心竞争力，就会降低资源配置的效果和效率，甚至企业的战略本身是错误的，这会为竞争对手提供机会。

产品组合管理最初的模型由波士顿管理咨询公司（以下简称 Boston）提出，共划分为四类："金牛""明星""问号""瘦狗业务"。Boston 是根据企业的产品现金创造能力和现金需求对企业某一时点所有产品进行划分。"金牛"产品创造的资金可以支持现金流需求较大的"明星"产品和"问号"产品。同时，企业的"金牛"产品在现金流入和收入来源中的比例越高，企业未来外部融资的能力就越强，融资成本就越低。

Boston 的产品组合管理可以清晰地表现现金在企业不同产品的分布现状和未来发展趋势，为企业多元化指明方向。但是，Boston 的产品组合管理的缺陷也非常明显，它没有和核心竞争力关联，它只思考企业产品，而没有思考企业在激烈的市场竞争中的立足之本。另外，产品组合管理是时点数，较少思考产品生命周期这种时期数。每一件产品都有"导入—成长—成熟—衰退"的生命周期，而且产品的生命周期越来越短。因此，产品组合管理要涵盖核心竞争力、Boston 的管理矩阵和产品生命周期。苹果"iPhone"系列堪称产品组合管理的典范。"iPhone"系列"构思一代、设计一代、生产一代"，形成了良好的产品组合循环。

五、定位

在未来的发展过程中，将会有越来越多的场景应用财务智能化，记账、报表出具以及查询分析等工作都将逐渐由财务机器人进行处理，并且财务机器人处理率将逐渐提高。同时，随着互联网的发展，企业的财务工作也将持续受到影响，因而财务管理人员必须要清楚自身的定位。

"定位"最早是由特劳特和里斯提出的。他们认为："定位不是要你对产品做什么事，而是你对潜在顾客的心智所下的功夫。也就是把产品定位在你未来潜在顾客的心智中。"企业的财务管理人员必须跳出"资金管理"的窠臼，思考顾客的心智。否则，财务管理人员将会被其他部门替代。而且在对投资决策进行可行性分析时，财务管理人员需要预测未来 5～7 年某项目的预计年现金净流量，如果不懂顾客的心智，现金净流量的预测将变成"算命"。

企业价值链分析应把重点放在潜在的顾客身上，而不是现在的产品。产品最终都会消亡，而未来顾客的需求仍会存在。在投资决策中，财务管理人员总是面临"旧设备改造"和"购买新设备"的两难抉择，而没有思考顾客需求的变化会带来固定资产投资的变化。

六、成本优势

竞争优势来源于成本优势。企业要想生存下去必须寻找到自身的优势。在成本降低方面，企业就应该尽量压低经营活动过程中的所有经费，旨在达到低于竞争对手的成本的优势。成本就是消耗，是投入，所以成本越低越好。企业成本优势的来源对竞争者来说是难以复制或模仿的。事实上，许多企业将创造成本优势作为取得竞争优势的突破口。

（一）认识企业的相对成本地位

企业在进行经营决策时要考虑竞争对手的影响，成本核算时有时根据不同的竞争对手会做出不同的决定，这就需要对竞争对手的成本底线进行了解，然后和自己企业的成本进行对比，在自身成本低于竞争对手成本时，才算是拥有了成本优势。可见，成本优势是相对而言的，与竞争对手进行的成本比较可以形成企业的相对成本地位，在缺陷项目上下功夫，进行重点改进，防患于未然，使企业最终在成本上始终占有绝对优势。

企业要先清楚与自己实力相当的竞争对手，然后再去进行比较。竞争对手有时可以分为两类看待：一类是企业实际的竞争者；另一类是潜在的竞争者。竞争对手一般从三个方面看待：第一，竞争企业具有和自身企业类似的产品、技术、服务，从事的行业相同；第二，竞争企业的产品、技术、服务可以与自身企业的产品、技术、服务相互替代；第三，在具体的市场划分上可以影响或改变消费者（或客户）的消费习惯，具有客户流失的可能性。

实际竞争对手主要是在产品价格、服务质量等产品附属品上做比较，其实质产品相差无几，因而要在产品周边下功夫。第二种和第三种的竞争则会受到消费者（或客户）的喜好和消费能力的影响。因此，企业主要将成本控制放在第一种竞争对手方面。这就要企业对具有核心竞争力的对手的成本进行具体的分析。兵家云："知己知彼方能百战不殆。"企业在做双方成本分析后要针对其优势和自身劣势展开改进，提高自身，确保企业的相对成本地位。

（二）创造成本优势

1. 控制成本动因

企业要想获得成本优势就得采取有效的方式，最行之有效的方式就是通过控制成本动因来控制成本的波动。成本动因又可以理解为成本因素，是引发成本变化的一系列活动因素，是从成本结构层面上进行解释的，这是调节控制成本最常用的手段。

下面笔者将从五个方面对成本的控制进行阐述。

第一，规模经济会对成本产生影响。利用新手段和高效率能使生产能力得到大幅度的提升，这就是规模经济的优势所在。规模经济可以有效地降低固定成本，利用的也是量大而单个均摊较小的原理。这就要求人们注意在经济形成规模时一定要降低企业自身的内部矛盾，避免由于自身原因导致规模经济带来的优势被抵消掉。企业可以采用制定相应政策，通过技术改造、设备更换、增加核心产品的生产量、拓展业务范围等方式实现规模经济。

第二，专业技术知识的不断学习。人们通过学习可以掌握新的技术，可以积累宝贵的学习经验，少走弯路，通过不断地学习可以进行技术改造，取得实质性的技术突破。企业引进先进机器、扩宽新的生产线时都是员工学习新技术、掌握新知识的好时机，这就间接地降低了企业的生产成本，既提高了企业的产量，又节约了人力成本。进行学习时，企业也应当防止学习的溢出，所谓学习的溢出就是企业的先进技术（知识）被同行企业获得，这样就减少了本企业创造成本优势的机会。

第三，改变价值活动间的联系。竞争优势往往来源于价值活动，价值活动之间进行的各种联系组成了价值链的构建方式。价值活动之间联系的根本在于各个价值活动间的联系方式是价值链性质的体现，成本的高低也与价值活动的成本行为有关，所以价值活动间的联系就自然会影响到成本。另外，各项成本因素间存在相互补偿的特征，有时不同的方式可以实现相同的功能。在价值链当中改变一项活动就有可能改变另一项活动的成本。

第四，政策和时机选择上要适当。成本的变动与政策息息相关。在制定和成本相关的政策时一定要慎重，其中关键的要素有产品特性、组合、种类，提供服务的水平，活动开发和广告宣传上的花销，客户和货物流通的渠道，产品制造过程中的工艺，原材料等外购零部件，人力资源的分配，等等。政策选择与成本变动紧紧相连。是否能够把握好时机也是对企业的另一种考验。时机选择也是影响成本的关键因素，第一个打入市场的新产品会首先获得消费者的青睐，也会占有市场的主动权，可谓天时地利。后来者可以通过某些渠道获得同样的技术，还可以减少前期的研发费用，当然这种不正当的竞争我们并不提倡。管理者要根据市场情况和经济周期的运作条件针对成本进行控制，把握住适当的时机做出正确的决策可以带来快速的成本优势，对今后的企业长期发展也有很大的益处。

第五，对瓶颈资源的合理利用和开采。有时候企业的短板决定了企业的整体水平。管理者应将企业短板解决，将其转化成为企业的优势，那么企业整体的生产能力也会相应得到提高。瓶颈资源就是人们常常说的企业有限资源，也就是企业的薄弱环节。企业可以通过提高瓶颈资源的利用率来使企业生产效率得到提高。企业可以通过减少零件加工过程中瓶颈工序的耗时来尽量提高瓶颈工序效率。

2. 建立专项的成本控制措施

除控制成本动因外，企业还可以采用重构价值链的方式进行成本控制。企业可以通过创新技术、改善生产效能、建立制度方法等合适的措施从对成本有较大影响的因素入手。

企业通过对技术的创新可以使成本控制在较低的水平。新的技术方法可以使设备性能、生产工艺、产品结构等方面得到变革。一般新技术的应用都会使工作效率大幅度提高，能耗降低的同时产量也得到了相应的增加，这就是成本能够降低的最主要原因。

企业还可以从加强控制日常活动中的开销从而降低成本。这就需要建立相应的制度，合理的制度可以从两个方面进行建立。第一，保障性制度的建立。保障性制度的建立是为成本控制提供基础。第二，方法性制度的建立。成本控制的方法制度直接作用于成本控制，建立一系列可行的制度，如目标成本、标准成本、责任成本方面的管理制度。

3. 保持成本优势的持久性

企业要想得到较好的成本优势就需要保持良好的经营状态。影响成本优势持久性的因素有成本动因、产业结构等。下面笔者从规模、相互关系、专有性学习三个方面进行阐述。

第一，规模。一般资金量大的竞争者会从规模上进行成本优势的保持，形成规模前期的投入是巨大的，没有雄厚的资金实力做后盾是没有办法实现的。

第二，相互关系。竞争者有时通过一定的关系手段使企业的业务单元之间的联系受到影响从而迫使企业不再具有相对成本优势。这就要求行业内要树立较高的准入壁垒，使得竞争者不是那么容易效仿成功，这样企业维持成本优势的时间也就越长久。

第三，专有性的学习。要想将竞争者远远甩在身后，始终维持成本优势，就需要企业进行专有性的学习，这就是独家技术、知识壁垒的设立。人才的获得就是为了建造知识壁垒，掌握了行业领先的技术就可以决定自身的利益。

企业管理者想要保持成本优势的持久性，同时要注意避免习惯性错误的出现，有时遥遥领先会不知不觉间落入成本优势的陷阱。下面笔者就经常会犯的习惯性错误进行总结。

（1）过于重视生产成本。企业管理者要注重营销、服务、研发、基础设施建设等方面的成本，这些成本控制在现代企业发展中至关重要。

（2）不重视采购。采购不同渠道、不同质量的原材料等都会影响成本，从而影响企业收益。

（3）不重视间接、微小的成本活动。

（4）对成本动因的认识不足，甚至是产生错误的认识。

（5）相互联系上认识不清。很多企业都是在相互联系上构建业务关系的。对相互联系上的错误认识使得企业各个部门间的不同成本有所忽略，"一刀切"的方式并不适用于所有部门，这就会导致企业内部矛盾的产生。

（6）过分进行成本削减。与成本动因相悖的成本削减就是造成方法冲突的根源，所以企业不可不重视。

七、时间优势

定位、成本优势、时间优势和其他的取得竞争优势的内容经常相互交织，难以一一辨别。例如，日本丰田汽车正是把这些方面都尽力做到最好而取得了成功。

时间优势包括两个方面的内容：一是对顾客的需求变化快速响应，改变企业的商品和服务；二是企业在竞争对手之前满足顾客的需求。时间因素能够给企业带来竞争优势的原因是提高生产效率，提高顾客价值及与其相应的定价，降低风险和扩大市场份额。苹果公司"iPhone"系列产品把时间优势应用得淋漓尽致。iPhone 由于较好的用户体验从 NOKIA 等品牌中抢得智能手机的较大市场份额，同时毛利也远高于苹果的其他产品。

iPhone 每一款新品在中国大陆销售时，都引起追捧，使苹果非自营渠道的价格高于官方的指导价格，苹果的热销使代工企业面临的不是产能过剩的风险，而是产能不足的风险。同时，由于产品畅销，企业没有存货或有少量存货，所以在新品上市时老款存货贬值损失金额就较少。

时间就是金钱。企业获得时间优势需要做两个方面的重大变革：一是组织结构的变革；二是使用同步工程的方法。

传统的职能事业部制企业重视规模，当顾客出现新的需求时，企业引进新设备，而且引进设备是由公司总部负责而不是生产一线的工程师，这使设备购买和建造的周期变长。而具有时间优势的企业在产品有初步概念的阶段，就会邀请公司各部门和供应商代表共同参与产品的研发和设计，这会缩短整个周期的时间。

八、风险价值

（一）风险的概念

收益的不确定性是风险形成的原因。人们在巨大利益的诱惑面前一定要保持理智，明白风险与利益成正相关关系，风险越大则收益越大，同时损失可能也就越大。

财务管理中对于风险的规定是指财务活动中受到无法控制、难以预料的因素作用使企业的真实收益不同于预期收益，以及受到经济损失的可能性。

（二）风险的类型

下面笔者就风险的两个主要方面，即市场风险和企业特有风险进行详细阐述。

1.市场风险

系统性风险是市场风险的另一种说法，是指影响企业的风险的总称，是外部因素引起无法进行控制和分散的风险，如战争、自然灾害等。

2.企业特有风险

个别企业的特有事件造成的风险人们称为企业特有风险，又称非系统性风险和可分散风险。它是随机发生的，只与个别企业和个别投资项目有关，如工人罢工、研发失败造成的损失等。根据风险形成原因，企业特有风险可分为经营风险和财务风险。

（1）商业风险就是经营风险，是企业生产经营过程中条件的改变带来企业收益的波动。生产经营条件的改变可以是由企业内部引起的，也有可能是企业外部造成的。例如，竞争对手的变化、客户的流失、产品生产方式的变动和政策制度的影响等。这些变化因素都将导致企业生产经营不善从而引起企业特有风险的增加。

（2）财务风险又叫筹资风险，是企业因债务过重导致财务出现危机。企业为了扩大规模进行举债经营虽然可以缓解短时资金周转上的问题，但也使得企业的资金获利情况受到影响。债务的偿还过程往往漫长，这期间所产生的借款利息也要算到成本当中去，这无疑是一种沉重的负担。如果遇见难以预料的意外情况无法偿还债务，那么企业就将面临倒闭危险。如果借来的资金通过运作获得的利润除去偿还本息之外还有结余，那么就是达到了企业先前借贷时的目标，可以提高自有资金的利润率，反之则会降低自有资金利润率。

因此，企业必须重视资本结构的分配，在提高自有资金盈利的同时要防范出现财务风险带来的企业生存危机。

（三）贴现率的影响因素

企业或项目的风险越高，贴现率就会越大。因此，企业有必要分析影响贴现率的因素。影响贴现率的因素主要有一年期国债利率、通货膨胀率、利率风险、违约风险、行业风险、企业特有风险等。

1.一年期国债利率

一年期国库券的利率是资金投资在无风险、无通货膨胀情况下的回报，也是最低回报。其他任何投资方式的风险都比国库券的风险高，所以为了弥补投资者的风险，其他投资方式的贴现率都要高于一年期国库券的利率。

2.通货膨胀率

投资不仅要获得安全的一年期国债利率的回报，而且在存在通货膨胀率的情况下，投资者还需要使单位货币的购买力在未来不变，所以投资者还要求投资的回报要包括同期的通货膨胀率。

3. 利率风险

央行加息或减息同样会使贴现率发生同步变化，而且企业的投资和融资工具中有许多是固定利率的。例如，购买的五年期国库券，当央行加息时，其市场价值将下降。

4. 违约风险

企业不能按期偿付利息和本金就是违约风险。企业如果违约风险较高，贴现率也会上升。不仅企业有违约风险，国家也有违约风险。例如，2011年爆发的希腊债务危机，使希腊的违约风险上升很快，主权信用评级不断下降，希腊政府为了筹集资金，必须提高证券的收益率。一般而言，企业的资产负债率过高，也会使违约风险上升。

5. 行业风险

不同行业的投资报酬率是不同的。例如，目前房地产行业的报酬率高于家电制造业。资金会从投资报酬率低的行业向高的行业流动，从而加剧行业竞争程度。

6. 企业特有风险

不同的企业由于核心竞争力不同、管理方式不同、资源等不同，企业的盈利能力和盈利潜力也不同，从而使贴现率不同。

（四）贴现率变化对价值的影响

贴现率的变化会给企业价值和项目价值带来巨大影响。当市场利率上升时，公司债券的价值会下降；而当市场利率下降时，公司债券的价值会上升。这对企业价值计算时同样适用，但企业更复杂，因为企业每年的现金流不像债券这样固定。购买国库券保值这种想法是不完全正确的，国库券没有违约风险，因为国家可以发行钞票来清偿债务。但是，当市场利率上升时，国库券的市场价格也会下降。目前房价过高的一个原因是通货膨胀率过高，而名义利率基本不变，使实际利率很低，这使房屋的市场价值上升。当然，这只是影响房价的一个因素。

（五）风险政策

企业的经营是一个长期的过程，所以企业需要制定风险政策以管理风险、创造价值，而不能仅根据感觉和经验直接进行财务决策。首先，企业不要盲目多元化，即使有些行业的进入壁垒较低，也不需要特殊的技能。企业对行业的收益率一定要有正确的认知，许多行业目前收益率较高，但行业收益率波动幅度较大。不同的企业风险承受能力和风险偏好是不同的，企业一定要根据最大风险承受能力来选择拟进入的行业，而且行业也会有生命周期，企业需要根据这些内容来制定相应的投资和筹资策略。其次，资源配置多样化。企业有些产品目前非常赚钱，但企业不能把所有的资金都投到该产品上，因为产品也有生命周期，企业过度依赖单一产品，会导致自己的风险暴露水平太高。一旦产品失败，企业将面临灭顶之灾。企业需要像苹果公司一样，生产多系列产品，进行正确的产品组合管理，以降低风险。这些需要考察的是企业整体的回报率。最后，企业需要先设定预期的收益率，再据此制定战略和资源配置。企业如果希望获得高收益，就需要投资高风险的项目。

第二节　互联网背景下财务管理的具体规划

一、互联网背景下财务筹资管理

（一）企业筹资渠道

企业筹资是指企业根据生产经营、对外投资和调整资金结构的需要，通过筹资渠道和市场，采取相应的筹资方式筹集资金的活动。筹资是企业财务管理的重要内容之一。企业为了达到财务管理的目的，通过筹资以满足正常生产经营活动的持续发展需求。企业一般都是根据经营特点、发展趋势、筹资成本的难易程度和风险来确定筹资渠道和方式。

企业通过相应的渠道使用相应的筹资方法进行筹资活动。筹资渠道主要可以分为以下六种。

1. 国家财政资金

国有企业的资金一般都是国家财政资金的扶持。国家通过财政拨款的方式来对国有控股企业的资本进行补充。国有企业根据国家的相应政策也可以形成其资本来源，如税款的减免及退回。随着经济体制的改革，国家财政资金扶持的企业也在不断地缩减。

2. 银行资金

企业资金的来源主要是银行的贷款。我国银行分为政策性质的银行和商业性质的银行。商业性质的银行会依据偿还性原则和择优发放原则为企业提供商业贷款。政策性银行为某些企业提供贷款的目的不是为了营利，而是为公共利益服务的。这些就是企业筹集资金的主要渠道。

3. 非银行金融机构资金

非银行金融机构包括信托投资公司、租赁公司、证券公司和保险公司等。

非银行金融机构主要的筹资渠道是证券承销、资金融通等方式。目前，虽然这类机构提供的资金有限，但其前景和未来充满了希望。

4. 其他企业资金

对于急需资金的企业来说，他们可以寻找具有闲置资金的企业进行投资，并且给予一定的经济回报。在生产经营过程中，企业也可以通过股权投资的形式控制原材料上游的企业。

5. 居民个人资金

居民个人资金的投资也是一种很好的筹资渠道，将居民个人的资金集中到一起就可以形成庞大的资金来源。企业可以通过发行股票或者债券来吸引这些居民的个人资金，并且到期给予一定的经济回报。这种筹资渠道也非常重要，不能忽视。

6. 企业内部资金

企业内部资金的转移包括企业计提的公积金、折旧和未分配利润等，这种筹资渠道的资金是企业内部转移过来的，所以成本相对较低。这种筹资途径越来越受到企业的重视。

（二）企业筹资方式

企业常用的筹资方式有吸收直接投资、发行股票、企业内部积累、银行借贷、发行债券、租赁、商业信用。吸收直接投资、发行股票、企业内部积累这三种筹资方式属于权益资金筹集，后四种筹资方式属于负债资金筹集。筹资方式与筹资渠道的对应关系见表4-1。

表4-1　筹资方式与筹资渠道的对应关系

渠道	方式				
	吸收直接投资	发行股票	发行债券	长期借款	融资租赁
国家财政资金	√	√			
银行借贷资金				√	
非银行金融机构资金	√	√	√	√	√
其他企业资金	√	√	√		
社会团体事业单位资金	√	√	√		
个人资金	√	√	√		
外商资金	√	√	√		
企业内部形成资金	√	√			

1. 吸收直接投资

企业以协议的方式吸引国家、企业、个人等资投形成企业的自有资本。非股份制企业吸收直接投资不是以股票为媒介的。吸收直接投资的方式有以下四种。

（1）吸收直接投资的种类

第一种，国家资本金，指吸收国家投资也就是国家的财政扶持。

第二种，法人资本金，指吸引企事业单位的投资。

第三种，外商资本金，指吸收国外投资者的投资。

（2）吸收直接投资的出资方式

①现金投资

作为投资方式中常见而又重要的一种，现金投资是最快速、最有效的。现金是流动性最强的资产，可以随时用于购置资产和日常支付，因而受到企业的欢迎。大多数国家对现金投资占资金总额的多少都有规定。在具体项目中，现金投资金额可以通过投资双方协商加以确定。

②实物投资

以实物来进行的投资就是实物投资。实物投资要适合企业的生产经营需要，要保证公平合理。实物的价值要投资方和筹资方进行协商，并且通过专家的评估方能公证。

③无形资产投资

无形资产一般指专利权、商标权、土地使用权等。企业在适合科研生产活动的前提下进行的吸收土地使用权的投资就是无形资产投资的一种。在有利于企业提高生产效率和产品质量的前提下进行的工业产权和非专利技术的投资也是无形资产投资的一种。

（3）吸收直接投资的优缺点

吸收直接投资是我国企业筹资中最早采用的一种方式，也曾是我国国有企业、集体企业、合资或联营企业大多数情况下采用的筹资方式。这种投资的优势有以下三个方面。

第一，直接投资所得到的资金归入自有资金的范畴，有利于提高企业的信誉，对企业扩大经营规模、壮大实力有重要作用。

第二，筹资方式简便，筹资速度快。通常只需签订筹资合同或协议，企业便可按规定取得资金。由于减少了筹资的中间环节，企业可在较短的时间内迅速筹措到所需的资金。

第三，吸收直接投资出资方式机动性大，可用现金，也可用实物或无形资产，不仅可以筹集现金，对于先进的设备和技术也可以从吸收的直接投资中获得，从而使企业迅速投入生产。

吸收直接投资的缺点有以下两个方面。

首先，吸收直接投资资金的成本太高了。投资者由于承担了比较高的风险，所以报酬和利息率等相应也就很高。企业向投资者支付的报酬是以投资者前期出资的金额以及企业实际获得的利润来确定的。在企业经营状况很好的前提下，由于赚得的利润多，给予投资者的报酬的金额就显得更高了。

其次，因为没有证券、股票、期权等作为中介因而在吸收直接投资时产权关系就不够清晰，所以不方便进行产权交易。

2.发行股票

有限公司向金融市场上发行有价证券是为了筹措股权资本，这个有价证券就是股票。股票可以作为股东持有公司股份的有效凭证。只有股份有限公司才可以发行股票。

（1）股票的特点

第一，永久性。股民在购买股票后不可以要求企业退还股金。公司因发行股票获得的资金是公司的长期自有资金，没有固定的期限。

第二，流通性。股票可以在资本市场上进行流通，可以继承、赠送，也可以用于抵押贷款。股票是一种有价证券，可以变现。

第三，风险性。股东在购买股票后就相应承担起了股票背后所连带的风险，如股票价格的波动、分红的不确定性等。如果企业破产了，那么股东是进行企业财产分配的最后那一位。

第四，参与性。股民购买了某公司的股票就是该公司的股东了，就可以参与企业的管理。公司的决策、财务监督和公司经营的建议等都是股东的权利范围。公司的股东也有承担相应责任和遵守公司章程的义务。

（2）股东的权利

购买股票的多少就是占有公司份额的依据，股民购买了公司的股票就是公司的股东。股东具有获知公司收益情况、参与公司决策以及选择公司管理人员的法律权利。当然，股东也承担着相应的责任。股东对公司的法律权利表现在以下五个方面：

第一，管理公司的权利。股东可以参与公司管理的重大决策的制定，股东在对经营管理者的选择上也可以提出自己的意见，股东依法享有对公司财务进行监督的权利，对公司经营过程中的问题可以进行质疑，并且可以召集股东以股东大会的方式对公司的经营进行参与。

第二，分享收益的权利。股东的股票是具有股利的，通过这种方式股东可以获取公司的利润分配。利润分配的方式就是通过股东大会的方式进行确定的。

第三，股份转让的权利。众所周知，股票是可以通过出售、转让的方式进行交易获得现金的。

第四，优先认股的权利。公司如果再次发行股票的话，对于已经持有该公司原来股票的股民来说是可以进行优先购买的，这就是优先认股的权利。

第五，剩余财产的要求权利。公司破产时，要进行资金的核算，公司清还完所有债务后先将优先股股东的利益分配，而后所剩下的财产就可以由股东们进行分配，这是法律规定的偿还顺序，必须依法执行。

（3）股票的种类

股票的分类根据不同的角度就有不同的分类方式，以下是从五个不同的角度进行分类的。

第一，依据股东权利和义务，股票可分为普通股和优先股。普通股是最基本的股票，没有特殊的权利。持有普通股的股民具有公司管理的基本权利，就是具有上述五项基本权利，在这里就不再赘述了。普通股的收益率是不固定的，这要根据公司的盈利状况来决定，因而股票并不是只盈利的，在购买股票时签订的一系列合同等都是明确规定的。优先股顾名思义就是具有优先权的股票，拥有优先股的股民可以优先分配公司剩余的财产价值。优先股的利率和普通股不同，优先股的利率是固定不变的。持有优先股的股民在股东大会上没有表决权，因而在管理公司的实际操作中就有一定的限制。优先股与普通股有许多相似之处，也具有债券的性质，但在实践中，发行优先股的公司很少。

第二，依据投资主体的不同，股票可分为国家股、法人股、个人股三种。国家股就是国家机构进行投资形成的股份，资产性质是国有资产。国务院授权相应的机构作为代表向公司进行投资，或者是依据国务院的规定由地方人民政府授权相应的部门机构持有，并由国家地方政府指定股权代表。法人股是企业的法人以其资产为依据向公司投资所产生的股份，或者是企事业单位、社会团体将国家允许的经营资产向公司投资所产生的股份。个人股是个人的行为，个人以自己的合法财产进行投资所产生的股份。

第三，依据股票的记名制来进行分类，股票可分为记名股票和无记名股票。记名股票就是要求股票票面上要有股东的名称。这就限制了股票的使用者，只有股票上记名的股东才可以行使其权利，其他人无权使用该股票。在股票进行交易时就需要进行过户。无记名股票就是不需要在票面上记载股东的名称。这种股票只要是持有者就具有股东资格，股票进行交易时也比较方便，不需要办理过户。

第四，依据股票是否标明金额来分类，股票可以分为面值股票和无面值股票两种。面值股票是指票面上已经写明股票的金额，该股票的价值是由股票票面的金额和公司发行股票总面值的比值来确定的。无面值股票就是没有在票面上标明金额，这种股票只是说明了股票所占公司股票总额的比例或者股份的数量。目前，《中华人民共和国公司法》不承认无面值股票。

第五，依据发行的对象和上市地区的不同而进行的分类，股票一般分为A股、B股、H股、N股四种。为大陆提供买卖的股票属于A股，是以人民币作为交易枢纽的股票。专供国外和中国港、澳、台地区的投资人购买的股票属于B股、H股和N股。B股、H股和N股的票面金额都是使用人民币进行标注的，但在股票交易过程中是以外币的方式进行认购和买卖、转让的。在上海、深圳上市的股票属于B股，在香港上市的股票属于H股，在纽约上市进行交易的股票属于N股。

（4）股份有限公司的设立、股票的发行与上市

法律规定，股份有限公司的人数控制的下线是两个人，上线为200人，并且当中必须有半数以上的人员是在中国的境内有居住地的。人们可以通过发起

设立或募集设立的方式进行股份有限公司的成立。发起设立的发起人要认购公司的全部股份，而募集设立就与之有所不同，募集设立只需要发起人认购35%的公司股份，剩下的部分可以向社会公开募集，或者是由指定的对象募集剩余的部分。如果法律或者其他行政法规对其另有规定，那么就要依据法律进行调整。

股份有限公司的发起人在享受公司权利以外还需要承担相应的责任。如果公司没有办法成立起来，那么就要对公司募集期的股份进行现金返还，并且要按照银行当期的存款利息进行偿还，公司虽然没有成立但是运作过程中公司所产生的债务、费用等一切费用都需要发起人负责。在公司成立的过程中，由于发起人的错误导致公司利益受到损害时也应当承担相应的赔偿责任。

下面笔者介绍一下股份有限公司第一次发行股票的程序。笔者分六个步骤进行解释。

第一步，发起人必须将股份认定完成，并且交付相应的资金。发起设立的发起人要将全部股份进行认定，筹集设立的股份也要发起人认购不低于35%的股份。发起人可以通过两种方式进行交付：一种是货币直接支付；另一种是以相应数量的资产作为出资的抵押。发起设立还需要选举出董事会和监事会的成员。这是因为董事会要负责办理登记事项。募集设立就是前面所说的，在发起人认购35%的股份之后剩下的要由社会或者特定对象进行募集。

第二步，就是提交公开募集的申请。这主要说的就是募集设立的方式。发起人需要向国务院证券监管部门提交募集申请、报送文件等流程，通过这些方式获得许可。

第三步，公告招股的说明书并且签订承销协议。公告的作用是向大众说明情况，已经得到了政府有关部门的批准。招股说明书包括公司的规章制度、发起人具体的股份数量、募集的股票的票面价值、募集资金的使用方式等。另外，证券公司要和证券承销的部门签订相应的承销协议。

第四步，招认股份，缴纳股款。公司可以通过打广告的大众化方式向认购者提供信息，或者是直接进行书面通知。认购者签订了认股书，就说明要购买该公司的股票，并且要承担起缴纳费用的责任。如果想认购的人数众多，超过了拟定招募的总股数，那么就需要用随机的方式来确认哪些人具有认购资格。认购的人需要在规定时间内缴纳股款，同时交付认股书。认股完成以后，股款确定收购成功，就需要法定的验资机构进行确认并且出具有效的法律证明。

第五步，召开创立大会，选举董事会、监事会。发行股份的资金充足以后，在法定的30天内要召开创立大会，一般情况下，参会人员由发起人和认股人组成。一般会邀请认购者中的大多数人参加，占据整个认购者的半数以上。创立大会要推选出董事会、监事会的成员组成，这些董事会、监事会的成员是有权利进行公司财务方面的审核的。

第六步，办理公司设立登记，交割股票。在创立大会完成的 30 天内，办理完成公司的登记事项后需要向股东交付股票。

下面笔者就股票的发行方式进行详细解说。股票的发行方式有两种：一是公开间接发行；二是非公开直接发行。公司通过中介向社会大众公开发行股票的方式是公开间接发行。这种发行方式有两个特点。首先是公开性，股份有限公司是公开发行本公司的股票。其次是间接性，公司是通过中介机构进行股票发行活动的，并不是公司直接发行。这种股票是由证券经营机构销售的。这种方式发行的范围比较大，所以可以足额地筹集到资金。公司在发行股票的同时也是一种自我宣传，可以提高公司的知名度和影响力。这种发行方式需要进行手续上的审批，这就使得公司发行股票的成本提高了。

另外一种公开发行股票的方式是非公开直接发行。这种发行方式就是公司直接进行股票的发行活动。一般情况下公司直接发行股票的对象比较特定，就是少数对象可以接收到这种公司股票。这种发行方式的好处在于企业能够控制股票的发行数量，对发行过程也可以很好地把握，而且节省经费。企业的这种发行方式一般都是小范围的发行，所以筹集到的资本数额有限，而且股票的变现性比较差。

股票的上市交易一般要从上市目的说起。一般情况下，股票上市是为了筹集资金。证券交易市场有很广阔的资金供应，所以在股市上可以很容易地吸引投资者对企业进行注资。当然，公司想要成为上市公司就必须经过政府机构的严格审查，并且遵从政府的领导。在股市进行的股票增发、转换债券等方式都是融资的一种手段，从而更好地促进了股权的流通和转让。股票上市以后经过买卖就增加了股权的分配，有时还可以提高股票的变现能力，从而确定了公司的价值。股票交易的市场行情就是公司价值的体现。

公司的股价依据市场价格就可以确定公司的实际价值。上市公司的股票交易行情可以说是对公司价值的市场评估。市场行情也是一种标杆，正是因为有了市场的约束和管制，才使得公司在做出收购、兼并等资本的运作时有了衡量的标尺，不至于没有标准而使决策失利。事情都是两面的，公司上市就意味着公司要承担相应的信息暴露风险。公司的商业机密、公司实际的经营运作情况要受到监管，这就使得公司股价直接影响公司的实际运营，严重时甚至会影响到公司的声誉，这对于管理者来说是一种困难，加大了管理者在管理公司方面投入的精力，影响了管理效果。

此外，上市公司发行股票是有限制的。《中华人民共和国证券法》规定，只有股份有限公司才可以上市申请股票，股票是经过国务院证监会监管并且核准发行后才可以上市发行；公司的股本总额不得低于 3000 万元人民币；公开发行的股票必须达到公司股份总额的 25% 以上，如果公司的股本总额超过 4 亿元就允许公开发行，股份的比例为 10% 以上就可以；公司必须表现良好，必要时要进行公司诚信等方面的查询，保证公司没有重大的违法犯罪活动，财务会计报表没有虚假的记录，满足以上条件的公司的股票才可以正式进入股票市场进行流通。

下面笔者将对股票上市的暂停、终止与特别处理进行详细说明。

公司在经营过程中存在重大的违法犯罪行为时，就要暂停上市，严重者就要做出退市处理。上市公司出现四种情况就要做出暂停上市的处理了，具体为：第一，公司的股本总额发生了重大变化，不符合上市的条件，需要暂停上市。第二，公司不能按照要求进行其自身财务状况的公开，或者是经过查处，公司的财务会计报告弄虚作假。第三，存在重大的违法行为，这种情况就要求企业必须暂停上市。第四，企业最近的三年时间一直处于亏损状态并且没有盈利的可能。前三种情况是由中国证监会决定将该公司进行暂停上市处理，由证券交易所来执行中国证监会的决定。第四种情况直接由证券交易所来决定。若公司的社会公众持股低于公司股本总额的四分之一的上市公司或者是股本总额超过了 4 亿元人民币但是社会公众持股比例低于 10% 的上市公司，如果连续 20 个交易日不高于上述的条件，那么证券交易所会决定暂停其股票上市。一年内仍然不能满足上述基本条件的，证券交易所可以令其停止交易，即要求其退市。可见，上市企业必须完全服从中国证监会和证券交易所的管理，这也是维护证券市场稳定运行、保障股民基本权利的基础。

那么，哪些情况出现又会使上市公司直接终止上市呢？下面笔者就具体说明这个问题。公司不能按照规定在法定期限内披露其暂停上市的第一个年度的经营报告的，按照要求就要终止上市了。如果公司公开了其经营报告，但其经营报告是亏损的情况，那么公司也得终止上市。另一种情况是公司恢复了上市，但是在恢复上市后不能提供第一个年度报告，那么也要停止其上市。同理，如果公司虽然公开了恢复上市后的第一个年度报告，但是公司的账面是亏损的情况，那么也要终止该公司的上市了。

证券交易所有一种"特别处理（Special Treatment，ST）"，这种特别处理是上市公司出现财务状况异常时才会启动的。财务状况的异常，主要表现在以下几个方面：第一个方面，在连续的两个会计年度审计的结果都是利润为负，就是说企业连续两年时间都是亏损状态。第二个方面，在一个会计年度审计时发现股东的权益低于注册的资本。第三个方面，最近的会计年度审计的结果股东的权益扣除了注册会计师不予确认的部分，低于了注册资本，会计师无法出具相应意见的审计报告。第四个方面，财务报告对上一年度的财务利润进行了相应调整，所以连续的两个会计年度都是亏损的。第五个方面，中国证监会或者是证券交易所认为的财务状况异常。除去上述五个方面，还存在其他的异常状况，包括重大事故的发生、自然灾害的影响导致的生产活动无法正常进行、公司要赔偿的金额超过了公司的净资产的诉讼等。

上市公司被执行特别处理的时期，其公司的股票要求遵循一定的交易规则，具体为：股票报价日涨幅不得超过5%；股票的名称必须以"ST"打头；公司中期的财务报告必须交由有关部门进行审计。

（5）引入战略投资者

一般在新股上市时会有战略投资者参与。战略投资者会在公司发行新股中占有一席之地。战略投资者都是和发行者有着合作关系，和发行公司有着密切的业务往来，并且想要长期持有发行公司股票的人。国外对战略投资者的定义是能够利用自身的优势对公司进行业务帮助，或者是通过个人的影响可以增加公司价值的公司或者是个人投资者。总的来说，战略投资者具有的基本条件是：第一，战略投资者和公司的业务往来关系密切；第二，一般是出于长期的投资行为，比较长时间地拥有公司的股票；第三，公司的股票拥有量较多，具备一定的经济实力。

战略投资者不是一般的投资人，其具有雄厚的资金实力、先进的技术手段、较高水准的管理能力、对市场和人才可以很好地把控，可以提高企业的整体水平和市场竞争力。战略投资者可以和上市公司之间以合作共赢的方式共存，可以帮助上市公司进行经营管理，改善公司的经营状况，使公司的整体水平上一个新的台阶。战略投资者的水平比较高，也是上市公司选择其进行合作的关键所在。

上市公司让战略投资者参与进来有着很重要的意义，具体表现为四个方面。

首先，上市公司和战略投资者一起联手可以提高公司的整个形象，提高资本市场的认可程度。公司选择战略投资者时往往看重其大公司、大集团的整体实力，其雄厚的资金实力可以给上市公司带来深远的影响。

其次，战略投资者的参与可以使企业的法人制度更加完善，对上市公司的股权结构是一次全新的洗礼，对公司股权进行优化可以使公司的资源分配更加合理。

再次，战略投资者带来的先进的管理手段和高端的技术水平是上市公司不可比拟的，先进的工艺技术水平可以提高工作效率、增产增量，对企业的产品形象和质量水平都是一次重大的提升。企业有了战略投资者的帮助，可以更加容易地开拓市场，有利于公司发展规模的扩大。

最后，战略投资者的加入可以在短时间内使公司达到集资目标，可以加速公司的上市融资速度。战略投资者是一种长期的合作关系，因而其带来的经济价值和效益是长久的，可以使公司的股票水平稳定、升值，并且在未来很长一段时间内得到利润的最大化，这与战略投资者的雄厚经济实力息息相关。

目前，我国的上市公司都比较看重战略投资者在融资手段方式上的实际情况。公司能够最大化地得到募集资金是非常重要的。相比较股票的价格，将申购价提到最高的投资者就是企业想要寻找的战略投资者。一般的大型证券投资机构就是上市公司喜欢选择的战略投资者，因为它们可以大量持股，股票金额高且对风险有较强的承受能力。

（6）股票筹资的特点

股票筹资的特点一般有以下五个方面。

第一，两权独立。这对于公司自主经营有很大的帮助。公司发行股票后筹集到资金进行企业内部的管理，这样就可以实现公司的自我管理，并且公司可以将一部分所有权分离出去，对公司的制度和管理起到监督的作用。公司的股东有很多，公司的控制权就会比较分散，经理就没有办法一家独大，由公司的董事会和经理共同承担对公司的管理。

第二，股票筹资的成本高。成本高是因为股民在购买股票时就是将自己的资金委托给了公司进行盈利，公司本身经营是要承担风险的，股票在交易、出售、转让过程中也是一种风险的承担，所以使用股票进行筹资自然要承担较高的风险，这就导致了其成本比较高。

第三，股票筹资可以提高公司的知名度。这就好比是给自己公司做宣传，通过股市让人们都来了解公司的经营状况，并且相信公司可以带来丰厚的收益，人们才愿意出资购买股票，人们才会愿意冒风险对公司进行投资。股票在流通过程中也是公司自身价值的一种体现。这种宣传就是提高公司知名度的有效方式。

第四，股票筹资不容易立刻转变成生产能力。股票筹集到的是货币资源，将这种资源进行整合然后再利用，就需要经营者进行资金的分配，在形成生产力之前要经过购买原材料、增加设备、进行加工制造等过程，这都是需要时间的，所以股票筹资不能立刻成为生产能力。

3. 企业内部积累

企业进行税后的利润分配就会以公积金的方式进行储备，这种内部的积累过程就是企业聚集资产、实现利润再分配的前提条件。企业赚得的利润不能全部进行分配，一定要按照规定进行法定盈余公积金的储备。这个过程就是企业内部积累的过程。企业可以用盈余公积金进行固定资产的升级改造，如增加设备、厂房扩建、开发新技术、新产品等。因此，税后利润的合理分配也关系到企业筹资问题。企业的计提折旧可以增加企业周转的运营资金，这也是一种有效的筹资方式。企业内部的积累是企业生产过程中资金的来源之一，这种筹资方式操作简单、容易支配，适合短期资金紧张时使用。因此，企业应当努力改善经营管理，认真开展增收节支，增加利润，扩大积累，以求自我发展。

4. 银行借款

向银行进行借款可以使企业筹集到资金，这是一种融资的重要方法。向银行借款时企业要提供借款合同和详细的借款方面的承诺，对各方面都要有一个比较稳妥的保障。对本金和利息还有如何还款等要一一说明，这也是企业诚信的重要体现。

（1）借款的种类

借款的种类分为三种。第一种是按照借款的时间进行划分的，根据借款时间长短，借款可以分为短期借款和长期借款两种。在一年之内就可以还上的借款就是短期借款，而超过一年时间的借款就属于长期借款了。第二种是根据是否有担保来进行划分的，借款可分为信用贷款和抵押贷款。信用贷款就是以借款人的信誉为担保而进行的借款行为，抵押贷款就是利用抵押物作为担保进行的借款。一般情况下，抵押贷款都是以固定资产作为抵押物进行贷款的，如房屋建筑、厂房设备、机器、有价证券等。第三种就是根据贷款的机构种类来划分的，借款分为政策性银行的贷款、商业性银行的贷款和其他金融机构的贷款。

（2）借款的条件

借款人应当是经工商行政管理机关核准登记的企（事）业法人、其他经济组织、个体工商户或具有中华人民共和国国籍的具有完全民事行为能力的自然人，这是《中华人民共和国贷款通则》的规定。借款人的资产负债率应该符合贷款人的要求。

借款人应当受到贷款人的监督，监督的内容包括企业资金的使用情况、企业生产经营活动、企业的财务活动等。借款人应该严格按照合同进行借款的使用，并且按照合同规定的时间进行贷款的偿还。在进行债务转让时，借款人应该征得贷款人的同意才行。

只有经过中国人民银行批准才可以进行贷款业务的办理，贷款人应该公布贷款的种类、期限和利率，贷款人应当对借款人的债务、财务、生产、经营情况保密。贷款人可以要求借款人提供与借款有关的资料，根据借款人的条件，决定贷与不贷、贷款金额、期限和利率等。借款人必须按照合同进行归还贷款，如果借款人不能履行合同义务，那么贷款人可以要求停止支付借款人尚未使用的贷款。

（3）银行借款的程序和借款合同

银行借款的程序分为提出借款申请——进行风险评估——审批贷款——签订借款合同。

第一步是借款人提出借款申请。借款人可以向银行办理贷款的机构直接提出借款申请即可。第二步是银行要对借款人进行信用、资产等进行调查，就是人们常说的进行风险评估。银行会对借款人的信用额度、借款合法性、营利情况进行详细的审查。银行通过对借款人的抵押物品、担保人等情况评估风险的高低。第三步是贷款审批。借款人通过了风险评估，就是要进行贷款的同意审批手续，核实评价贷款的风险程度，提出合理性的意见，然后行使规定的权利进行报批。第四步是签订借款合同。贷款人和借款人签订的借款合同应该详细地进行审查评定，合同上应该明确规定借款的种类、用途、借款金额、借款利率、借款期限、还款方式等，借贷双方的权利、义务都要书面写明，如若违约则必须按照违约责任进行赔偿，必要时贷款人与保证人签订保证合同。第五步是取得借款及还款。贷款合同签订后，企业可以按规定取得贷款，并且在合同规定的范围内使用贷款并且以合同规定的方式偿还贷款利息及本金。如果企业不能按时还清贷款，应该在到期日前向贷款人申请贷款的延期还款。另外，借款人提前归还贷款，应当与贷款人协商。

（4）银行借款的信用条件

第一，信贷额度。信贷额度是借款人与银行在协议中规定的允许借款人借款的最高限额。如借款人超过规定期限继续向银行借款，银行则停止办理。此外，如果企业信誉恶化，即使银行曾经同意按信贷额度提供贷款，企业得不到借款银行也不用承担法律责任。

第二，有关周转信贷的协定规定。银行承诺提供不超出一定限额的贷款，这个贷款协定就是周转信贷协定。只要企业向银行的借款总额没有超出规定的限额，那么银行就必须向企业放贷。企业并不是无偿使用这笔信贷，企业要向银行支付承诺费。

第三，补偿性余额。补偿性余额是指企业在向银行借款时，必须在该银行存储一定的存款，这个存款金额是按照企业借款金额计算的，一般情况下是借款金额的 10% ～ 20%。其实，这部分钱企业无法利用，这无疑就加重了企业的实际利息负担。

第四，抵押贷款。银行在放贷时会根据企业的自身情况提出要求，对于评估风险比较大的企业或者是信誉不好的企业那么就要求企业进行抵押担保，这也是银行降低风险的一种方式。抵押贷款的利率要高于非抵押贷款的利率，这是因为银行把将抵押贷款作为风险投资，而且管理抵押贷款的方式比较难，所以额外收取些手续费也是理所当然的。

第五，偿还条件。一般将贷款的偿还分为到期后一次性连本带利的偿还和规定一段时间后等额偿还两种。分期等额偿还会加大贷款的实际利率，因而企业不希望采用这种方式，而银行愿意采用这种方式。

第六，其他承诺。银行在进行贷款企业的生产经营监管过程中还要求企业定期提供财务报表、保持资金一定的流动比率等，这就是银行要求企业的其他承诺。如果企业不服从管理或者不能实现其做出的承诺，那么银行有权利要求企业立刻还清所有贷款。

（5）借款的利息及偿还方法

根据借款时间的长短可以将借款的利息进行调整。一般情况下，长期的借款利率相对要高，因为时间长、风险大及经济市场因素的影响等一系列的问题长期存在，所以时间越久则利率就高。长期的借款率有固定利率和浮动利率。在借款合同中会规定浮动利率的最高限和最低限。借款企业可以根据对市场的预测来进行利率的签订。

银行除去利率还可以向企业收取别的费用，如上述提到过的承诺费，或者是其他间接费用。这些费用无形中都是对企业成本的增加。

企业可以用收款法、贴现法、加息法三种方法偿还银行的贷款利息。

收款法就是在贷款到期时再支付利息，工商企业在借贷时一般都是采用这种方式。这种方法的优点是实际利率等于名义利率。

贴现法就是银行提前扣除了利息，本金相应就减少了。到期企业要归还全部的本金，也相当于利息是提前就已经支付给了银行。这样的情况就是企业可以贷出来的钱是除去利息部分的，这种算法就导致实际利率大于名义利率。

加息法就是分期进行等额偿还贷款的方式，即银行分期均衡地收取本金和利息。企业实际只平均使用了贷款本金的半数，因而采用这种方法实际利率是名义利率的两倍。

（6）银行借款筹资的优缺点

银行借款筹资既有优点又有缺点，优点表现在以下三个方面：

第一，筹借到资金的用时短。银行借款筹资是借贷双方的权利义务关系，一般不涉及广大投资公众。因此，筹借到资金的用时短，就是筹资的速度快，只需要借贷双方签订合同即可，不需要发证券以及各种审批手续的办理。

第二，筹资成本低。成本低是因为筹资的利息是税前利息，企业不用额外附税，所以其成本远低于股票筹资。另外，银行借款也不需要支付大量的发行费用。

第三，灵活性大。企业和银行可以直接接触，在借款期限、金额、利率等方面都可以进行协商、变更，这就是灵活性最好的体现。

向银行借款筹资的缺点体现在以下三个方面：

第一，财务风险大。因为向银行进行了借款，所以到期就要偿还银行的本金和利息。这就要求企业在借款期内一定要盈利，并且赚到足够的资金方可偿还。否则，企业就要破产倒闭。

第二，限制条件多。企业向银行借款以后就要严格按照企业和银行签订的借款合同同意银行的各种监管。企业要满足定期向银行提交经营报表，不可以随意改变借款的用途，限制租赁的固定资产的大小等一系列的要求，这些活动的限制就会影响到企业的正常生产经营。

第三，筹资数额有限。银行为了降低风险一般都是短期借款，所以对借款金额的最大限额是有规定的，筹资数额不能随意。

（三）互联网对企业筹资的影响

1. 互联网对企业筹资环境的影响

网络技术的广泛使用使企业的筹资环境慢慢发生了变化，这种对企业筹资活动的影响主要表现在金融市场环境和经济环境两个方面。

（1）金融市场环境

企业经营活动所需要的资金一部分是企业所有者的投资，另一部分就是通过金融市场的筹资。因此，完善金融市场的秩序、规范经营是企业能够筹到资金的根本保障。网络技术为现在的金融市场提供了技术保证，可以在网络发达的高科技手段下实现金融市场的自有化和全球化。网络技术也是企业可以进行筹资的有力保障。

下面笔者将从三个方面对网络技术带来的优势进行阐述。

第一，网络技术带来的信息便利。网络技术可以快速准确地为企业提供资金往来的安全保证和信息的良好沟通。借贷双方都可以非常方便地进行网络信息传输。这就给借贷双方提供了信息便利，可以缩短时间，更安全高效。

第二，网络技术使企业筹资的速度得到了飞速提升。在网络技术的帮助下，企业可以和投资方进行实时沟通，对双方可以快速达成一致、提出需求、得到双方想要的结果提供了时间上的高效帮助。双方就投资活动协商成功，企业就可以非常快速地得到资金，解决了企业筹资费时费力的大问题，为企业筹资争取到了宝贵的时间。

第三，网络技术带给企业的是更加宽广的筹资空间。因为网络技术的无限性和广泛性，使得金融市场变得全球一体化，这就使得企业在筹资空间上不再仅仅局限于当下的局部环境。企业可以通过网络向全球进行资金的筹集，不再受到区域环境的限制，这就可以将世界各地的投资者和企业进行联系。这和传统的筹资方式有截然不同的效果，使得企业有了更广阔的筹资空间。

（2）经济环境

随着社会经济的发展，网络技术慢慢融入了生活的方方面面，网络技术的进步与社会经济发展之间既相互影响又相互促进。下面笔者将从几个方面详细介绍网络技术对经济环境产生的影响。

第一，推动经济全球化。随着网络技术的高速发展，全世界各个国家与地区的往来更为频繁，经济往来相互影响，逐渐交织融合成为一体，在这样的经济环境下，全球的生产要素得到了更优化的配置，流动更加自由。

第二，知识资本更受重视。随着网络经济时代的快速发展，资本结构得到了很大改变，资产的范围变得更广。虽然企业资产中的物质资产占比越来越少，但知识资本作为一种特别的生产要素，因其重要的价值和作用越来越受重视。现今，网络技术的快速发展对企业的筹资方式和筹资的资金成本都有很大影响，进而对企业筹资的金融环境与经济环境都造成了很大的影响。

2. 互联网对企业筹资方式的影响

筹资方式是企业筹资决策的重要部分。企业的筹资方式由企业的筹资能力和外部的筹资环境共同决定。企业在进行筹资活动时常常会将网络技术划为企业筹资方式的重点考虑对象，企业在享受网络技术带来的便利的同时，也要承担一定的财务风险。

第一，网络技术的产生和发展影响企业筹资方式的侧重点。网络技术既没有对筹资方式本身造成实质性的影响，又没有改变企业现有的筹资方式，只是在企业对传统筹资方式的选择上造成了一些影响，使企业在进行筹资活动时往往选择最方便、最适合的方式。网络技术为企业的筹资活动提供了便利，使企业筹资更加快捷，因而已成为企业筹资活动时所用的重要手段。

第二，网络技术的产生和发展影响企业筹资方式的具体选择。金融市场的发展和完善程度也对企业的筹资方式有很大影响。网络技术的产生和发展则为金融市场的高效运行提供了技术支持和保障。网络技术对金融市场的影响主要体现在以下几个方面：①促进金融市场的证券化，降低了证券的经营成本；②金融市场规模不断扩大，促进了国际资本的有效流动。企业的各种筹资方式由于受网络技术产生和发展的影响，也会在金融市场发展和不断完善的过程中产生变化，因而企业在选择筹资方式时必须进行相应的策略调整。

在网络经济条件下，企业筹资方式在选择上进行了战略调整，主要表现为以下几点。首先，在企业所筹集的资金中，证券筹资的比重日益增长。随着金融市场证券化发展，证券的筹资成本降低，企业为了快速筹集所需资金，更多会选择发行股票或债券等有价证券的方式进行筹集活动。其次，在现代金融环境下，逐渐出现了一种融资租赁的筹资方式。融资租赁是一种非常特殊的筹资方式，从机械设备到飞机等，凡是企业所使用的设备几乎都能够租赁，从而达成融资目的。这一筹资方式逐渐被越来越多的企业所接受。融资租赁涉及的关联方较多，企业如果采用了这种筹资方式进行融资，就不得不与其所有关联方联系协商，其中所需要承担的成本不容企业小觑。目前，我国有很多家企业在使用境外生产的设备，若开展融资租赁业务将会涉及很多的境外关联方，使融资活动无法顺利进行，因而这种筹资方式并没有被广泛使用。

随着网络科技日新月异的发展，网络技术的高度发达极大地促进了融资租赁业务的开展。在网络上，资产租赁的供应信息更容易被需要的企业获取，使企业能够通过网络渠道与租赁资产提供方进行实时的沟通和协商，极大程度地为企业和供方提供了便利，降低了企业融资租赁的成本。在美国，公司生产经营中所需的全部新设备中约有 30% 是通过租赁获得的。网络技术不仅能很好地解决企业在融资租赁的过程中遇到的各种障碍，还提高了企业采用融资租赁这种方式的积极性。

3. 网络对企业筹资成本的影响

资金成本是指企业在进行筹集活动时所支付和损耗的资金代价。从狭义层面分析，资金成本仅包含企业长期筹集和使用资金的成本。从广义上来说，不论试用期间的长短，只要企业对资金进行了筹集和使用，都要付出相应的代价。资金成本主要由资金占用费用和资金筹集费用组成。企业在资本筹集过程中需要对获取的资本支付费用，这种费用叫作资金筹集费，如发行股票、债券支付的印刷费用，以及发行手续费用、广告宣传费用等。以上费用需要企业在筹资时一次性支付，再次使用资本时不需要再次付费。资金占用费用是指企业占用资本所支付的费用，如向股东支付股利、向债权人支付利息等。

资金成本是一个重要的财务概念，企业在筹资活动中需要将其作为主要依据来做出决策。当企业面对投资项目时，首先要考虑其筹资成本与投资报酬率的关系，投资后是否能够获利，再决定是否参与投资。如果企业决定投资，则需要对影响筹资成本的各种因素进行综合考虑，使企业能够尽量以较低的资金成本筹集到足够的资金来进行投资活动。企业的外部筹资环境对于企业筹资成本来说十分重要，它直接影响着资金成本的高低，而网络技术的迅速发展影响了企业外部筹资环境的方式，也同样对企业的筹资成本造成了影响，这种影响主要体现在以下几个方面。

第一，网络技术的产生和发展降低了资金筹集费用。如上所述，资金筹集费用是一次性的消费支出，属于企业的刚性支出，主要用于发行股票、债券等期间发生的费用，如手续费、律师费、印刷费、宣传费及资信评估费等。企业在对资金成本做分析时对这种费用的发生关注较少，但实际上，企业在进行筹资活动时，这些筹资费用也是企业筹资成本的重要内容，对企业资金成本有直接影响。

第二，网络技术的出现极大地方便了企业的筹资活动。网络技术的产生和发展使企业的筹资成本大大降低，节省了很多筹资费用，主要表现在两个方面：一方面，企业与资金提供者在网上进行线上磋商的方法大大节约了企业的前期筹资成本；另一方面，由于网上证券业务随着网络技术的产生得到了快速发展，企业通过网络技术筹集资金可以节省大量的发行股票、债券等的印刷费用。

第三，网络技术的产生和发展对降低资金占用费用产生了积极的作用。在以往传统的筹资环境下，由于技术不发达，信息交流不便，企业对资金供应方的选择受限，企业只能局限于某个区域内进行筹资，从而导致企业需要付出较高的资金成本。现如今，在网络技术的积极作用下，企业可以获取更多资金提供方的信息，将筹资范围扩大到全国乃至于全球，通过网络与资金供应方迅速取得联系，洽谈筹资事项等。因此，网络技术的产生和发展，一方面为企业在更大范围内寻求资金供应方提供了支持，另一方面为企业提供了更多的比较和选择，这就使得企业有更多的机会以较低的成本获得所需资金。

二、互联网背景下财务投资管理

（一）企业投资概述

企业以营利性组织的形式存在，其存在的目的在于获利。在当今科技飞速发展的时代，企业的生产经营犹如"逆水行舟"，不进则退。企业要获利，首先要能生存下去，企业是在发展中求生存的，企业只有获利，才有存在的价值。企业的发展离不开资金，资金的每一项来源都不是免费的，都有其成本。投资是指以收回现金并取得收益为目的的资金流出。企业的每一项资产都是资金占用，即"投资"，都要从中获取回报，这样企业才能获取收益。因此，投资实际上就是通过合理有效地利用筹集到的资金使企业获利。它是企业财务管理的目标之一。一个企业的资金，在一定的时间和条件下，总是有一定限度的。企业以有限的资金来源，投入风险较小、回收较快又能取得较高收益的用途，需要认真做好资金的分配工作。这就是说，要遵循经营目标，将各项投资方案按照一定标准排队，对于资金来源也要按照其数额大小、成本高低等做出选择，然后认真计划，并实施执行和控制。

（二）企业投资的目的

企业财务管理的目标是企业财富最大化。财富最大化的途径无非就是提高报酬率和减少风险。投资是决定企业报酬率和风险的首要因素。因此，从根本上讲，投资的目的在于降低风险、增加收益，其具体表现在以下几个方面。

1.资金保值与增值

资金是企业资产价值的货币表现，当企业对其拥有和控制的经济资源合理利用、有效支配时，能够在保证经济资源价值的同时产生收益，若运用得当，还会使其不断增值。因此，企业需要对现有资产合理支配，以提高资产的利用效率，增加企业的收益。

在企业的生产经营过程中，有些资产会由于市场的变化或者企业管理等原因闲置，从而导致资产报酬率下降甚至亏损。为避免发生这一现象，企业会将一些现有资产进行重新整合，优化企业资源配置，将部分现有资源外放，进行投资，使资金保值和增值以获取更多的收益。因此，追求更多的收益、实现资金的保值与增值是企业对外投资的首要目的。

2.企业扩张与控制

企业只有不断地扩大自身经营规模，控制其他企业的发展，才能在日益激烈的市场竞争中得到生存和发展。企业一般有两种扩张经营规模的方式：一种是对内投资（包括无形资产投资、流动资产投资、固定资产投资及其他投资），这种方式能使企业扩张经营规模，但使用这种扩张方法扩张的速度较慢；另一种是对外投资（包括股票投资、债券投资及其他直接投资），这种方式通常能使企业的经营规模在较短的时间内快速扩张，从而使企业在复杂的市场经济环境中争取到更大的优势。企业扩张规模包括扩张原有经营领域、提高市场占有率，还包括扩张到其他经营领域中，使企业实现多维度经营，提高企业生存能力。企业在经营过程中获取高利润报酬的同时，往往伴随着更大的风险，如果企业的经营领域单一，那么在市场变化中，将要面对更大的风险，承受更大的损失。因此，企业将一部分资产投放于企业外部，有利于优化投资组合，降低企业风险。

3.转移与分散风险

由于市场竞争的日趋激烈，企业在经营过程中面临着各种不同程度的风险。例如，企业的资产需要保持良好的流动性，才能保障自身偿债能力，降低财务风险，保持良好的经营状态。企业资产中的长期资产因其流动性较差，一般无法用来直接偿还债务。而流动资产能够提供较多的现金可直接用于偿还债务，消除财务风险。企业应合理分配资源，不应储备过多的现金，否则会降低企业收益且加大运营风险。如果企业用交易有价证券的方法来调剂资金，不仅能够保障资产有良好的流动性，还能增加企业收益，降低财务风险。另外，企业合理地进行投资及撤资等活动，也能够使资产得到更为优化的分配，实现多元化经营。通过对外投资实现风险转移或分散风险，是投资的目的之一。

（三）企业投资的分类

企业先做好风险类型评估，再对市场现有投资项目科学分析，从而能够筛选出适合企业投资的项目，然后再根据投资性质按投资项目的特点及要求进行投资，并加强投资管理，这样才能使企业能获得长久的投资收益。

1.直接投资和间接投资

根据企业本身的生产经营活动与投资活动的联系，人们可以将企业投资划分为直接投资和间接投资。

当具有生产经营能力的企业需要资金获得更好发展时，投资企业会将资金直接投放于其实体性资产，以获取经济利润，这种投资手段叫作直接投资。而被投资企业通过直接投资，可以购买并配置劳动力、劳动资料和劳动对象等具体生产要素，从而展开生产经营活动。

一些公司通过发行股票、债券等方式进行筹资活动，将所筹集到的资金用于生产经营，从而获取经营利润。由企业使用资金来购买股票、债券等权益性资产，间接对集资公司进行了投资，企业的这种投资方式叫作间接投资。企业作为间接投资方不需要直接介入被投资企业的生产经营活动中，就可以按股票、债券上约定的比例，分得相应的经营利润。

2.项目投资与证券投资

企业投资可以根据投资对象的性质和形态分为项目投资和证券投资。企业以投资的方式购买具有实质性内涵的有形资产和无形资产，形成具体的生产经营能力，开展实质性的生产经营活动，谋取经营利润。这种投资方式称为项目投资，属于直接投资。项目投资能够改善企业的生产条件并扩大企业生产力，使企业获得更多的经营利润。

企业可以通过投资，购买具有权益性的证券资产，并依据政府的相关政策通过资产直接控制被投资企业，影响其生产经营活动，获取更多的收益。这类投资又叫证券投资，即购买属于综合生产要素的权益性权利资产的企业投资。

证券是金融资产的一种具体表现形式，是根据经济合同契约的权益性资产，它的存在形式为凭证票据等书面文件。债券投资能够让投资企业根据契约规定收取以后的债券利息，投资企业有收回本金的权利。股票投资能够让投资企业成为发行股票企业的股东，享有其财务控制权、收益分配权、经营控制权及剩余财产追索权等股东权利。证券投资属于间接投资，其目的在于通过投资具有权益性的证券获得更多的收益，甚至干涉被投资企业的财务或经营政策，投资企业不用从事具体生产经营过程。

直接投资和间接投资、项目投资与证券投资，两种投资方式虽分类的角度不同，但其本质都是一致的。直接投资与间接投资强调的是投资的方式性，项目投资与证券投资强调的是投资的对象性。

3. 发展性投资与维持性投资

企业投资可以根据投资活动对企业未来生产经营前景的影响，分为发展性投资和维持性投资。

发展性投资是指对企业未来的生产经营发展全局有重大影响的企业投资。发展性投资项目对于企业的经营状态和发展方向都有影响，实施后能在很大程度上提高企业的生产力、扩大企业经营范围，甚至改变企业的经营领域和经营方向，使企业做出战略重组。企业开发新产品投资、大幅度扩大生产规模、转换新行业投资及企业间兼并、合并的投资等，都属于企业的发展性投资，也是企业的战略性投资。

维持性投资是为了维持企业现有的生产经营政策顺利进行，不会改变企业未来生产经营发展全局的企业投资。维持性投资也可以称为战术性投资，如更新替换旧设备的投资、配套流动资金投资、生产技术革新的投资等。维持性投资项目所需要的资金不多，对企业生产经营的前景影响不大，投资风险相对也较小。

4. 对内投资与对外投资

按投资方向，企业投资可分为对内投资和对外投资两种投资形式。企业将资金用于购买和配置运营所需的设备以及其他各种用于内部经营的资产，从而改善企业内部环境，这种投资方式叫对内投资。企业通过购买证券资产、换取股权、联合投资及合作经营等方式，以有形资产、无形资产及现金等资产形式对本企业范围以外的其他单位进行的投资活动叫对外投资。对外投资是指向本企业范围以外的其他单位的资金投放。对外投资多以现金、有形资产、无形资产等资产形式，通过投资方式，向企业外部其他单位投放资金。

对内投资都是直接投资，对外投资主要是间接投资，也可能是直接投资。

5. 独立投资与互斥投资

企业投资根据投资项目之间存在的相互关联关系，分为独立投资和互斥投资。独立投资具有相容性，各个投资项目在企业投资时互不影响、没有关联、能够同时进行。例如，企业同时建造一个食品厂和一个机械厂时，二者之间没有冲突，能够同时进行。独立投资项目只需要考虑其投资项目是否能够满足企业发展的需要，其他投资项目的采纳或是放弃对本项目无显著影响。例如，可以规定凡提交决策的投资方案，其预期投资报酬率都要求达到 20% 才能被采纳。这里，预期投资报酬率达到 20%，就是一种预期的决策标准。

互斥投资中的各个项目具有不相容性，是一种非相容性投资方式。企业在进行互斥投资时，各个项目不能同时并存，只能互相替代、相互关联。例如，企业在对现有设备进行更新时，购买的新的设备就会替换原有的旧设备，新旧设备具有互斥的关系。互斥投资项目考虑的重点在于精而不在于多，在面对多个可行的投资选项时，只可以采纳其中一项，任意投资选项都会影响本项目的最终决策，因而在选择时，往往需要综合对比分析，选择最优方案。

（四）企业投资的现状

1. 投资战略定位偏差

企业发展战略是企业对发展做出的宏远计划，是企业为更长远的发展做出的重要规划，包括主业发展方向、产业重点及发展各阶段战略目标。企业结合自身条件和发展目标，科学规划发展战略并有效执行，才能够使企业获得更快、更稳定、更长久、更健康的发展。企业的投资活动是企业重要的战略性决策，应与企业的发展战略有机地结合起来。每一阶段的投资活动，都应是企业战略的一部分，要紧密围绕企业发展战略，为企业发展战略而服务。因此，企业应当根据自己的发展战略制定科学合理的投资战略，并制定每一阶段的投资实施方案，才能保证企业战略目标的实现。目前，我国很多企业的投资管理不完善，制定的投资战略并不十分科学，这些企业为了眼前的利益，不计投资对企业自身的发展产生的影响，盲目投资，使投资战略与企业自身的发展规划偏离甚至脱节，进而阻碍了企业的长远发展，这种现象在中小型企业中尤为突出。

很多企业对投资战略的了解并不深入，企业的管理层也大多不重视财务的投资战略，甚至很多企业在开展投资活动时根本不会制定财务投资战略。企业财务投资战略的灵活性低已成为广大企业在制定财务投资方案时普遍存在的问题。相当一部分企业对财务投资战略缺乏重视是不争事实，由于财务投资战略制定无法获得应有关注，很多企业财务投资战略制定也无法获得有效支持。这一情况使得企业财务在开展相关工作时极易受到影响，甚至陷入停滞状态，即便通过对其他投资项目的参考，制定出了具体的财务投资战略方案，也无法为投资工作提供可靠的科学依据。财务投资战略本身作为企业投资活动的一种指导，其忽视投资活动的多变而进行机械式制定的做法并不可取。

2. 市场调研意识不强

市场调研是项目投资之前最重要的工作。在进行市场调研后，调研人员应科学地分析投资项目，并出具可行性研究报告，为投资决策提供科学的依据。在进行市场调研时，调研人员应系统地收集市场份额及产品占有率的有效信息，分析市场现有技术先进性，掌握市场竞争情况。此外，还应对行业进行调查研究，了解市场情况，了解竞争对手优缺点，对自身做好风险评估，了解自身投入产出的详细情况，对投资项目的发展前景做出专业预判，对所投资项目进行综合风险评估，最大限度把控投资风险。目前，企业在发展时只考虑政府的扶持政策，根据企业领导的意向决定投资项目，普遍不重视市场调研，无法根据市场的真实情况开展深入细致的可行性研究，对项目的分析不够全面，从而使企业投资失误，为企业带来较大的损失和风险。

随着网络科技信息技术的高速发展，人们迎来了大数据时代，大数据集结了海量的信息，可以让人们更精准、更高效地对所需要的信息进行筛选和处理。大数据是一种信息集合，也是一种高增长率和多样化的信息资产。传统的企业市场调研主要对产品市场的营销情况进行抽样调查，营销人员对相关数据进行分析和整理，根据分析结果研究当前及未来企业产品的营销策略、营销水平等，并对当前企业营销策略做出合理的调整。在当前大数据时代背景下，我国市场经济环境更加复杂，企业产品信息和市场营销信息存在较大的可变性，传统市场抽样调查方式已经远远不能适应当前的发展要求，其调查可靠性和信息的全面程度有很大的欠缺，不能对企业的产品定位和发展规划做出有效的预测。

3. 投资管理缺乏监督

投资监督管理是指相关职能部门和监督机关在相关法律法规的规定下，按规定监管政府的投资活动，监管政府管理投资的工作，政府及其工作人员在行使权力时进行合理约束，使政府在相关规定下执行投资行为和管理投资的工作。改革开放以后，国家原来的投资体制随社会发展突破了以往的传统，也进行了相应的改革，由传统环境下高度集中的计划经济体制发展出了当下社会投资方式多样化、投资主体多元化、资金来源多渠道以及项目建设市场化的新局面。但是，在新的投资体制中，政府的投资管理和投资决策不够规范，对投资的宏观调控力度不足，企业的投资决策权也还没有完全落实下来，只有尽快建立完善的投资制衡体系，健全监督机制，改进现有的投资管理制度，加大对投资管理的监督力度，才能解决以上问题。

实施投资项目时，具有相关资质的组织机构的监督和规范的制度约束，能够保证项目严格按照投资计划如期执行，取得预期投资结果。如今有很多企业并不重视投资项目的管理，对其实施过程的监督工作不到位，经常临时派遣相关部门人员对投资过程进行监管，也没有制定相关制度对投资工程进行约束，更没有委托相关组织机构代为监管，因而企业的投资项目在实施过程中往往无法得到规范的监督管理，使企业逐渐失去了对投资项目的控制，导致资金无法得到有效、合理的利用，给企业造成很大的经济损失。企业应明确出资人的职责定位并依法履行，当国资委按法律法规及政策规定履行其投资监管职责时，企业也应制定更加严格的监管方法，加大监管力度；对依法应由中央企业自主做出投资决策的事项，由企业按照企业发展战略和规划自主决策、自担责任，国资委加强监管。

（五）企业投资的管理对策

1.明确企业战略定位

企业应围绕主业发展，结合自身实际发展情况，科学制定企业战略，才能长远地做好企业投资战略规划；结合企业发展实际情况，以理论为基础，以政策为引导，以问题为导向，对自身的竞争力和优、劣势保持清醒的认知，分析行业的环境变化，以及从企业投资能够利用现有的资源，从现有产能扩张、新技术研发、新市场拓展、战略并购等方面，对企业未来发展方向和发展策略做出规划，为企业投资建设提供理论依据；为企业战略建立切实可行的制度体系，使企业稳步前行；充分利用企业现有资源，开拓更宽的企业投资渠道，发挥企业资源的最大效用，提高企业自身的经营能力，使企业获得更高的盈利。

只有提升财务投资战略在企业中的实际地位才能更好地制定财务投资战略，向财务投资战略投入更多的人力与物力，在企业确立投资意向和开展投资活动的前期至关重要；建议企业对财务投资战略有更为清晰而完整的认识，并通过确立相应的财务投资战略制定与实施制度，使得企业投资战略制定活动开展得到更多关注。在科学的财务投资战略制定制度影响下，企业财务投资战略制定活动开展能够得到更多指导与规范，制度的影响性不断显现，企业财务投资战略的制定和实施也能更为协调。企业财务投资战略更好地确立也要注重财务投资战略本身灵活性的增加，并在财务战略实施进程中不断对财务战略进行调整。

2.完善市场调研方式

在调研市场现状时，管理者不应只考虑企业层面，还应将国家与地方的发展现状归入调研范围。首先，调研方向包括国家与各地区对企业实施的扶持政策和限制手段，分析当下政策导向；也包括国家整体环境与各地区小环境的经济发展情况，如民生情况、工农商等各行业的发展情况。还包括科技发展状况，对新科学、新技术深入了解，尤其是行业内技术的发展水平和情况。此外，还可以对市场需求进行调研，市场需求量能够反映出市场的现有供求情况，可能表现出供求平衡、供大于求或供不应求三种现象；也可以对市场消费人群进行调查分析，如果消费人群是以年轻人为主，那么需求量就会比较大，因为年轻人消费观比较前卫，容易冲动消费，而中年人或老年人消费观较为成熟，考虑比较谨慎，属于稳健性消费。当然，最重要还是看企业生产的产品是针对哪些人群。

为保证企业项目投资的合理性，在企业投资之前，对项目市场现状、发展趋势、主要风险等进行全面、仔细的调研也十分重要，企业的投资管理人员应充分地以市场作为导向，以产品为重点，对其进行科学、合理、全面地分析，可以聘请专业的中介机构，通过座谈会研讨、行业竞争对手研究、行业资料收集等，掌握足够的信息，再通过对项目投资构成、商业模式、投资回报、经济效益和风险管控等方面的调查与了解，再结合企业实际的发展情况，充分考虑企业资金周转和投资来源方面的问题，制定出科学、严谨、有效、全面的前期投资市场调研报告，为保证后期投资项目有良好的发展前景提供投资依据。

3. 合理选择投资项目

投资对于国家来说也有非常重要的作用。投资水平的变化影响着国民经济的稳定运行。投资水平与国民收入的水平息息相关，投资能够影响社会财富的大小，通过投资可以提高工业化水平，强化工业发展，提升国民经济的竞争力，创造出更多的商品促进消费，形成国民经济的完整体系。对一个企业来说，每一项投资都至关重要，对企业的运行和发展有决策作用，每一项投资都影响着企业未来的收益，也对企业带来了相应的风险。随着市场经济的快速发展，决策工作对于企业来说越来越重要，投资决策的正确与否决定了企业投资活动的成败，也决定了企业未来是否依然能够持续稳定发展下去。企业在进行投资策略制定时，应该根据企业经营管理现状进行合理制定，确保投资收益稳定。当企业资金有限时，可以采取分散投资策略进行投资领域和投资时间划分。在加强企业投资项目管理控制方面，企业可以安排专门人员进行投资项目跟进。在投资策略制定方面，企业必须保留追加投资权利，并能够结合资金管理现状进行资金运转。在不同发展阶段，企业应根据前面部分投资状况进行后续投资策略制定。对于投资活动中存在的错误决策，企业必须承担相应的后果，并对投资规划与投资战略进行相应调整。企业应根据投资行业情况、国家经济发展及市场需求等进行投资战略制定，制定出符合企业规划发展的投资策略。这需要相关投资策略制定人员具备长远的眼光，并能够通过有限的资金进行经营项目推进，以保障企业健康发展。

（六）网络对企业投资环境的影响

网络技术的产生和快速发展不仅影响了企业的内、外部环境，还对企业的投资活动造成了影响。企业如果能够充分利用这种环境进行投资活动，将会取得更好的投资效果。

1.网络技术的产生和发展对社会文化差异产生的影响

网络将"你""我"彼此联系在了一起，使得边界概念日趋模糊。在网络技术越来越发达的环境下，人们能够轻松获得来自全球各地的信息，投资者也能够在全球范围内寻找投资项目，进行投资活动。不同国家的风俗、文化、价值观念、行为准则以及思维方式等方面都有很大差距，跨国企业所受影响巨大，甚至在一些跨国企业中，根据不同国籍的员工，制定了不同的管理办法。美国以个人主义为核心，鼓励员工积极参与；而日本则注重团结共进、共同合作等。因此，在母国文化中行之有效的管理原则与方法，在异国文化中却不一定能达到预期的效果。但是，网络技术的产生，在促使全球一体化进程的同时，也增加了各国各民族之间的相互联系与相互了解，加强了不同文化的交融和相互认同。人们通过网络可以方便、快速地了解不同民族和国家的文化与风俗，了解他们的思维方式和价值观，这就为企业进行跨国投资活动提供了方便。因此，企业在进行跨国投资活动时，首要条件是对不同国家、不同地区的文化差异进行一个全面的了解和掌握，同时要"入乡随俗"，这也是企业进行跨国投资活动能否成功的一个关键因素。

2.网络技术的产生和发展对管理差异产生的影响

网络技术的产生和发展促使跨国投资迅猛发展，与此同时带来了一系列跨国投资活动中的投资管理差异问题。例如，中国素来以人为本，重人情，讲关系，而在西方国家，管理追求秩序，制度追求效力，"法"才是大多数人的行为准则。因此，当中西方国家进行文化进行交流时，冲突在所难免。企业在进行跨国投资活动时，必须要根据所跨国家的思维方式和行为习惯对管理方式进行一些调整。在具体管理细节上，将网络技术运用于企业管理中使远程实时监控成为可能，这也解决了跨地区、跨国投资导致的监控难的问题。同时，还应针对不同国家、不同地区采取不同的管理方式，只有这样才能保证企业的跨地区、跨国项目的投资管理质量，减少为管理投资项目而付出的管理成本。

3.网络技术的产生和发展对企业选择投资机会产生的影响

企业在进行投资活动时，首先要选择投资机会。投资企业对自身发展情况的了解、对外部环境的认知、对于商业机会的把握都影响着企业对投资机会的选择。市场环境的变化中蕴藏着各种商业机会，而商业机会又对市场有潜在的影响。网络技术的出现使企业能够在市场变化中寻找到更多的关于商业投资的信息，并通过这些信息挖掘更多的商业机会，从而获取更多的效益。

（七）网络对企业投资决策的影响

投资决策是企业所有决策中最为关键、最为重要的决策，因而人们常说投资决策失误是企业最大的失误。一个重要的投资决策失误往往会使一个企业陷入困境，甚至破产。因此，财务管理的一项极为重要的职能就是为企业当好参谋，做好投资决策。

1.网络技术的产生和发展对投资决策方法的影响

企业有很多种可以采纳的投资决策方法，这些方法可以分为定性决策方法和定量决策方法两类。定性决策方法主要是指依靠企业管理人员的主观判断和历史经验进行的投资决策；定量决策方法是指应用数学工具，如数学模型和公式等，建立反映各种因素及其关系的数学模型，并通过对这种数学模型的计算和求解选出最佳的决策方案。

定量决策方法与定性决策方法相比，能对决策问题进行定量分析，优势更加明显，在如今越来越复杂的市场环境中有迅速增长的趋势。而在如今的市场环境下，定性决策方法所起到的作用越来越小，越来越无法满足企业的发展。定量决策方法能够对企业的决策问题进行科学的分析，制定更为精准的决策方案，提高企业决策的时效性。定量决策能够将企业投资活动中所涉及的各种因素的变化和其他需要考虑的变量计算在内，帮助企业制定出最佳的投资决策。

在网络环境下，随着影响企业投资决策因素的增加，且各种因素之间相互影响、相互作用，定性决策方法在企业投资决策方面的适用范围越来越小。而定量决策方法既能够客观、准确地为企业投资做出正确指向，又不受人为因素干涉，能够满足企业发展需求。网络技术的产生为定量决策方法提高决策的准确性提供了更多的技术支持，使定量决策方法在如今复杂的网络环境中更能满足企业的发展要求，因而定量决策方法在网络环境下将有更为广阔的运用空间。

2.网络技术的产生和发展对相关投资决策信息的影响

企业要先做好投资决策相关信息的收集工作，才能做出科学合理的投资决策。在以往的传统条件下，企业在收集投资决策的信息时要付出很大的代价，获取到的信息有限，搜集过程困难。而如今随着科技的进步，网络技术发展迅速，企业能够通过网络及时、便捷地了解和收集各种决策相关的信息，使得企业能够以较低的成本，方便、快捷地获得为决策提供依据的相关信息。因此，网络技术的产生和发展将促进企业投资决策的科学化，为企业投资决策质量的提高提供信息保障。

3.网络技术的产生和发展对相关投资决策者的影响

网络经济环境下的投资活动往往不会仅仅局限于某个单一领域，而是会涉及多个不同的领域。企业通常对相关参与投资活动的决策人员有较高的要求标准，要求相关决策人员掌握丰富的相关知识，具备较高的文化素质，能够在众多商业机会中找出最适合企业发展的项目，把握企业所进行的投资活动的本质，做出最正确的投资决策。当相关决策人员的知识水平达不到投资决策要求的标准时，将会由组织决策团队取代其进行投资决策。因此，在当下网络条件及市场经济环境下，相关投资人员不仅要熟悉网络经济模式，还要具备多学科知识，更要具有团队精神，与团队共同为企业创造更好的发展条件，这就是网络经济对相关投资决策者的能力提出的要求。

（八）网络对企业投资方式的影响

根据投资方式不同，企业的投资活动一般可分为对内投资和对外投资两种方式。对内投资主要包括企业对内部的工作、生产经营环境和经营状态进行固定资产投资和流动资产投资等；对外投资则主要包括股权投资、金融资产投资等。企业所能选择的投资方式一般要受多种因素的影响，而网络技术的出现是影响企业投资方式的一个重要因素。

1. 以组建虚拟企业形式进行产权投资

在传统的经济环境下，纵向一体化的经济合作模式能够一直保证企业、供应商、分销商三方共同合作稳定发展。这种纵向一体化指的是企业一般采取投资控股或兼并等方式，控制分销商及其他提供原材料、半成品或者零部件的企业，从而在市场环境中抓住发展机会，使企业与供应商和分销商之间共同受益，并以产权为纽带建立并保持非常稳固的关系。进入网络经济时代之后，企业的经营环境发生了显著的变化，其中表现最为突出的就是买方市场的迅速变化，这种变化使企业对市场的把控越来越难，对未来发展的预测更难把控，因而企业只有具备了对市场中出现的各种机会做出快速反应的能力，才能更好地把控市场变化，在日趋激烈的市场竞争中保持主动，而传统的纵向一体化模式显然难以实现这一要求。因此，在新的市场环境下，为了抓住更多的市场机遇取得更好的发展，企业将更多地选择以组建虚拟企业的形式进行产权投资，通过与供应商及分销商之间建立伙伴关系而结成利益共同体，形成一个策略联盟。当相应的市场机会消失时，这种伙伴关系的解除不管是从时间上还是从成本上都比纵向一体化的影响要小得多。同时，网络技术的快速发展又为企业在寻找合作伙伴上提供了更加广阔的空间。

2. 无形资产投资比重加大

无形资产包括人力资本、产品创新、商标使用权和以知识为基础的专利权等。随着网络经济的发展，无形资产的投资比重越来越大，在企业的资产结构中的地位越来越高，推动企业快速发展，已成为企业生产过程中的重要因素。因此，网络技术的产生和发展促使企业不断完善资本结构，充分利用知识资本为企业创造价值，挖掘知识资本潜在的收益能力。

3.金融投资中的证券投资比重提高

在当今的网络环境下，证券市场交易愈加便捷，资产证券化趋势更为凸显，因而企业在考虑投资方式时更加关注金融资产。在企业的全部投资中，股票、债券等在其中逐渐占据更大的比例，这种现象的形成主要有以下几点原因。

（1）网络技术具有成本优势

在传统证券业务模式下，在作为交易中介的证券商经营证券业务的过程中必然会产生许多交易费用，这些交易费用在网上证券业务模式下都将大大下降。

（2）网络技术的便利性和快捷性

网络的运行具有全时段、全球化的特质，企业在通过网络进行证券投资时，不用再受时间和距离的限制，能够非常快捷地获得相关信息，高效地完成证券交易。这也是网上证券业务迅猛发展的重要原因之一。

（3）网络技术能使企业快速获得证券投资的相关资讯

企业需要掌握充足的投资决策的相关信息，才能继续开展后续证券投资的相关工作。网上证券业务的开展为广大企业带来了很大便利，随着网上证券业务的开展，证券经营商能够及时地发布和更新相关信息，企业也能够在第一时间了解和获取这些证券投资信息，并对其深入分析和研究，制定最佳的投资决策。

三、互联网背景下财务风险管理

（一）财务风险管理的概念

财务风险管理是指经营主体对其理财过程中存在的各种风险进行识别、测定和分析评价，并适时采取及时有效的方法进行防范和控制，以经济、合理、可行的方法进行处理，以保障理财活动安全正常地开展，保证其经济利益免受损失的管理过程。从其定义中可以归纳出以下几点：

（1）财务风险管理的对象包含各种资金运动风险。

（2）财务风险管理的目标是多重的。

（3）财务风险管理由风险的识别、估计、评价、控制、效果评价及反馈效果评价等环节组成。

（4）财务风险管理是一个动态的过程。

（二）财务风险的目标

企业财务风险管理的总目标是为提升企业价值服务，以最低的成本获得企业理财活动的最大安全保障。

损失发生前的风险管理目标和损失发生后的风险管理目标共同构成了财务风险管理的基本目标。损失发生前的风险管理目标是通过节约经营成本、减少忧患情绪等方式，避免或减少风险事故的形成；而后者的目标是保持企业收入稳定、保持产业或产量持续增长、维持企业经营状态、维持企业的生存和发展、保障企业的社会责任等，努力将损失的标的恢复到损失前的状态。二者有效结合，构成了完整而系统的风险管理目标。

（三）财务风险的分类

企业根据自身财务风险的特点及风险管控的实际需要进行风险分类，具体有以下类别。

1. 筹资风险

筹资风险是企业集团成员企业因筹集资金给其自身或其他成员企业或企业集团而带来的财务风险。企业集团的筹资由外部筹资和内部筹资两部分组成。同单体企业一样，企业集团的外部筹资方式主要有两种，即债务筹资和股权筹资。债务筹资受到固定利息负担、债务期限结构和债务契约等因素的影响，若企业经营管理不善或投资决策失误，则可能产生举债筹资风险。在股权筹资过程中，当企业投资报酬率下降不能满足投资者的收益目标时，投资者对企业就会丧失投资信心，进而抛售公司股票，从而造成企业股价下跌，同时也会使企业再融资难度加大，融资成本上升。企业集团的内部筹资是指企业集团内部资本市场的借贷和调拨，如集团内企业之间互相借贷、内部资产置换等。企业集团内部筹资风险是指集团内企业之间在进行内部资金筹集时，由于企业内部管理、成员企业之间的差异等因素的缘故，使企业集团的资金配置发生变化，从而给集团内企业和整个集团的收益带来的不确定性。

2. 投资风险

投资风险是企业集团成员企业因投资给其自身或其他成员企业或企业集团而带来的财务风险。根据企业集团的投资内容来分，投资风险包括企业集团对外投资风险、集团内部企业项目投资风险、集团内部成员企业之间相互投资风险，具体投资形式包括项目投资和证券投资等。企业集团对外投资风险是指企业集团内部成员企业对外投资活动的收益与预期目标出现差异的可能性。该风险包括集团内部成员企业将资金直接投资于被投资企业生产经营性资产（现金、实物资产、无形资产等）、债券和股票上而产生的风险。企业集团内部项目投资风险是指企业集团内部成员企业将资金投放于内部项目上，各种不确定性使投资收益发生变动的可能性。企业集团内部成员企业相互投资风险主要是指内部成员企业之间进行投资时，企业集团内部管理不当、投资关系不协调等因素使相互投资难以体现集团的战略意图，从而造成投资收益与预期收益发生偏差的可能性。

3. 现金风险

现金是企业运营的根源，是各项生产经营活动稳定向前发展的必备条件。现金是企业最敏感、最容易出现问题的资产。现金风险是指由于现金预算不准确或现金管理不到位造成现金流断流，导致企业生产经营循环无法继续，或者无法及时偿还到期债务，使其他成员企业乃至整个集团存在无法实现预期目标的可能性。

4. 应收账款

风险在市场经济下，许多企业在激烈的竞争过程中，为了促销，往往采用赊销的方式。但在市场疲软 . 紧缩银根、三角债规模巨大的形势下，应收账款往往不能收回，由此产生了应收账款风险。应收账款风险是指由于应收账款管理不力，引起坏账增加，无法将销售收入转化为货币资金，造成成员企业乃至整个集团存在无法实现预期目标的可能性。

5. 存货风险

为了避免或减少出现停工待料、停业待货或者产品脱销等问题，企业就需要储备一定量的存货。存货风险是指由于存货管理不善造成产品积压占用资金，原材料采购缺乏合理安排引起停工待料损失、原材料库存毁损，原材料因质量问题影响生产等，使企业集团成员企业乃至整个集团存在无法实现预期目标的可能性。

6. 成本费用风险

成本费用是除收入之外决定企业利润的关键因素。成本费用风险是指由于成本费用管控、核算等原因，使企业集团成员企业乃至整个集团存在无法实现预期目标的可能。一般来说，企业成本费用风险主要包括两个方面：一是成本信息扭曲的风险。企业产品成本核算不正确会扭曲成本信息，影响甚至误导企业的相关管理决策（如定价决策、产品组合决策等）。二是成本上升的风险。企业若不能有效识别成本形成过程中的各种风险，特别是价值链成本的风险，就不能在日益激烈的市场竞争中取得成功。

7. 关联交易风险

企业集团与单体企业的一个主要区别就在于关联交易。关联交易是指企业与在本企业直接或间接占有权益、存在利害关系的关联方之间所进行的交易。关联交易对关联方的影响很大，尤其是当关联交易的定价机制不完善时，就为关联交易埋下了财务风险的种子。关联交易风险是指企业集团内成员企业之间相互进行关联交易，使企业集团成员企业乃至整个集团存在无法实现预期目标的可能性。

8. 担保风险

企业在经营活动中，时常会为关联方或合作方提供担保。若被担保方到期无力承担债务，则担保企业就负有连带责任，以致造成损失，引起财务风险。担保风险是指由于企业集团成员企业为集团内外其他企业担保，使企业集团成员企业乃至整个集团存在无法实现预期目标的可能性。

9. 资本运作风险

企业集团资本运作是指对集团所拥有的一切有形与无形的存量资产，通过流动、裂变、组合、优化配置等各种方式进行有效运营，以最大限度地实现增值。资本运作能使企业集团在最短的时间内以最快的速度实现战略性飞跃，并购与重组是企业集团战略性资本运作的两种主要手段。资本运作风险是指企业集团在进行资本运作过程中，由于资本运作准备不充分、决策不科学、资金安排不到位等原因，造成企业集团成员企业乃至整个集团存在无法实现预期目标的可能性。

10. 税务管理风险

税务管理风险是指企业集团成员企业由于税务管理问题，使本企业乃至整个集团无法存在实现预期目标的可能性。税务管理风险主要包括两个方面：一方面是企业纳税行为不符合税收法律法规规定，应纳税而未纳税、少纳税，从而面临补税、罚款、加收滞纳金、刑罚处罚及声誉损害等风险；另一方面是企业经营行为适用税法不准确，没有用足有关优惠政策，多缴纳了税款，承担了不必要的税收负担。

（四）财务风险的成因

我国企业产生财务风险的原因很多，既有企业外部的原因，也有企业自身的原因，而且不同的财务风险形成的具体原因也不尽相同，总体来看，主要有以下几个方面的原因。

1. 企业财务管理系统不能适应复杂多变的宏观环境

企业产生财务风险的外部原因是企业财务管理的宏观环境复杂多变。资源环境、市场环境、经济环境、社会文化环境及法律环境都是构成财务管理的宏观环境的因素。这些因素存在于企业之外，时刻影响着企业的财务管理。企业难以推测宏观环境的变化趋势，更无法使用任何手段改变宏观环境。财务管理的宏观环境复杂多变，其变化可能会使企业得到某种发展机遇，也可能为企业带来一定的损失。企业的财务管理系统如果无法应对外部环境的复杂多变，必然会给企业理财带来困难，给企业带来财务风险。例如，世界原油价格上涨后，成品油价格随之上涨，以运输业为主业的企业运营成本增加，利润随之减少，导致企业无法获取预期的财务收益。目前，由于机构设置不尽合理、管理人员素质不高、财务管理规章制度不够健全、管理基础工作不够完善等原因，我国许多企业建立的财务管理系统缺乏对外部环境变化的适应能力和应变能力，具体表现在对外部环境的不利变化不能进行科学的预见，反应滞后，措施不力，由此产生财务风险。

2. 企业财务管理人员对财务风险的客观性认识不足

财务风险一直客观存在于财务活动之中。目前，我国有许多的企业在财务管理上风险意识淡薄，相关职位从事人员缺乏财务管理的风险意识，他们通常认为在管理好资金的情况下，企业不会存在财务风险，这一认知是错误的。风险意识淡薄是财务风险产生的重要原因之一。

3. 财务决策缺乏科学性导致决策失误

财务决策失误往往导致企业资金流动受阻，使企业发生财务风险。而造成财务决策失误的原因主要是企业常常凭借经验和主观意识进行财务决策，缺少对宏观经济环境的客观分析，从而导致企业产生财务风险。科学地进行财务决策能够有效避免财务决策失误，降低企业财务风险。

4. 企业内部财务关系混乱

我国企业与内部各部门之间及企业与上级企业之间，在资金管理及使用、利益分配等方面存在权责不明、管理混乱的现象，造成资金使用效率低下，资金流失严重，资金的安全性、完整性无法得到保证。

5. 资本结构不合理

根据资产负债表，财务状况可以分为三种类型：第一类是流动资产的购置大部分由流动负债筹集资金，小部分由长期负债筹集；固定资产由长期自有资金和大部分长期负债筹集。也就是说，流动负债全部用来筹集流动资产，自有资本全部用来筹措固定资产。这是正常的资本结构类型。第二类是资产负债表中累计结余是红字，表明一部分自有资本被亏损吃掉，从而总资本中自有资本比重下降，说明出现财务危机。第三类是亏损侵蚀了全部自有资本，而且也吃掉了负债的一部分，这种情况属于资不抵债，必须采取有效措施以防范这种情况出现。

（五）财务风险管理原则

1. 不相容职务分离原则

引发财务风险的因素除了来自外部市场，还源自企业内部。加强企业内部控制，特别是强调不相容职务相分离，能够在制度设计上有效避免决策和执行"一言堂""一支笔"等现象及其引发的财务风险。

2. 风险与收益均衡原则

市场经济存在高风险带来高收益的基本规则，所以当企业想要追求较高收益时，就不得不为之承担较大的风险。而企业在选择相对较小的风险时，所获得的收益同样不会很高。在市场机会既定的情况下，对一个企业而言，风险与收益均衡意味着：一是收益相同或接近的项目应选择风险最低的，风险相同或接近的项目应选择收益最高的；二是收益和风险不同的若干项目，收益最高的项目不一定最好，因为其风险往往也最高，应当以企业能承受相应风险为前提，再按前两点要求选择项目。

（六）财务风险管理策略

1. 预防风险

在财务风险客观存在且无法规避的情况下，企业可以事先从制度、决策、组织和控制等方面提高自身抵御风险的能力。例如，企业销售产品形成的应收账款占流动资产比重较高的，应对客户信用进行评级，确定其信用期限和信用额度，从而降低坏账发生率。风险一旦爆发，企业将蒙受较大损失的，应进行预测分析，预先制订一套自保风险计划，平时分期提取专项的风险补偿金，如风险基金和坏账准备金，以补偿将来可能出现的损失。

2. 规避风险

首先，企业在决策时要事先预测风险发生的可能性及其影响程度，尽可能选择风险较小或无风险的备选方案，对超过企业风险承受能力、难以掌控的财务活动予以回避。其次，实施方案过程中，当发现不利的情况时，要及时中止或调整方案。例如，如果企业投资另一家企业只是为了获得一定收益，并不是为了达到控制被投资企业的目的，而债权投资就能实现预期的投资收益，那么即使股权投资将带来更多的投资收益，企业也应当采用债权投资，因为其投资风险大大低于股权投资的风险。

3. 分散风险

企业分散风险的方式有很多种，如资源方面的措施有多方筹资、多方投资、外汇资产多元化等；运营方面的手段有多元化经营、争取多方客户、吸引多方供应商等。企业可以根据自身发展需要采取相应的措施分散相应风险。企业通常以多元化经营的方式分散运营风险。企业通常对多个互相之间没有关联的产业进行投资，这些产业获得投资后得以扩张市场规模或提升销量，进而产生更大的经济效益，企业也因此可以根据投资约定分取一定比例的利润。企业所投资的多个产业互不相连，当市场环境发生变化时，这些产业所受到的影响程度不同，所受风险可因品类、市场、利润等因素的影响相互补充抵消，共同为企业分担了一部分风险，使企业面对的风险降低。因此，企业在突出主业的前提下，可以结合自身的人力、财力与技术研制和开发能力，适度涉足多元化经营，分散财务风险。

4. 转移风险

企业可以使用一些手段将自身的财务风险转移到其他单位上，如签订合同、购买保险、开展期货交易、转包等方法。企业可以使用这些方法将风险较大的业务交给其他的单位或个人租赁经营或承包经营，定期向承包或租赁的单位或个人收取承包费用或租金等，以此转移部分甚至全部财务风险。企业在转移风险时，通常要支付一定的代价，如保险费、履约保证金、手续费、收益分成等。

企业应建立完善的财务风险管理体系，及时识别财务活动中潜藏的财务风险，并对各种类型的财务风险进行评估，根据评估结果做出相应的风险管理决策，对没发生的财务风险进行科学有效的防范，对已经出现的财务风险进行管控，使所受风险与企业收益相对均衡，这样才能确保企业在复杂的经济环境中稳健发展。

（七）网络对财务风险管理的影响

随着网络技术的迅速发展和广泛应用，信息技术革命和经济全球化趋势使经济环境发生了显著变化，企业面临着更加多样化和复杂化的财务风险。网络对财务风险管理的影响日趋明显，因而在网络经济环境下，财务风险管理在企业经营管理中的地位就显得更加重要了。

1. 网络对筹资风险管理的影响

筹资活动是一个企业生产经营活动的起点，其目的是扩大生产经营规模，提高经济效益。随着市场环境瞬息万变，企业之间的竞争日趋激烈，企业在做任何决策和管理手段时都需要十分慎重，任何一个小小的失误都有可能对所筹集资金产生的效益产生极大的波动，从而影响投资活动，导致企业无法维持正常的生产经营秩序，造成巨大损失。

按照资金的来源渠道不同，企业筹资可分为负债性筹资和权益性筹资。

（1）负债性筹资

负债性筹资存在导致企业经营收益下跌的风险，还可能导致企业陷入财务困境，致使企业破产。由于负债性筹资定期支付利息、到期还本的限制，使得网络条件下的负债性筹资风险比传统经济条件下的负债性筹资风险更加复杂。

首先，随着网络科技的普及以及广泛应用，全球经济一体化形式方兴未艾，汇率变动日趋频繁，企业逐渐将竞争的战场从区域拉向全球，国际资本流动更为频繁。在这样的经济条件下，企业筹资方面也受到了影响，筹资方式及筹资的范围都有所变化，企业可以充分利用网络技术方便、快捷地向外资银行贷款、发行债券，以此来吸引国际资本，从而有效解决企业资金不足的问题。但是，网络技术在给企业筹集国际资本提供方便的同时，也使得国际资本市场上汇率变动的因素错综复杂，汇率波动频繁。汇率的频繁波动将对企业产销数量、价格、成本等指标产生影响，使企业在短期内的利润增加或减少，从而使企业更容易发生财务风险。因此，在网络经济环境下，企业要经常分析货币政策的变化情况，及时了解国内外利率、汇率等金融市场信息，以便做出正确的决策。

其次，在网络技术和电子商务迅速发展的影响下，企业的借入资金利率不再稳定，投资回报率波动变大。面临这样不稳定的经济环境，企业需要不断地对自身的经营方式和经营策略做出调整，使企业的生产经营活动有着更大的不确定性，从而难以对投资回报率做出把控。当企业投资回报率高于借入资金利率时，企业使用借入资金将因财务杠杆的作用提高自有资金利润率；反之，当企业投资回报率低于借入资金利率时，企业使用借入资金将使自有资金利润率降低，甚至发生亏损。因此，在网络化条件下，企业负债性筹资风险更具不确定性，企业必须充分考虑投资回报率与借入资金利率高低的情况，然后再确定是否借入资金。

（2）权益性筹资

权益性筹资可以分为留存收益筹资和股票筹资两种方式。留存收益筹集资金的财务风险较小，是企业的自有资金。股票筹资是企业的永久性资金，具有现金流出压力小、不用还本付息、灵活性强的优点，企业可根据生产经营的实际情况决定是否分红及分红数量的多少。随着国际股票融资方式的盛行，越来越多实力雄厚的企业将通过在国外发行股票的方式进行筹资。全球化竞争的开展必将促使企业进一步融入全球经济一体化之中，但全球经济的复杂性会使企业海外融资面临的不确定性因素增多，从而会加大财务风险。

2. 网络对投资风险管理的影响

企业进行投资的目的是获得收益，但在投资过程中或投资完成后，投资者可能会因为发生经济损失、不能收回投资而无法实现预期收益，从而增加企业的投资风险。企业的不同投资方式有不同的特点，故相应的风险因素也存在差异。

（1）实物投资

宏观经济环境的变化是实物投资面临的主要风险。在网络经济环境下，随着全球经济的一体化发展，企业不仅受到国内宏观经济环境的影响，还受到全球经济环境的影响，并且这种影响将日益明显。例如，随着我国市场的逐步开放，世界各国产品大量涌入，加上技术变革进程的加快，使得国内某些产品市场趋于饱和甚至出现过剩局面，投资回报率下降趋势不可逆转，投入资金的回收周期延长，实物投资风险加大。

（2）资本投资

网络技术的高速发展促进了国际贸易的发展，促使企业生产经营面向世界各地，资本性项目进一步放开，逐渐与国际金融市场接轨，企业的行为与国际市场的联系更为紧密。而国际市场上的不确定性因素远多于国内市场，如汇率变动、通货膨胀、贸易条件的变化及金融风暴等，这些将使资本投资这种间接投资方式的收益不确定性因素明显增多，加大企业的投资风险。

3. 网络对经营风险管理的影响

科技的发展日新月异，网络技术提供了国际交流的平台，发展出新的经营模式。新的经营模式大幅降低了企业的生产运营成本，提高了工作效率，更能满足客户的个性化需求。企业在享受这种经营方式带来的便利的同时，也要面对其带来的更多风险。

网络技术广泛应用促使企业在经营方式上做出了转变，同时也使企业面对更大的经营风险。当前网络经济环境要求企业将客户的需求作为出发点进行生产经营活动，这一要求改变了企业传统的产品销售方式，使得企业对营运资金的管理难度加大。企业为适应一系列变化必须加强生产经营管理，认真分析客户需求，以市场需求为导向，采取有针对性的营销策略来提高产品的销量，以达到降低经营风险的目的。

网络技术的产生和发展使得商品采购更趋复杂化。客户的需求是千差万别的，所以企业无法完全满足客户的所有需求。企业为了满足更多的客户，只好根据客户的需求将产品细化。这使商品采购更难度更大，造成企业不能享受大批量进货所带来的商业折扣收益，提高了采购成本并增加了经营风险。

网络技术的产生和发展加大了企业的信息化改造成本。网络技术带来的影响是世界性的，人们不再只通过柜台购买企业的产品，而是通过网络在全球范围内选购商品，进行网络消费。企业可以通过网络在全球范围内宣传销售其产品，打破了传统的空间概念。这种形式迫使企业加大信息化改造的力度，加快信息化进程，采用先进的管理思想来优化企业的业务流程，为企业创造更多的财富。但是，信息化的改造为企业创造更多财富的同时也增加了企业的成本，导致企业资金短缺，从而加大了企业的经营风险。

网络技术的迅速发展使得企业产品的销路被拓宽，但同时企业的生产经营难度也随之增大。在日趋复杂的网络经济环境下，企业应认真分析自身条件，将目标放置在国际市场上，在全球一体化的形势下快速发展，将生产经营范围扩至全球。企业在开拓国际市场时，应重视不同的国家在信仰、生活习惯及文化等方面存在的巨大差异，针对不同的市场制定不同的营销策略，因地制宜地生产产品，以满足其不同的产品需求。这将会使企业的产品销量成倍增加，但同时企业也要面对更大的经营风险。

网络技术的产生和发展使得企业的网络系统面临安全风险。网络财务系统的开放性与企业财务运作所要求的某些信息的保密性形成了冲突。在网络化条件下，电子单据、电子报表、电子合同等无纸介质，无法使用传统的签字方式，使网络财务在辨别真伪上存在风险，并且由于计算机系统本身是脆弱的，黑客的恶意攻击、病毒的感染等都可能对企业的财务系统造成破坏，因而使得企业网络维护成本增加，相应的财务风险也就加大了。

四、互联网背景下财务运营资金管理

（一）运营资金的概念

运营资金是指在企业生产经营活动中占用在流动资产上的资金。运营资金有广义和狭义之分，广义的运营资金又称毛运营资金，是指一个企业流动资产的总额；狭义的运营资金又称净运营资金，是指流动资产减流动负债后的余额。

1. 流动资产

流动资产是指可以在一年以内或超过一年的一个营业周期内变现或运用的资产。流动资产具有占用时间短、周转快、易变现等特点，企业拥有较多的流动资产，可在一定程度上降低财务风险。流动资产按不同的标准可进行不同分类，其中最主要的分类方式有：①按实物形态，流动资产可分为现金、短期投资、应收及预付款项和存货；②按在生产经营过程中的作用，流动资产可分为生产领域中的流动资产和流通领域中的流动资产。

2. 流动负债

流动负债是指需要在一年或者超过一年的一个营业周期内偿还的债务。流动负债又称短期融资，具有成本低、偿还期短的特点，必须认真进行管理。流动负债按不同标准可作不同分类。

（1）流动负债根据应付金额是否确定，可以分为应付金额确定的流动负债和应付金额不确定的流动负债。应付金额确定的流动负债就是有确定金额的流动负债，依照法律或合同规定，这种类型的负债到期必须偿还付清。对于应付金额不确定的流动负债来说，其应付金额需要根据企业的生产经营状况进行估计，到一定时期才能确定。

（2）流动负债有两种不同的形成情况，分别是自然性流动负债和人为性流动负债。自然性流动负债是指不需要正式安排，由于结算程序的原因自然形成的那部分流动负债。人为性流动负债是指由财务人员通过合理的人为安排，满足企业对短期资金的需求所形成的流动负债。

运营资金的管理既包括流动资产的管理，也包括流动负债的管理。

（二）运营资金的特点

1. 运营资金的来源具有多样性

与筹集长期资金的方式相比，企业筹集运营资金的方式较为灵活多样，包括预收货款、商业信用、应交税费、应付费用、应交利润、应付工资、票据贴现、银行短期借款、短期融资券等多种内外部融资方式。

2. 运营资金的数量具有波动性

流动资产的数量会随企业内外条件的变化而变化，时高时低，波动很大。季节性企业如此，非季节性企业也如此。随着流动资产数量的变动，流动负债的数量也会相应发生变动。

3. 运营资金的周转具有短期性

企业占用在流动资产上的资金，通常会在一年或一个营业周期内收回。根据这一特点，运营资金可以用商业信用、银行短期借款等短期筹资方式来加以解决。

4.运营资金的实物形态具有变动性和易变现性

企业运营资金的实物形态是经常变化的，一般按照现金、材料、在产品、产成品、应收账款、现金的顺序转化。为此，在进行流动资产管理时，必须保证各项流动资产的资金数额配置合理，资产结构配置合理才能使资金顺利周转。另外，短期投资、存货及应收账款等流动资产的变现能力较强，当企业经营发生意外状况导致资金无法顺利周转或缺少现金时，就可以迅速将这些流动性资产变卖出去获得资金，以维持企业经营。这对财务上应付临时性资金需求具有重要意义。

（三）运营资金的管理原则

基于企业运营资金周转快、易变现及波动大等特点，财务经理工作的大量时间都用在运营资金的管理上。在财务上既要保证有足够的资金以满足日常生产经营需要，又要确保有充足的运营资金以应对按时按量地到期债务偿付。因此，企业的运营资金管理必须遵循以下几点原则。

1.认真分析生产经营实况，确定合理的运营资金需求数量

运营资金的需求量与企业生产经营规模和资金周转速度有着直接的关系，更易受到企业的供、产、销市场活动的影响。当产、销两旺时，企业的流动资产急速扩张，流动负债也会相伴而增；但当企业产、销凋零时，流动资产和流动负债皆会相应减少。因此，财务人员应及时掌握生产经营状况，综合分析相关变动因素，有效预测合理的运营资金需求数量。

2.在保证生产经营需要的前提下，节约使用资金

流动性越强的资产，其收益性必然越差。如果企业将全部现金闲置以备随时支付所需，由此也失去了存入银行或购入交易性金融资产获取的利息等投资收益。由此，针对营运资金流动性强的特点，企业管理者必须在管理中协调好生产经营所需与节约使用之间的矛盾关系，既要保证生产经营的需要，又要严禁过度安排，做到精打细算，合理控制流动资金的占用。

3.加速资金周转，提高运营资金的利用效率

运营资金的周转是指从现金投入生产经营开始，经供、产、销的循环流程，最终再转化为现金的过程。当企业运营规模及其他因素相对稳定时，运营资金的周转速度与需求数量呈反向变化，即运营资金运转越快，资金需求数量越少。因此，企业应设法加快存货周转，缩短收款期，延长付款期，以便提高资金使用效率，获取最优经济效益。

4.合理调节流动资产与流动负债的比例关系，确保企业短期偿债能力

企业的短期偿债能力取决于短期资产质量以及流动资产与流动负债的比例关系。流动负债是短期内必须偿还的债务，主要是靠短期内变现的流动资产来偿付。若企业的流动资产较多，流动负债较少，则企业的短期偿债能力较强；

反之，若企业流动资产较流动负债少，则短期偿债能力较弱。短期偿债能力弱，容易出现到期债务无法偿还。但是，如果流动资产过多，流动负债过少，则意味着流动资产闲置或流动负债利用不足。因此，必须合理安排好二者的比例关系，以便既节约资金又保证足够的偿债能力。

（四）运营资金与现金周转

运营指一个营业周期的运作，运营资金即指企业日常营业所需要的周转资金。企业运营资金的周转是指生产经营中从现金投入开始，在供应、生产及销售全过程中，通过现金、应收应付账款和存货的不断变现与再投入，实现各组成项目的循环衍化，最终又回到现金为止的全过程。

毫无疑问，运营资金周转以现金为起始点，现金的收付与运营资金的周转循环相辅相成、浑然一体。非现金性短期资产一旦转化为现金，企业便有现金流入；而当企业偿付短期债务时，则发生现金流出。持续的现金流动即为现金周转。现金周转过程主要包含存货、应收账款和应付账款三项周转的交叉循环。①存货周转期是指从收到货物到将原材料转化为产成品出售所需要的周期；②应收账款周转期是指从销售货物到应收账款、货款回笼所需要的周期；③应付账款周转期是指从采购原料、赊购材料入库到支付材料费用的周期。

根据现金的周转速度可以确定现金的最佳持有量。

（1）现金周期＝存货周转期＋应收账款转换期－应付账款递延期。

（2）现金周转率即一定时期内现金的周转次数（现金周转率＝计划期天数／现金周转期）。

（3）最佳持有量＝年度现金需求量／现金周转率。

运营资金的周转与现金周转密不可分。现金流动的不平衡会因现金短缺导致生产中断、偿债困难，而现金过剩会使资产获利能力下降，影响企业收益。因此，企业必须重视现金流入和流出的时间差异与用量的不确定性，通过运营资金管理，适时预测资金需求，储备适当的运营资金，以促进企业资金运行的良性循环。

（五）网络现金管理

1. 现金的持有动机

现金是包括库存现金、银行存款及其他货币资金等在内的，可立即投入流通的交换媒介，企业在任何时刻都必须持有适量的现金。因此，现金的管理要与现金的持有动机相联系，企业持有现金的动机主要包括四个方面。

（1）交易性动机

交易性需求是为满足日常经营业务需要的现金支付。企业在日常生产经营过程中，为满足购买原材料、支付工资等各种成本费用需求，应持有一定数量的现金。企业日常性的零星现金收入与支出不可能同步同量；收大于支，就有现金置存；收小于支，就得现金借入。因此，企业只有维持适当的现金余额才能正常开展经营活动。

（2）预防性动机

风险的存在使企业必须置存现金以防意外的支付需求。考虑到可能会出现的意外情况，进行现金管理时，企业必须提前准备好为应对意外开支而需求的预防性现金。预置的现金额度与企业的经营状况及融资能力相关。企业的现金流量越不确定，预防性现金余额就应越大；反之，企业的现金流量可预测性越强，则预防性现金余额越小。同时，预防性现金数额也与企业的融资能力相关，企业的短期借贷资金越多，预防性现金余额就越少；否则，就必须多预置预防性现金额度。

（3）投机性动机

现金管理还与非常规性生产经营活动和交易性金融资产管理相关。企业若有闲置现金，就会抓住"不寻常"的短期投资机会，如购入偶遇的廉价材料或其他资产出售的机会，或适时购入价格有利的短期有价证券投资的机会，等等。当然，不寻常的机会不是常态，金融市场的利率变化也极难把握。因此，金融和投资公司之外的其他企业为投机性需求而专设的闲置现金不宜过多。

（4）补偿性动机

基于拓展业务或信用管理等因素，银行向企业提供金融服务时，常常要求企业在该银行保留一定的存款余额，用以补偿银行的服务费用，或增强银行贷出资金的安全性等。这种基于银行要求、企业同意置存在银行的存款余额即为补偿余额。

合理确定企业的现金持有量是企业现金管理的核心。因此，企业对现金进行管理时应对持有现金进行科学的分配，保障企业有足够的现金进行交易，降低经营风险，还应控制企业闲置现金数额，保障企业的收益。

2. 现金管理的方法

企业进行现金管理的方法主要有现金流量同步化、合理使用现金浮游量及加速应收账款收现等。

（1）现金流量同步化

一般情况下，企业很难对现金的流入与流出做出准确预测，这种现金流动不确定性会给企业的资金周转带来问题。为了解决这一问题，企业一般需要在最佳现金持有量的基础上保留更多的现金余额，而公司的资金成本随之增加，为了减少这种成本增加，企业财务部门必须提高管理的能力，对现金流动有更精准的预测，使现金流入与流出能够合理匹配，以实现同步化的理想效果。企业现金流量的同步化可以使企业减少现金余额，降低持有成本，提高企业盈余。

（2）合理使用现金浮游量

由于企业支付、收款与银行转账业务之间存在的时滞性，会使本应显示同一余额的企业账簿和银行记录之间出现差异，故企业应合理预测现金浮游量，有效利用时间差来提高现金的使用效率。

（3）加速应收账款收现

企业为了增加销售额，一般同意购货方推迟付款，这就意味着企业并不能马上得到可以自由支配的现金收入。为保证应收账款方面的现金能收回，企业应尽量在不损害企业与客户之间关系的前提下，采取一些措施，如开户银行的选择、应收账款的信用政策等，以加速应收账款的收现。

3. 网络环境对现金管理的影响

（1）网络环境对企业现金构成项目的影响

在传统环境下，现金主要包括库存现金、银行存款和银行本票存款、银行汇票存款、信用证存款及在途货币资金等。现金的表现形态实际上是由以银行为主体的金融体系的技术条件所决定的。在网络环境下，货币电子化已成为一个潮流，这一潮流使货币现钞在现金的构成项目方面逐步退出历史舞台。另外，在途货币资金的形成与银行等金融机构之间的资金划转速度密切相关，在网络环境下，金融机构之间的资金划转速度将大大提高。因此，在途货币资金在现金中所占的比重也将大大降低，甚至完全消失。

（2）网络环境对企业现金持有量的影响

每个企业为保证正常进行生产经营活动，会保留一定量的现金。这一最佳现金持有量一般通过现金持有总成本最低的准则来确定。这种模式对于单一企业而言是无可非议的。如果将多个企业结合在一起，从每一个单一企业的角度来看，每一个企业的现金持有量都非常合理，但结合所有企业从总体上观察时，现金持有量在此时有剩余，这种剩余与现金管理目标并不符合。因此，从理论上讲，整个企业集团的现金持有量应小于各单一企业最佳持有量之和。但是，理论上的结论并不一定意味着现实中的可行。要实现整个企业集团现金持有量最优的管理目标，其前提为对整个企业集团的现金进行统筹管理。在传统环境下，不少企业集团曾经在这一方面有过尝试，而且有些企业还通过设立财务公司的方式来整体调度企业集团的现金，以此来实现整个企业集团现金管理质量的提高。在传统环境下，企业集团对现金进行统筹管理确实可以取得一定的成效，但是由于企业之间要做到现金供求信息的实时沟通有较大的困难，而这一问题能够通过网络得到妥善解决。企业集团内部可以建立内联网，将集团内部各企业之间的现金供求信息通过内联网进行实时传输，合理规划互通有无，这样就能够从根本上解决集团内部各企业之间的资金管理问题，以及企业集团信息保障的问题。

（3）网络环境对企业最佳现金持有量确定的影响

企业的最佳现金持有量由其持有成本决定，而企业持有现金的相关成本由管理成本、机会成本及短缺成本三方面构成。在网络技术高速发展带来的影响下，货币电子化已成为新的发展趋势，这导致管理成本非常受网络环境的影响。随着货币电子化发展，电子货币逐渐在网络经济环境中得到普及，甚至可能在未来的发展中逐渐取代现钞成为现金的重要组成部分。相应地，企业将无须为现钞的保管及安全保障而发生资源的耗费。因此，在网络环境下，企业在确定其最佳现金持有量时，管理成本的重要性将逐步削弱，企业将更多地考虑机会成本和短缺成本因素。

（4）网络环境对企业现金预算编制期的影响

从当前企业的实际状况来看，现金预算是现金管理的一个重要工具。在传统环境下，由于受到企业现金供求信息及时性的影响，企业通常以月度、季度作为现金预算编制间隔期编制现金预算，这一状况在网络环境下将得到很大的改善。通过建立企业的内联网和运用外部网络环境，企业可以低成本、高效率地获取资金流动的相关信息，如企业采购材料、有关销售收款的现金回笼信息、接受劳务及其他方面的现金支出信息等。在此基础上，企业现金预算的间隔期可以进一步缩短，在网络环境下，以旬、周为现金预算编制间隔期将成为现实，甚至从纯理论的角度来说，网络环境完全可以从技术上支持以日为现金预算编制间隔期。

（5）网络环境对企业现金收支管理的影响

企业为提高其现金使用效率在收支管理上可以采用一定的方法，在传统环境下，这些方法无疑是有效的。但是，在网络环境下，这些方法中的一部分将受到影响，其作用有些可能增强，而有些方法的作用将减弱甚至完全失去作用。特别是在力争现金收支同步及使用现金浮游量方面，受到的影响更大。

第一，力争现金收支保持同步。想要实现现金收支同步主要依靠两个方面：一是对未来企业现金流入与流出量的准确预测；二是企业在现金收支方面的合理安排。在网络环境下，上述这两个方面的因素都将受到影响。首先，对未来现金流量预测的准确性实际上和企业所占有的与现金流量相关的信息量有着密切的关系。在预测方法既定的情况下，企业掌握的信息量越多，相对来说预测的准确性就越高，因而针对现金流量预测结果进行的相关现金收支安排可以更加科学。因此，在网络环境下，由于企业获取信息的便捷与廉价，企业可以低成本地实现现金流量的准确预测，从而可以更好地实现现金收支的同步性。其次，企业现金收支安排的合理性与其信息掌握程度和相关信息的及时性也有很大的关联。在网络环境下，通过企业内联网，财务部门可以实时掌握其内部各方面的现金支付需要，在此基础上，实现对企业现金收支的合理安排。

第二，合理利用现金浮游量。付款企业与收款企业进行账户之间现金划转时需要一定的时间才能完成，这段时间存在的原因是当前金融机构部门之间、部门与企业之间的联系效率较低。而网络使信息的传输更加快捷高效，各个金融机构部门之间、部门与企业之间通过互联网进行资金划拨时，信息能够实时传递，信息传输需要的时间几乎可以被忽略，因此，现金浮游量将会成为一个历史名词，由于各金融部门及金融部门与企业之间可以通过互联网实现资金划拨信息的实时高效传输，因此，现金浮游量在网络环境下将成为一个历史名词，这一传统环境下提高现金使用效率的有效工具在网络环境下将完全失去作用。

（六）网络应收账款管理

1. 应收账款管理

（1）应收账款及其意义

应收账款是指企业因销售商品或提供劳务等而应向购货或接受劳务单位收取的款项。在财务管理中，应收账款是一个广义的概念。从内容上来看，它涵盖了会计核算中的应收账款、应收票据、预付账款及其他应收款等内容。其中，最重要的则是企业因赊销而形成的赊销应收款，而这也是本节中讨论的主要内容。

应收账款的存在具体源于企业商品销售或劳务提供的时间与款项收取的时间存在的差距，即两者并不同步。这一时间差的产生原因主要在于如下两个方面：一是客观因素的影响。在传统环境下，由于款项结算手段的落后，导致企业在商品销售或劳务提供之后尚需要等待金融机构将款项划拨到自己的账户上。这将在客观上形成应收账款。二是主观因素的影响。在市场经济环境下，企业之间的竞争几乎无处不在。出于提高企业竞争力、扩大企业的市场份额的目的，企业往往为扩大销售额而向客户提供信用优惠。这种信用优惠不仅仅提供给资金紧缺的客户，甚至在某些环境下也向资金并不紧张的客户提供。也就是说，向客户提供信用优惠已经成为企业的一种竞争手段，当这一手段的价值被所有的厂商认识到之后，企业之间在商品购销关系或劳务供需关系形成的同时，形成应收账款也就成了一个普遍的现象。

（2）应收账款管理的目标

应收账款的管理目标是要制定科学合理的应收账款信用政策，并在这种信用政策所增加的销售盈利和采用这种政策预计要担负的成本之间做出权衡。只有当所增加的销售盈利超过运用此政策所增加的成本时，才能实施和推行使用这种信用政策。同时，应收账款管理还包括对小企业未来销售前景和市场情况的预测和判断，以及对应收账款安全性的调查。如果小企业销售前景良好，应收账款安全性高，则可进一步放宽其收款信用政策，扩大赊销量，获取更大利润；相反，则应严格落实其信用政策，或对不同客户的信用程度进行适当调整，确保小企业在获取最大收入的情况下，又使可能的损失降到最低。小企业应收账款管理的重点就是根据小企业的实际经营状况和客户的信誉情况制定小企业合理的信用政策，这是小企业财务管理的一个重要组成部分，也是小企业为达到应收账款管理目的必须合理制定的方针策略。应收账款管理工作要做得好，最重要的是要制定科学合理的应收账款信用政策。

2. 信用政策

应收账款政策属于企业财务政策，应收账款政策对于企业财务政策非常重要，又称信用政策。只有制定了合理的信用政策，才能够对应收账款加强管理，提高应收账款带来的投资效益。应收账款政策即应收账款的管理政策，是企业对应收账款投资进行规划与控制而确立的基本原则与行为规范，主要包括信用标准、信用条件和收账政策三个部分。

（1）信用标准

信用标准是指客户获得企业的商业信用所应具备的基本要求。如果顾客达不到信用标准，便不能享受企业提供的商业信用。如果企业的信用标准较严，只对信誉很好、坏账损失率很低的顾客给予赊销，则会减少坏账损失，减少应收账款的机会成本，但不利于扩大销售量，甚至会使销售量减少；如果企业的信用标准过宽，虽能使销量增多，但会造成应收账款的机会成本增高，增加坏账损失。为了进一步理解信用标准对销售的影响及信用标准的制定，下面笔者做进一步的分析。

企业信用标准的制定主要是对于赊销所带来的收益与随之产生的风险（坏账）和成本进行权衡，其前提就是赊销带来的收益要大于赊销而引起的一切成本。但是，由于企业处在市场经济大环境下，影响企业制定信用标准的内、外部因素都有，因而必须进行综合分析。

①外部因素

外部因素主要是考虑同行的竞争对手。面对竞争对手，首先要知己知彼，制定有利于企业扩大市场份额、增加销售的信用标准，不能盲目地为了占领市场而忽视风险和成本，或为了降低风险和成本采取过于谨慎的信用标准，这些都是不可取的。企业除了考虑竞争对手这个因素外，还要考虑国家宏观经济政策、生产发展前景和季节变化的影响等。

②内部因素

内部因素主要是考虑企业承担风险的能力。如果企业承担违约风险的能力较强，就可以用较低的信用标准去吸引顾客，以增加销售；反之，如果企业承担违约风险的能力较差，就应制定较严格的信用标准，尽可能减少违约风险带来的损失。

③顾客因素

顾客的资信程度对企业制定信用标准具有很大的影响，所以必须对客户进行资信调查，在此基础上进行分析，判断客户的信用等级，并决定给予客户什么样的信用标准。分析客户资信情况的方法有很多，在此主要介绍 5C 评估法。

信用的"5C"系统指的是品德（character）、能力（capacity）、资本（capital）、抵押品（collateral）和条件（condition）。

第一，品德。品德指的是客户在履行偿还债务义务的态度。品德是评价客户信用品质的首要因素。众所周知，信用交易意味着付款承诺，债务人能否诚信履约非常重要。为此，企业应分析客户曾有的往来记录，对客户的诚信表现做到心中有数。

第二，能力。能力是指客户偿债的能力。对客户偿债能力的评估包括对客户的流动资金数量、质量及流动负债的性质的判断，对其运营过程中的流动比率和速度比率的计算及对客户日常运营状况的实地观察。

第三，资本。资本是指客户的财务实力和财务状况，以及表明客户可能偿付债务的背景。

第四，抵押品。抵押品是指客户提供的作为信用安全保证的资产。当企业对对方的底细尚未了解清楚时，客户提供的抵押品越充足，信用安全保障就越大。客户也可以请经济实力雄厚、被企业认可的其他企业对其进行信用担保。

第五，条件。条件是指社会经济环境的变化对客户经营状况和偿债能力可能产生的影响。企业尤其应了解客户以往在经营困难时期的应变能力和付款表现。

上述五个方面的资料，可通过以往与客户交往的经验来获得，也可以求助于提供信用服务的外部机构。

（2）信用条件

企业根据客户的信用标准来评价客户的信用等级。企业将信用标准作为依据，判断是否给予客户信用优惠。一旦企业决定给予客户信用优惠时，就需要考虑具体的信用条件。因此，所谓信用条件，就是指企业接受客户信用订单时所提出的付款要求，主要包括信用期限、折扣期限及现金折扣等。信用条件的基本表现方式如"2/10，n/45"，意思是客户如果能够在发票开出后的10天内付款，可以享受2%的现金折扣；如果放弃折扣优惠，则全部款项必须在45天内付清；45天为信用期限，10天为折扣期限，2%为现金折扣率。

①信用期限

为了扩大企业的产品销量，很多企业允许客户先购货，后支付货款。客户从购买到付款之间间隔的期限就是信用期限。企业的产品销售量与信用期限之间存在着一定的依存关系。通常，延长客户信用期限能够在一定程度上扩大企业的产品销售量，从而获取更多收益。但是，不适当地延长信用期限，会给企业带来不良后果：一是使平均收账期延长，占用在应收账款上的资金相应增加，引起机会成本增加；二是引起坏账损失和收账费用的增加。因此，企业是否给客户延长信用期限，应视延长信用期限增加的边际收入是否大于由此而增加的边际成本而定。

②现金折扣和折扣期限

延长信用期限会使应收账款所占用的金额和时间随之增加。许多企业在延长信用期限的同时，也使用了一些优惠方法，如当客户选择在规定的时间内提前支付货款，则可以按照销售收入享受一定比率的折扣，这样企业就能够及时收回货款，使资金顺利周转，减少坏账风险。如前文所述，"2/20，n/45"表示赊销期限为 45 天，若客户在 10 天之内付款，则可享受 2% 的折扣。现金折扣实际上是对现金收入的扣减，企业决定是否提供以及提供多大程度的现金折扣，应着重考虑提供折扣后所得的收益是否大于现金折扣的成本。

企业在确定现金折扣期限的时间以及现金折扣的比例时，必须将信用期限及加速收款所得到的收益与付出的现金折扣成本结合起来考虑。与延长信用期限一样，采取现金折扣的方式虽然可以加速资金回流，能够有效地刺激销售，但仍需要付出一定的代价。如果加速收款的机会收益能够补偿现金折扣造成的成本损失，甚至还有盈利，那么企业就可以采用这样的优惠手段或进一步调整当前折扣方案，争取利益最大化；若加速收款的机会收益不足以抵消现金折扣成本，那么企业应对当前折扣方法及时做出调整，避免损失更多。

③信用条件备选方案的评价

企业一般会在信用管理政策中，依据自身发展经营状况对可承受的信用风险水平做出科学的评估。如果企业生产经营状态发生改变时，就需要综合企业外部经济环境及企业自身生产经营状况对信用管理政策做出适当的调整和修改，制定出使企业适应当下环境并持续长远发展的备选方案，并对各种备选方案进行认真的筛查和评价。

（3）收账政策

收账政策是指信用条件被违反时企业采取的收账策略。企业采取积极的收账政策会减少应收账款和坏账损失，但会使收账成本增加。

一般来说，应收账款大部分都能按期收回，但也有难以收回的账款。账款无法收回的原因有很多，有的是信用不错的企业暂时出现财务困难，一时难以偿付；有的是故意拖欠，无偿占用资金；还有的是出现意外，出现财务危机，不能及时付款。企业在制定收账政策时，要区分不同的原因，有针对性地制定收账办法。企业对拖欠的应收账款，无论采用何种方式进行催账，都要付出一定的代价，即收账费用，如收账所花的邮件通信费、派专人收账的差旅费和法律诉讼费等。通常，只要应收账款超过了规定的期限还没收回，企业就应该采取各种方式进行诉讼催收。企业制定的收款政策过于宽松，会导致逾期未付款项的客户拖延时间更长，对企业不利；收账政策过严，催收过急，又可能伤害无意拖欠的客户，影响企业未来的销售和利润。因此，企业在制定收账政策时，要权衡利弊，掌握好界限。

一般而言，收账费用支出越多，坏账损失越少。通常的情况是，开始花费一些收账费用，应收账款和坏账损失有小部分的降低；随着收账费用的不断增加，应收账款和坏账损失明显地减少；收账费用达到某一限度以后，应收账款和坏账损失的减少就不那么明显了，这个限度称为饱和点。制定收账政策就是要在增加收账费用与节约的成本（由于减少坏账损失和应收账款上的资金占用而节约的成本）之间进行权衡，若前者小于后者之和，则制定的收账方案是可取的。

影响企业信用标准、信用条件和收账政策的因素很多，如销售规模、赊销期限、现金折扣比例、坏账损失的高低、信用建设和收集的成本、机会成本、存货过剩或不足等。因此，企业在制定应收账款管理政策时，既要进行定量分析，又要进行定性分析，将各方面的因素综合考虑，使制定的应收账款管理政策实现收益最大。

3. 网络对应收账款管理的影响

网络技术的产生和发展将对企业的应收账款管理产生一定的影响，特别是会对一些影响信用政策制定的因素产生较大的影响，具体表现在以下几个方面。

（1）网络技术的产生和发展对客户信用等级评估的影响

客户的信用等级与企业的客户信息管理工作密切相关。企业的信用等级应根据企业的变化及时更新。在以往网络技术应用不普及的时期，企业在收集客户信息时，要面临客户信息不全、客户信息滞后、收集成本较高等问题，这些问题影响企业对客户的信用评估。而当今社会网络技术发展迅猛，信息的实时传输已不再是难题，企业能够通过网络快速地收集到与客户相关的信息，如注册资本、业务范围等。企业还可以通过网络收集对客户的生存和发展影响较大的外部信息，如行业前景、客户的行业地位等。此外，企业还可以通过当地工商管理部门及银行等机构了解客户的诚信状况。企业通过这些信息对客户有一个更为全面的了解和评估，判断客户的信用等级是否满足企业自身的信用条件，针对客户的信用等级确定每一位客户的信用警戒线，将客户的信用等级及信用警戒线纳入客户诚信网络资源库进行管理，并随客户信息的更新及时调整客户的信用等级。

（2）网络技术的产生和发展对应收账款具体管理的影响

在商品经济非常发达的现代社会里，在企业销售部门以外也常产生商品购销业务，这就导致企业的财务部门不能够第一时间收到异地的赊销信息，无法满足企业对客户的信息需求。通过网络技术，这一问题可以得到较好的解决，只要利用网络便可及时将发生的经济业务的详细资料传送给其所归属的销售部门，使相关信息实时更新，动态地反映应收账款的实际情况，这样既方便业务人员与企业联系，又方便企业管理者进行管理与控制，使得管理部门能迅速将工作安排和有关信息发送给各个下属部门。各业务单位每天发生的业务、客户往来情况通过网络技术可以准确、自动地汇总到企业的数据库中，从而实现企业内部数据汇总的自动化。企业还可以随时更新资源库中有关客户的诚信等级。

（3）网络技术的产生和发展对收账成本的影响

企业收账成本的高低主要取决于企业收账政策的松紧程度。企业对应收账款的催收主要通过与客户之间的沟通来实现，而沟通的具体方式主要以电话与传真等为主。在网络化条件下，企业主要以发送电子邮件或电话的方式进行应收账款的催收，特别是电子邮件的采用大大降低了企业的收账成本。同时，企业利用网络可以及时跟客户沟通，了解客户应收账款逾期未付的原因，如客户确实是因暂时的经济困难而不得已延缓，则企业可以适当放宽收账政策，避免采取不必要的法律手段，同时也可以留住客户。

（七）网络存货管理

存货是指企业在生产经营过程中为销售或者耗用而储备的物资，包括材料燃料、低值易耗品、在产品、半成品、产成品、商品等。在企业流动资产中，存货所占比重较大，一般约占流动资产的 40%~ 60%，存货利用程度的好坏，对企业财务状况的影响极大。因此，加强存货的规划与控制，使存货保持在最优水平上，是公司金融的一项重要内容。

1. 存货的功能

存货的功能是指存货在企业生产经营过程中所具有的作用。在企业的正常生产经营过程中，如果工业企业能在生产投料时随时购入所需的原材料，或者商业企业能在销售时随时购入该项商品，就不需要存货。但实际上，企业总有储备存货的需要，并因此占用或多或少的资金。这种存货的需要出自以下几个方面的原因。

（1）防止停工待料

适量的原材料存货能够保障企业对产品或半成品正常生产。就企业外部来说，当供货商由于某些原因推迟或暂停了原材料的生产和供应时，将会在材料的采购、入库及投产方面限制企业的生产活动；就企业内部来说，如果有一定数量的半成品库存，各个生产环节调度会更加合理，各个生产工序之间配合更加协调，联系更加密切，不会在半成品供应不足时对生产造成影响。因此，适量的存货能有效防止停工待料事件的发生，维持生产的连续性。

（2）适应市场变化

适当的存货储备不仅能够增强企业应对市场变化的能力，还能够提高企业在生产和销售方面的机动性。当企业库存充足时，能够保障产品的生产不被外界因素影响，生产活动顺利进行，保证市场供应能力，满足顾客的需要，获得更多的收益。相反，若某种畅销产品库存不足，将会错失目前的或未来的推销良机，并有可能因此而失去顾客。在通货膨胀时，适当地储存原材料等存货，能使企业获得因市场物价上涨而带来的好处。

（3）降低进货成本

很多企业为扩大销售规模，对购货方提供较优厚的商业折扣待遇，即购货达到一定数量时，便在价格上给予相应的折扣优惠。企业采取批量集中进货，可获得较多的商业折扣。此外，企业通过增加每次购货数量，减少购货次数，可以降低采购费用支出。即便在推崇以零存货为管理目标的今天，仍有不少企业采取大批量购货方式，原因就在于这种方式有助于降低进货成本，只要进货成本的降低额大于因存货增加而导致的储存等各项费用的增加额，便是可行的。

（4）维持均衡生产

有些企业所生产的产品具有季节性，或者生产所需材料的供应具有季节性，这些企业通常会储存一定数量的原材料存货，或者储备一些半成品存货，这样一来，企业就能够降低生产成本，不分季节均衡生产。否则，这些企业若按照季节变动组织生产活动，难免会产生忙时超负荷运转、闲时生产能力得不到充分利用的情形，这也会导致生产成本的提高。其他企业在生产过程中，同样会由于各种原因导致生产水平的高低变化，拥有合理的存货可以缓冲这种变化对企业生产活动及获利能力的影响。

2. 存货管理的目的

通过对存货功能的分析可知，存货管理不仅仅涉及企业的财务部门，而且还涉及其他一些部门，如采购部门、生产部门和销售部门等，财务部门只是参与存货管理工作的其中一个方面。因此，存货管理是一项综合性的管理工作，做好该项工作对于提高企业流动资产管理水平、提高资金报酬率具有重要意义。企业持有充足的存货，一方面能够节约采购成本和时间成本，保障产品的生产顺利进行；另一方面能够快速满足各种客户需要，抓住产品畅销的有利时机，提高企业生产和销售的机动性，避免产品供不应求导致的负面影响，为企业争取更大的收益。然而，企业应把控囤货数量，存货越高，企业被占用的资金就越多，付出的持有成本（即存货的机会成本）、存货的储存费用、管理费用也就越高，从而影响企业收益。因此，如何在存货的功能（收益）与成本之间进行利弊权衡，在充分发挥存货功能的同时降低成本、增加收益，实现它们的最佳组合，成为存货管理的基本目标。在实际工作中，进行存货管理的主要目的是控制存货水平，在充分发挥存货功能的基础上降低存货的成本。

3. 网络对存货管理的影响

企业要想提高生产经营效率，必须搞好存货管理。企业存货管理效率的高低直接影响着企业的经济效益。而网络技术的产生和发展将对企业存货成本中的订货成本和缺货成本产生积极的影响。

（1）网络技术的产生和发展对订货成本的影响

在传统条件下，企业会使用电话或者传真与供应商联系，就材料或商品的采购意向进行沟通，一旦初步达成合作意向，企业就会派出采购人员来到供应商单位对货物进行了解，当货物质量规格等满足企业需要，采购人员就会与供应商对采购数量和价格方面进行下一步协商，只有双方达成一致意见后，才能签订采购合同。在这一过程中，任意一个环节如产品规格、质量、数量、价格等无法达到企业的采购标准，企业就需要重新寻找其他供应商。因此，在传统经济环境下，订货成本是不可避免的，而且寻找符合企业要求的供应商通常会花费很长的一段时间。随着网络技术的发展，人们的沟通更加便捷，企业通过网络能够更加快捷轻松地对比、筛选出符合要求的供应商。与传统方式相比，网络技术的便捷不仅为企业节省了更多时间，还大幅降低了企业的订货成本。企业可以通过网络技术与供应商就价格等问题实时磋商，制定出让双方满意的方案，即使协商不理想，也可以快速地与下一家进行沟通。由此可见，网络技术能够帮助企业更快速、更高效地采购到符合需求条件的货品，为企业大幅节约了订货成本。

（2）网络技术的产生和发展对缺货成本的影响

企业会根据经营发展需求设置存货安全储备量，适量的存货能够减少缺货成本，但同时也会增加企业的储存成本和管理成本。因此，企业要想做到成本损失最小、利益收获最大，就需要对存货安全储备量进行科学合理的评估，平衡缺货成本和储存成本、管理成本之间的关系，选择使总成本最低的订货点和安全储备量。在网络技术较为发达的今天，企业可以根据货物安全储备量通过网络实时联系货物供应商发出提货通知，而供应商也可以利用网络的便捷向与购货企业距离最近的办事处或仓库发出供货指令，及时将货物运送给企业。由此，从企业发出提货通知到货物运达企业之间的时间可以大大缩短，时间的缩短又大幅减少了企业的安全储备，从而降低了企业的缺货成本。

（八）网络流动负债管理

流动负债所筹集资金的可使用时间较短，一般不超过一年。当企业因季节性或周期性的经营活动而出现资金需求时，流动负债筹资方式是较为恰当的途径。

1. 短期借款的种类

我国目前有因各种目的、各种用途造成的短期借款，主要分为临时借款、结算借款、生产周转借款等。按照国际通行的做法，短期借款因偿还方式的不同，可分为分期偿还借款或者一次性偿还借款；根据不同的利息支付方法，又可分成贴现法借款、收款法借款以及加息法借款；以有无担保还可以分为信用借款和抵押借款等。企业在申请借款时，应根据各种借款的条件和需要加以选择。

2. 短期借款的信用条件

（1）信贷额度

信贷额度即贷款限额，是借款企业与银行在协议中规定的借款最高限额。信贷额度的有限期限通常为一年。信贷额度对银行是软约束。

（2）周转信贷协定

周转信贷协定是指银行具有法律义务，承诺提供不超过某一最高限额的贷款协定。只要企业在协定的有效期内向银行借款的总金额没有达到约定的最高限额，无论任何时候企业提出借款要求，银行必须满足。企业要享用周转信贷协定，通常要对贷款限额的未使用部分付给银行一笔承诺费用。周转信贷协定的有效期常超过一年，但实际上贷款每几个月发放一次，所以这种信贷具有短期借款和长期借款的双重特点。

（3）补偿性余额

补偿性余额是指银行要求借款企业在银行中保持按贷款限额或实际借用额一定比例计算的最低存款余额。对于银行来说，补偿性余额有助于降低贷款风险，补偿其可能遭受的风险；对借款企业来说，补偿性余额则提高了借款的实际利率，加重了企业负担。

补偿性余额贷款实际利率＝名义利率／（1 – 补偿性余额比率）

（4）借款抵押

短期借款按抵押品面值的 30%~90% 发放贷款。

（5）偿还条件

贷款的偿还有在贷款期间按每月或每季度分期定期偿还和到期一次偿还两种方式。一般来说，前一种偿还方式会导致企业借款的实际年利率提高，所以企业不希望采取这种偿还方式；而银行恰恰相反，若企业选择了后一种偿还方式，会使企业的拒付风险变高。

（6）其他承诺

如及时提供财务报表、保持适当的财务水平（如特定的流动比率）等。

3. 短期借款的成本

短期借款的成本主要包括利息、手续费等。短期借款成本的高低主要取决于贷款利率的高低和利息的支付方式。短期贷款利息的支付方式有收款法、贴现法和加息法三种，付息方式不同，短期借款成本计算也有所不同。

（1）收款法

收款法又称利随本清法，是指在借款到期时向银行支付利息的方法。银行向企业贷款一般都采用这种方法收取利息。采用收款法时，短期贷款的实际利率就是名义利率。

（2）贴现法

贴现法又称折价法，是指银行向企业发放贷款时，先从本金中扣除利息部分，到期时借款企业偿还全部贷款本金的一种利息支付方法。在这种利息支付方式下，企业可以利用的贷款只是本金减去利息部分后的差额，因而贷款的实际利率要高于名义利率。

$$贴现贷款实际利率 = 名义利率 / （1 - 名义利率）$$

（3）加息法

加息法是银行发放分期等额偿还贷款时采用的利息收取方法。在分期等额偿还贷款的情况下，银行将根据名义利率计算的利息加到贷款本金上，计算出贷款的本息和，要求企业在贷款期内分期偿还本息之和。由于贷款本金分期均衡偿还，借款企业实际上只平均使用了贷款本金的一半，却支付了全额利息。这样，企业所负担的实际利率便要高于名义利率约1倍。

4.网络对短期借款的影响

对企业财务管理来说，借款资金的管理非常重要。企业可以充分利用网络技术加强合同管理，算出正确的利息数额，制订合理的还贷计划，定期与银行核对借款金额和应付利息，发现问题及时与银行进行协调。企业还可以通过网络技术合理调度资金，利用借短还长等手段减少财务费用。

第五章 互联网背景下财务管理观念与理念创新

人类社会已进入互联网时代，在企业财务管理方面，传统的观念和理念已经不能满足企业当前发展的需求。财务管理作为企业管理的重要领域，要面临瞬息万变的内外环境，财务管理观念和理念只有不断创新才能适应高速发展的市场需求。

第一节 互联网背景下财务管理观念创新

财务管理的观念也叫财务管理的原则，是指人们在财务管理过程中所遵循的基础理念，其主要包括三个基本的价值观念，还有机会观念、边际观念、弹性观念、预期观念等。

财务管理观念作为一种比较稳定的群体意识，它属于经济、社会以及企业文化的组成部分，蕴含着民族精神、价值观、企业管理哲学和经营思想，为集团成员所接纳，决定和影响着财务管理活动。由于企业所处的财务管理环境瞬息万变，在不同的财务管理环境中，企业财务管理的重点不同，财务管理观念就需要创新，因而研究企业财务管理观念创新有着极其重要的现实意义。

一、传统财务管理观念历经阶段

（一）财务管理筹资观念阶段

筹资财务管理阶段又称守法财务管理阶段或传统财务管理阶段。在这一阶段，预计企业对资金的需求量并为企业筹集到所需资金是财务管理的主要职能。在 20 世纪初，股份公司迅速发展的年代，各个公司都在考虑怎样才能筹集资金和扩充所需资金。在此期间，由于资金市场发展迅速，信息得不到及时的更新，导致财务无法获取详细的会计资料，只能"捏造"企业的损益表和资产负债情况。由于缺乏可靠的财务信息，而且股票的买卖被少数了解内情的人所掌控，使得投资人裹足不前，不愿意购买股票和债券。因此，如何筹集资金是当时财务管理的重要职能。

如何解决和解释与法律有关的问题也是筹资财务管理阶段要面对的重要问题。在20世纪20年代末经济危机的影响下，20世纪30年代的资本主义经济受到严重打击，众多公司纷纷破产倒闭，投资者遭受严重的损失。为了保护投资人的利益，各国政府都加强了对证券市场的管理。因此，在此期间，如何适应政府的法律成了财务管理工作的关键。筹资财务管理阶段财务管理所研究的重点是筹集资金。这方面最早的著作之一是1897年美国财务学者格林所著的《公司财务》一书，此后几十车间出版的代表作有米德于1910年出版的《公司财务》，戴维和李恩于1938年分别出版的《公司财务政策》《公司及其财务问题》等，这些著作主要是研究企业如何筹集资本的。对此，苏尔蒙称之为"传统财务研究"，并认为这些为财务管理理论的产生和完善奠定了基础。

（二）财务管理内部控制观念阶段

内部控制财务管理阶段又称为"内部决策财务管理阶段"或"综合财务管理阶段"，这个阶段对于财务管理非常重要。筹资阶段的财务管理只着重研究资本筹措，为能研究出一套必要的财务管理办法，忽视了企业日常的资金周转和内部控制，因而即便资金已经按照要求筹集完毕，仍无法完全保证企业持续经营发展。随着科技快速进步，市场的竞争日益激烈，西方企业的财务人员发现，财务管理不应只重视筹集资金，应从内部对资金及资产负债表中的资产科目进行合理的管控和利用，重视固定资产、应收账款、现金及存货等在企业经营中出现的变化，对企业资源合理调配和利用，才能在残酷的市场竞争中发现生存的机遇，保持企业持续发展。

在内部控制财务管理阶段，公司内部的财务决策被认为是财务管理最重要的问题，而与资金筹集有关的事项则次之。各种计量模型逐渐用于存货、应收账款、固定资产等科目，财务计划、财务控制、财务分析等得到广泛应用。

（三）财务管理投资观念阶段

第二次世界大战结束后，恢复并促进经济的交流与发展成了各国的治国重点。在这样有利的环境下，国际之间的交流更加频繁，国际市场迅速发展起来，跨国企业抓准时机脱颖而出。在此阶段，科技进步飞快，市场竞争更加激烈，产品种类逐渐繁多，更新换代越来越快，金融市场发展得更加复杂繁荣。此时，各国企业不再将筹资问题和产品生产的数量问题作为发展的重点，如何提高资金的利用效率成了各国企业财务管理工作的首要任务，投资问题成了财务管理工作的重点。

1970年以后，金融工具种类越来越多，金融市场得到了迅速的发展，企业与金融市场之间的关系日趋密切。认股权证、金融期货等广泛应用于企业筹资与对外投资活动中，使得财务管理理论日新月异，并逐步走向完善。

在此期间，财务管理观念主要有以下两个特点：一是如何利用资金使投资活动更加科学、高效成为财务管理的重点；二是金融工具的发展推动了财务管理理论的发展，使得投资决策日益成熟。

这个阶段的主要研究成果有：1952年，马考维茨提出了投资组合理论的基本概念。1964年和1965年，美国著名财务管理专家夏普和林特纳以马考维茨提出的理论为基础进行深入研究，提出了"资本资产定价模型"。这两个理论详细地介绍了资产的风险与预期报酬率的关系，得到广大管理者的认可。它不仅将证券定价建立在风险与报酬的相互作用基础上，而且大大改变了企业的资产选择策略和投资策略，被广泛应用于企业的资本预算决策。

期权合理定价的问题长期困扰着投资者们，直到布莱克等人于20世纪70年代中期创立了期权定价模型，这一问题才得以解决。此后，投资管理理论在现代管理方法的指导下，逐渐发展被完善，最终成熟，其主要表现在：一是建立了合理的投资决策程序；二是形成了完善的投资决策指标体系；三是建立了科学的风险投资决策方法。

（四）财务管理风险防控观念阶段

20世纪70年代末期和80年代初期，一场来势汹汹的通货膨胀袭击了西方各国，这次通货膨胀持续了很长时间，在全球范围内造成了很大的影响。随着通货膨胀加剧，通货膨胀率迅速上涨，推动利率随之提升，导致企业在进行筹资活动时要支付更多的利息，增加了企业的筹资难度，进而导致金融产品的收益下跌。在这种环境下，企业为了吸纳更多的客户减少风险，只能将金融产品的市场价格降下来，因而有价证券逐渐贬值。随着物价持续上涨，企业所获得的利润看似也得到了增长，企业的所有者因此想要分到更多的利益，但实际上，这种增长是由于物价上涨引起的虚增，导致最终资金流失严重。在这种情况下，财务管理面临的主要问题是如何对付通货膨胀。

20世纪70年代末期，发展中国家为了改变自身落后的处境，努力发展经济，掀起了一股借债高潮，它们却没有将资金用于改良自身的发展经营条件，而是很不明智地拿借款进行消费，或是将资金投入到一些高成本、低收入的项目之中。到了80年代，西方发达国家为了消除通货膨胀给国家造成的影响，纷纷放缓了经济的发展，并且采取了高利率的财政政策，导致发展中国家还本付息的负担加重。债务危机的爆发不仅仅影响着发展中国家，发达的工业国家也受到了很大的负面影响。债务危机爆发后，国际经济环境紧张，导致企业面对的筹资和投资的环境更加复杂多变。在这样的环境下，企业在财务管理方面不得不慎重考虑采取什么措施才能规避风险以及获得利益。一般来说，高收益的背后就是高风险，二者一定同时出现，高收益低风险的项目并不存在。

这一阶段，财务管理对财务的风险评估更加专业准确，对风险的防范意识和防范能力也有很大提高。因此。在企业做财务决策时，越来越多的数量方法应用于财务管理工作中，如概率分布、线性规划、效用理论、博弈论以及模拟技术等。财务决策数量化，财务预测与财务风险问题关系密切，这些影响着企业财务人员的财务管理观念必须以风险为导向，这样才能在面对风险时使用科学的手段，及时预防和处理财务风险。

（五）财务管理精准核算观念阶段

自20世纪90年代中期以来，网络技术飞速发展，计算机、电子通信逐渐走进大众的视野，使得优化理论、统计、数学和计算机等先进的方法和手段应用于财务管理活动之中，并被广泛运用。计算机技术和财务管理理论实现了快速的结合，在这个基础上，利用计算机工具创建了各种财务模型，并通过这些财务模型实现了财务管理。因此，财务管理面临着一场新的革命，财务管理向精确方向飞速发展。

筹资决策的计算机分析模型是指利用计算机工具，在各种可行的筹资方式中进行选择，经过筛选确定对企业的筹资成本最低的筹集方式，以满足企业对资金的需要。筹资分析的借款分析模型中，财务人员可以根据不同的借款金额、借款期限、每年还款次数中任意一个或几个因素的变化，来分析每期偿还金额的变化，从而做出适当的决定。

投资决策的计算机分析模型主要借助于计算机语言工具，对投资项目收益和与风险相关的参数进行设置和调整，就能够结合企业自身状况条件与考虑投资的项目，推算出企业的预期投资结果和其投资风险的各项评价指标，从而迅速对比各项投资方案的风险和收益，做出最科学的投资决策。

企业的流动资金在企业的流动资产中占比较大，对流动资金有科学的管理有益于保持企业自身资金的流动性。流动资金的计算机分析模型包括应收账款赊销策略分析模型、最优经济订货批量模型和最佳现金持有量决策模型。在计算机模型中，将方案的各种数据输入进去，模型就会自动生成分析结果，不同的方案会产生不同的结果。即使是相同的方案，只要方案中任意因素发生改变，其分析结果也会随之改变，从而为财务人员的决策提供最佳的方案。

如今的财务管理受电子技术、网络科技及计算机发展的影响，与传统的财务管理方法相比，缺点和漏洞更少，更能满足现代化经济的发展要求。财务人员可以通过计算机使用所有的财务模型，对财务管理决策进行分析，得出合理的依据，从而提高财务人员工作效率，为企业带来更大的经济效益。

二、互联网背景下财务管理观念创新

财务管理观念是企业制定财务管理战略、践行财务管理活动的指导思想。财务管理观念是财务管理工作的重要基础，它对企业财务管理内容、方法及工作质量有着非常重要的影响。企业财务管理观念先进与否，直接决定着企业的经济效益，关系着企业的发展壮大。因此，在互联网背景下的财务管理环境中，我国企业适时地创新财务管理观念就显得尤为重要。

（一）竞争观念

市场经济是通过竞争实现资源优化配置的经济。竞争促使现代企业在价值规律的作用下寻求更有效的经营方式和更有力的经营方法。因此，财务管理人员必须对市场有充分的调查和了解，并对市场做出预测，再以此为基础，强化财务管理在资金的筹集、投资、运营管理和收益分配方面的决策作用，在日趋激烈的市场竞争中不断提升自身实力，提高竞争力，增强企业应变能力。

1. 强化竞争对手分析

影响企业行业竞争的主要因素包括参与竞争的企业数目、潜在竞争企业、竞争企业间相对地位的稳定性、竞争资源的可靠性、竞争企业开工率、竞争行为的敏感性、竞争的冲突性、政府政策等。体现企业财务实力的主要因素有资金占用结构合理性、资金筹措能力、财务形象、负债水平、系统有效性、资金运用效率、资金周转率、费用控制水平等。竞争对手分析的关键是要找出企业与行业竞争因素之间的关系，具体可以从资源、有形生产服务资源、市场开发、技术开发、无形资产管理等几个方面去识别竞争对手。

2. 确立财务管理的竞争战略

经实践证明，企业的竞争战略和财务管理之间存在着密切的关系。在制定财务管理的竞争战略时，企业管理者应将对资金战略的筹划作为重要因素纳入其中，突出体现其中具有竞争性质的利润战略。利润战略是竞争战略的关键，应分析、对比各方的综合竞争实力再制定竞争利润战略。此外，企业管理者还需详细考虑企业经济资源的优化配置、最佳的竞争手段、最佳竞争时机以及最佳竞争环节等问题。财务管理需要在企业长短期利益权衡的基础上，以长期利益为重来安排利润的规模和水平，保证财务战略的实施，以实现企业长期的竞争利润战略目标。

基于竞争思维的财务战略，往往具有全面性、盈利性、战斗性和综合性等特征，其能在竞争性的财务战略安排中通盘考虑进攻与防御、有利和不利、机会和风险、收益和损失等因素，周密规划各方面的资金需要。竞争性的财务战略本身在安排收益指标的同时，也把偿债能力、流动性等与风险密切相关的指标予以合理安排，这就促进了企业生产经营安全性的提高，把竞争可能给企业带来的损失压缩到最低限度，使企业立于不败之地。企业要实施全面性的竞争财务管理，必须培育众多的具有竞争意识的技术人才和管理人才。

（二）责任观念

当前企业的发展中存在着责任缺失的现象。首先，企业社会责任缺失。随着经济的发展及社会的进步，企业虽然得到了更好的发展，却没有完全承担相应的社会责任，很多企业作风不良，缺失社会责任，对社会造成了消极的影响，其做出的恶劣事件层出不穷，令消费者大为震惊。很多企业为了谋取更多的经济效益，屡屡做出浪费资源、污染环境的事情，甚至不惜牺牲社会的整体利益为其造成的不良后果买单，使广大消费者以及其他利益相关者的合法权益受到严重损害。互联网时代，企业社会责任缺失不仅仅是企业自身的问题，而且已对社会和谐健康的发展造成了不良影响。其次，大股东侵害中小股东的利益。由于我国的资本市场不完善，股权的相对集中和法制监管力度比较小，使得我国中小股东一直处于相对劣势的地位。因此，大股东侵害中小股东利益的事件在我国频繁发生。这不仅大大地挫伤了中小股东的投资热情和积极性，也严重阻碍了企业的发展，对我国证券市场的资源配置也产生了非常不利的影响。

1.财务管理应更加重视社会责任

美国企业 IBM 公司确定了"为员工利益，为顾客利益，为股东利益"三原则，企业财务管理目标也要考虑各相关主体的利益。企业不仅是市场的主体，也是财务管理活动的主体，所以，财务管理目标的现实选择应是股东主导下的利益相关者财富最大化。它的内涵是出资者与其他利益相关者权益的共同发展，从而达到企业或企业财务管理在经济和社会目标上保持平衡。

2.完善企业内部社会责任

（1）保护股东尤其是中小股东的合法权益

首先，在大股东掌握企业信息的情况下要保护中小股东的知情权，以免在信息不对称的情况下，频繁发生大股东侵犯小股东权益的事情。

其次，加强中小股东在董事会中的表决权，中小股东有权参与企业方针政策的制定和投资计划。

（2）加大员工社会责任投入

企业应做到以人为本，时刻关怀员工成长，激励员工与企业共同发展。首先，企业应调动员工积极性，使员工自主管理。企业应根据职能的区别明确划分出各个部门，可以通过合理的奖惩机制促使各个部门的员工各司其职，认真工作，主动为企业的发展做出更多的努力。其次，企业应营造良好的氛围，让全员共同参与企业的发展。企业在发展过程中应为员工提供实现自我价值的平台和机会，尊重每一位员工为企业创造的价值，让员工参与到财务目标和企业重大决策的制定中来，将自身的发展目标与员工的目标结合起来，促使全体成员荣辱与共，让企业全员为实现同一目标而努力，不断开创企业发展的新局面。

3.完善企业外部社会责任

（1）健全债权人完善机制

银行是企业最大的债权方，当企业经营不善发生资不抵债的现象时，受到损失最大的一方是银行。就企业的管理来说，银行作为其最大的债权方有权参与企业的管理，这样不仅能够使银行对企业的生产经营状况进行全面快速的了解，还可以使银行参与企业的各项决策，影响企业的生产经营活动，使得企业朝着对自己有利的方向发展。

（2）对供应商全面负责

首先，企业应遵守合同，在享受权益的同时认真履行自己的义务，在合同规定的时间里及时向供应商支付款项。其次，企业不可因自身发展不良或在遭遇不公平竞争时，向供应商提出苛刻的要求，甚至做出违反合同约定的行为，这些不良的行为不仅违背了契约精神，对供应商的合法权益造成损害，还会对自身发展造成不良影响，甚至会给其他利益相关者带来负面影响。最后，企业应在交易中保护自身权益不受侵害，与供应商公平交易，互惠互利，不应以付款方的身份对供应商提出各种不合理的要求，甚至威胁供应商为自身发展提供便利。因此，企业的财务管理活动必须要考虑供应商的因素。

（3）对消费者负责，对产品负责

首先，企业应确保自身产品的质量合格。生产质量过关的产品，赢得广大消费者的信任，这是保证企业持续经营发展的前提。企业在生产产品及对产品更新换代时，不应因原材料供应不足或为谋取更大的利润等，使用廉价有害的成分代替原材料，降低商品质量，损害消费者的权益，更不应以次充好，生产伪劣产品欺骗消费者。其次，企业应对所出售的产品质量负责，在面对公关危机时，应及时召回产品并且诚恳道歉，承担相应的责任，不应隐瞒消费者，更不应该为自身的错误找借口。

（4）对环境负责

环境责任是一种需要企业高度重视的典型的社会责任，不仅国家的相关法律法规要求企业执行，更多的是需要企业坚守自身道德底线、遵守社会秩序、维护生态环境。企业应节约资源，科学合理地进行资源利用，不应该为了获取更大的利益过度开采、侵占、消耗、浪费资源。企业还应该对排放物进行严格管控，避免对环境造成伤害。大多数企业在生产过程中会产生可能对环境造成污染的废品、废料、废水、废气、废渣等物质，其中甚至有对生态环境、对人类及其他生物有毒有害的物质，企业应依据法律法规及道德要求，对排放物进行处理，使其符合排放标准，减小其对环境造成的伤害，一旦对环境造成破坏，应尽快采取措施，尽力弥补。此外，企业还应保护企业所在之处的环境，同时提高员工的环保意识，坚决不破坏环境、不浪费资源，企业全员共同对环境负责。

（5）完善慈善事业机制

政府要明确规定慈善事业的范围，引导企业积极参与社会公益事业。同时，政府部门应该明确规定企业应该承担的责任，从法律上约束企业积极参与并且完成社会公益事业。

（三）效益观念

在市场经济竞争日趋激烈的环境下，企业要想得到更好的发展并获取更大的收益，就必须取得和提高经济效益。也就是说，企业必须消耗更短的劳动时间更高效率地达成其生产经营目标。企业需要对人力、财力、物力进行合理调配和更充分利用才能有效节约时间成本，而这要求财务管理方面发挥更大的作用。现代企业在组织财务活动时，以"开源"和"节流"为原则进行财务管理，要求财务管理人员注意企业生产过程中投入和产出的比较，加强对经营活动的全面财务监督。

（四）货币时间价值观念

货币时间价值不是一成不变的，货币的经济价值会因时间变化而改变，因而使货币具有了时间价值。一定数额的货币因在不同的时间里经济价值变化产生的差额叫作利息。利息是能够影响市场经济变化的重要经济杠杆，从宏观方面来说，能够带动社会的闲置现金资源用于再生产，扩大市场经济，使资源配置更加合理；从微观方面来说，利息能够刺激企业资金流动，加速资金周转，使企业提高投资效率，获得更多的经济效益。这些要求企业的财务人员在进行财务管理中应对货币的时间价值有更加正确和充分的认知，合理利用货币的时间价值产生更多利息，再根据利息在财务管理中的作用，进一步优化企业资源配置，为企业产生更大的经济效益。

（五）风险观念

现代企业在进行财务活动时，需要考虑和面对各种不确定的因素，受这些不确定因素的影响，企业的实际财务收益常常会与预期的财务收益有偏离，从而使企业遭受经济损失。这种不确定的因素有使企业蒙受经济损失的可能，这对企业来说就是风险。市场经济的进一步发展，使现代企业在资金筹集、资金投放、资金营运、收益取得等方面的风险日益加大。另外，企业内外部环境的变化也会给企业的财务活动带来风险。因此，财务管理人员必须通过风险回避、风险转嫁、风险接受、风险分散等手段，对企业财务活动的风险加以控制，以正确有效地实施财务决策。

（六）智能化观念

全球科技的迅猛发展引发了世界性的科技革命，使产业发展发生了极大变革，推动了人类社会的进步。自 20 世纪 90 年代开始，科技革命促进了信息技术高速发展，信息技术具备的网络化、数字化特性带动了计算机相关的产业快速崛起，使人类的生活产生了翻天覆地的变化，更对社会经济产生了极大的影响。各国企业在科技革命的影响下，迎来了新的发展，企业的财务管理在信息技术和信息产业的推动下进行了变革。

在互联网时代下，由于企业之间联合、兼并、收购、重组等原因，一些企业的规模逐渐扩大，甚至产生了巨型企业。这些巨型企业在获得更多生存和发展的机会的同时，也将在全球经济风云变幻时面对更大的风险，受到更大的冲击。跨国企业为了减少分立财务管理产生的不利因素，通常会集中统一管理企业财务，以便于提高企业应对风险的能力。企业的这种做法在以往传统的网络技术下，利用独立计算机和局域网很难做到，而如今企业可以通过较为发达的网络技术很快实现这一需求，极大地减少了传统网络技术下产生的财务决策不及时和资金调整延迟等问题带来的巨额损失。

企业财务管理智能化这一先进财务管理模式的兴起为上述企业需求提供了更好的解决方法。现如今，随着网络技术的发展，财务管理更加先进便捷，更加国际化，跨地区的企业甚至跨国企业能够通过网络技术实现财务管理的统一，跨国企业及跨地区企业的各个子公司或者下属营业单位的财务活动相对独立，由集团总公司通过财务管理平台实时对其进行智能化统一的管理。通过财务管理平台，不仅总企业能够对每个子公司的财务管理进行有效的监管，还便于子公司实时查询对各营业单位的财务情况，即使所处区域不同，各地区的财务管理人员仍可以通过网络分享财务管理方面的信息，并就财务管理问题集结所有人的智慧，及时沟通，共同决策。

1. 财务管理智能化的含义和优势

随着信息技术的不断发展，其技术含量及复杂程度也越来越高，智能化的理念开始逐渐渗透到财税行业。智能化财务管理是由现代通信与信息技术、计算机网络技术、行业技术、智能控制技术汇集而成的针对财务、税务及财务管理应用的智能集合。通过信息化与智能化实现企业对集团的信息与资源共享，对企业的每一个层面进行财务管理，使集团总公司能够及时获取成员企业的资源配置情况和财务情况的相关信息，并随时进行监督管理。

智能化财务管理将企业资源与财务活动有机结合，最大限度提升了资源的使用率，极大程度地提高了管理人员的工作效率。智能化是企业财务管理的重要手段，而智能化财务管理的基础是企业管理的信息化和网络化，离开了大数据信息和互联网，智能化财务管理也就失去了依托。

智能化财务管理既然可以成为时代发展的主旋律，必然有其独特的优势。

（1）大数据优势

业界将其归纳为4个"V"，即Volume，Variety，Value，Velocity。大数据优势指的是通过互联网平台，传递数据的体量更大（Volume）；数据类型更多（Variety），包括视频、图片、地理位置、网络日志等信息；价值密度更低（Value），以视频为例，连续不间断监控过程中，可能有用的数据仅仅有一两秒；数据的传递速度更快（Velocity），1秒定律。长期以来，投资项目的相关信息受地域因素影响较为分散，加上传统的信息收集方式比较落后，导致投资者无法收集到较为全面的信息，进而无法做出最佳投资决策。而当下，由于网络技术被广泛应用，投资者可以通过网络收集到各个时期各个地点出现的有关于投资项目的各种信息，利用大数据筛选出自己需要的部分，最后利用科技手段智能化决策。

（2）成本优势

在传统环境下，企业在扩大规模时常常会在各个地区建立许多分公司或营业单位，在各个分公司和营业单位设立各个独立的部分，分公司与分企业、分公司与总公司之间存在沟通不方便和消息传递不及时的问题，无形之中增加了企业的成本。在当下网络技术比较发达的环境下，智能化财务管理平台逐渐被这些跨区域企业广泛应用，总公司与分公司、分公司与分公司之间都可以通过智能化管理平台互通信息，及时沟通，总公司可以通过网络在智能化管理平台了解各个分公司的财务情况，能够更加高效地监督控制各个分公司的财务管理。因此，企业的财务管理成本和沟通成本都大大降低，智能化财务管理具有更大的成本优势。

（3）时空优势

传统的财务活动在进行时非常受地域限制，在进行财务活动时，仅支持线下一对一交流的形式，企业进行财务管理非常不方便。而智能化财务管理很好地解决了这一问题，智能化财务管理平台的优势就在于不限时间和地点，通过网络就可以随时随地进行财务活动，既方便了客户，又为企业进行财务管理提供了便利。

（4）效率优势

对于企业来说，时间就是金钱。企业使用传统的方法收集投资项目的信息时，需要浪费大量的时间、精力和财力，才能做出最佳的投资决策。随着网络技术的进步，企业分析信息并做出最佳的投资决策可以利用智能机器人来实现，不仅提高了投资者的工作效率，也使得决策更加准确。

2.智能化财务管理观念的现实意义

（1）有利于提高工作效率

大型企业的下属单位直接使用企业总部提供的规章制度、管理规范以及各项设施，有利于树立企业的整体形象，保持整个企业统一规范。这样的做法会为企业的管理带来方便，能够使大数据自动按照条件获取、归类并总结，从而更加方便地从各种角度、各个方向进行分析和对比，以提高工作效率。智能化财务管理系统能够很好地适应企业的内部框架结构，使企业进行内部管理时更加便捷。企业总部还能够通过智能化财务管理平台及时了解下属单位的财务状况，对经营现情况进行智能分析，整体把控企业的发展。智能化财务管理通过网络将各个下属单位集合起来，将各个下属单位的财务信息透明化汇集到总部，极大地提高了总部处理财务管理问题的效率，为总部做财务管理决策提供了极大的方便。

（2）使得网络智能办公模式成为现实

财务管理信息系统依据企业的组织结构将企业的全部财务数据信息储存在云端，实现了数据的统一管理。企业的财务人员可以随时随地通过这个系统查询财务信息，财务人员办公更加便捷。此外，通过网络，财务管理平台实现了财务管理人员和企业其他部门在线实时交流，将智能办公模式变成现实，为企业下一步的财务管理活动打下了坚实基础，为企业的发展提供了一个非常重要的平台。

（3）充分发挥事前和事中控制职能

传统的财务管理模式是企业财务人员根据企业在一段时间内的生产经营活动编制出财务报表，再对报表进行分析，这样的信息往往不够连贯，甚至不够全面，导致财务人员无法对企业的财务管理做出准确预测，更无法在企业生产经营过程中及时发现问题并尽早控制，只能对一些已发生的事故做事后的弥补，很不利于企业的经营和发展。而如果利用大数据的信息化与智能化，企业总部可以随时通过云端的大数据财务信息，及时了解各个下属单位的各种财务信息，包括资金情况、销售情况、收入情况及利润情况，并对这些信息进行实时传递和处理，及时发现下属单位经营过程中出现的问题，提供更加科学合理的解决方案，降低企业整体风险，实现了事前和事中控制。

（4）提高了财务人员的综合素质

企业通过网络建立了企业内部的云平台，提高了对财务人员的技能要求。财务人员不仅需要掌握专业的财务知识，还要学习互联网应用、云技术等相关知识，熟练操作计算机，并将财务活动与网络技术结合起来应用到工作之中，使财务人员的综合素质得到了提升。而单纯从事计算机工作的人为了在工作中提升自己，也通过学习掌握一定的财务知识，并根据所学的财务知识将智能化财务管理平台建设得更加智能化、人性化，使财务人员从大量复杂的计算、编制财务报表等日常工作中解放出来，将更多的精力投入企业财务管理决策工作中，为企业创造更大的经济收益。在互联网时代，财务人员的综合素质越来越高，企业出现了越来越多的复合型人才，这些人才使企业在互联网时代获得更大的竞争优势。

3. 实现智能化财务管理的措施

互联网、大数据、云技术等对生产、生活等很多方面都产生了很大的影响，因而推进我国企业的财务管理智能化建设十分必要。

（1）健全财务管理平台安全策略

无论是财务系统的内部还是外部，都存在着各种影响其安全性能的因素。为此，企业应采取专业的技术手段，对整个财务系统进行严格的监视，建立多层次的综合保障体系，避免系统出现网络故障或遭受网络攻击使企业蒙受巨大损失。企业还应对财务人员进行培训，提高财务人员的安全防范意识，使财务人员了解相关法律，并以遵守相关法律法规为原则进行财务工作。此外，财务人员在日常传输信息过程中应加以防范，严防信息泄露。

（2）提高智能化财务管理的意识

智能化财务管理的意识要求企业的财务人员敢于解放思想，与时俱进。传统的企业财务管理是以人工为主，每一次企业的财务管理发生变革时，都会使财务人员的工作内容发生巨大改变，往往使财务人员苦不堪言，但在每一次的改革过后，财务人员的专业程度更高，大大提高了财务管理工作的效率，尤其是进入互联网时代以后，网络科技加快了财务管理发展的速度，使财务管理越来越现代化、智能化，只有企业和财务人员提高智能化财务管理意识，才能使财务管理工作越来越高效，从而为企业带来新的机遇和挑战。

（3）健全网络财务管理法律法规建设策略

国家应明确地规定企业财务人员应尽的义务与应该承担的责任、财务信息的标准和要求，以及监督机构的权利等；应尽快建立和完善电子商务法规，加大对网络犯罪的打击力度，为电子商务的顺利进行和网络财务信息系统的正常运作提供一个安全的外部环境。

（4）健全网络财务技术人才策略

我国向来注重素质教育，重视人才培养，而随着财务管理的智能化发展，高等院校财会专业的教学内容越来越无法满足社会的需要，在高等教育课程中加入智能网络技术教育势在必行。为此，我国高等院校应根据社会发展加快目前财会教育体制改革速度，及时更新教学内容，积极调整教学方法，将教学重点向实践和操作方向转移，为社会培养素质更高的网络财务技术人才。

第二节　互联网背景下财务管理理念创新

企业在经营发展过程中积累了大量的管理经验，但这些经验并不能完全应对市场经济和社会环境的变化。因此，为了适应这一变化，原有的财务管理理念做出了相应的战略调整和创新，形成了新的财务管理理念。这种新的财务管理理念升华了企业的竞争机制，使企业发生了质变。企业在进行财务管理理念创新时，应将管理手段与各种生产要素相结合，从而优化企业的资本结构，推进企业未来的发展。虽然财务管理理念创新能够更快、更好地适应市场的变化，但应用在企业实际的生产经营过程中时仍会出现很大的问题，因而没有被企业普遍接受。一些企业因无法快速完成财务管理理念转变而无法适应市场的变化而被淘汰，因而及时转变和创新财务管理理念对企业当前生产经营乃至未来发展都有深远影响。

一、企业财务管理理念的现状

（一）创新型管理理念的实施相对困难

在市场经济环境瞬息万变及经济体制深入改革的影响下，企业也应完善其财务管理制度，这样才能使企业适应社会的发展。但是，由于缺乏有效的理念指导，在企业领导所提出的新型管理理念中，有一部分虽然对企业的发展大有益处，但在决策执行过程中却发现其无法完全与企业实际的生产和发展相结合，实施起来相对困难，执行效果大打折扣。

（二）财务管理人员没有树立创新意识

随着科技的快速发展，网络技术被广泛使用，企业的财务管理在网络技术的影响下发展出了计算机会计。计算机管理软件的运用不仅能使原本庞大、冗杂的数据被精准、快速地整理出来，还从传统的财务管理中解放出了大量人力资源，使财务管理工作变得更加便捷、高效。现代财务人员通过计算机进行财务活动，不仅提高了计算速度，还比人工财会计算更准确。但是，目前仍有很多财务人员不愿放弃传统的财务管理方法，没有树立财务管理创新意识，不能积极接纳新技术，导致无法熟练操作财务管理软件，致使这些先进的技术手段无法正常发挥作用，不能提高企业财务管理水平。另外，企业领导只负责引进先进设备，对于人员的技术和管理理念培训没有相应的跟进，缺乏长远的发展规划和指导管理，导致财务人员的管理理念滞后。

二、企业财务管理理念的创新因素

（一）法律法规的统一要求

企业在进行财务管理活动时所涉及的法律法规主要有《中华人民共和国会计法》《中华人民共和国公司法》及《中华人民共和国合同法》。企业以新会计准则为依据，进行会计核算。法律法规在新的社会发展时期对企业的财务管理提出了新的要求，要求会计核算理念所依据的相关条例能够适应企业与社会的发展节奏，规范会计处理过程。

（二）会计处理方式的需要

会计处理方法包括会计确认、会计计量、会计记录及会计报告，这些被称为会计核算的四个环节。会计核算要求相关数据的真实性与准确性，对会计工作人员提出较高要求。会计核算是企业财务管理的重要组成部分，对企业健康有序发展意义重大。在互联网的高速发展下，相关人员应更新财务管理理念，注重应用新会计准则，对当前的会计核算工作进行升级与完善，以此保证会计处理方式应用的合理性。

（三）基于实用性原则

追求经济利润的最大化是企业发展经营的根本目标，无论是各种规章制度的完善，还是生产技术和网络技术的进步，或是财务管理理念的革新都应贯彻这一目标。企业财务管理理念应依据讲求实用的原则进行创新，使企业在发展经营中获得更大的经济效益。市场经济与网络技术都在飞速向前发展，市场竞争愈加激烈，企业只有基于实用性原则做好财务管理工作，才能保障各项生产经营活动顺利开展下去。因此，无论企业财务观念理念向何种方向转变，都必须遵循实用性原则。

三、企业财务管理理念的创新措施

（一）加强财务管理意识，激发理念创新热情

培养和提高企业财务管理人员的创新意识，能够保证财务管理工作进行得更加高效。如今，仍有一部分企业内部的管理人员和财会人员在传统工作方式的影响下已经形成固化思维，很难接受新的管理模式，无法进行财务管理理念创新，难以提高财务管理工作的效率，阻碍了企业的发展，影响了企业收益。为了企业更好地发展，企业领导人员必须采取措施，如定期开展培训、完善激励制度、将财务人员的工作效率和绩效考核相挂钩等方式，转变财务管理人员的传统财务管理理念，督促财务人员接受新的财务管理理念，学习新的财务管理方法，提升管理能力，在复杂的市场环境中把握经济发展趋势，使企业在日趋复杂的市场竞争中获得更长远的发展。

（二）培养高素质管理人员，提升信息化管理水平

企业对传统财务管理理念进行改革时，会发现一些财务管理人员有财务管理软件操作不当的现象。因此，为了适应新时代的发展，创新企业财务管理理念，实现更为高效的财务管理，企业应尽快组建出一个技术水平高、专业能力强且具备良好综合素质的财务管理团队。企业领导应密切关注行业动态，对先

进的企业管理理念进行吸收借鉴，还应与时俱进，关注新兴的财务管理技术和设备并对企业内部的财务管理设备进行及时的更新和优化。信息化的财务管理主要包括对会计的审核和落实工作，由于目前会计电算化的广泛使用，提高了企业账务的信息化，这就对信息的管理控制提出了较高的要求。为了保证信息的安全性和准确性，企业必须安排专业人员进行信息数据的维护和管理，以保证财务工作的正常进行。企业通过建立一套完善的信息管理系统，能够有效避免企业财务管理工作出现管理漏洞等问题，对于整个会计业务流程的顺畅起到积极作用。

（三）转变企业理财观念

在企业的生产经营发展过程中，正确的理财尤为重要，做好企业的成本管理是企业进行理财工作的基础，因而企业应树立科学的成本管理观念，对成本进行系统的管理。一方面，企业应加强对生产过程的成本管理，包括其生产过程中产生的成本、产品的市场分析成本和经营成本等；另一方面，企业应对成本管理的内涵有更充分的认识，如人力资源成本、时间资源成本、环境成本、资本成本及知识成本等，在了解认识中逐渐提高企业财务人员的成本管理意识，使企业财务人员通过了解这些成本的来源、构成要素、特征及表现形式等方面，对理财有更深的认知，从而为企业做出更科学的财务管理决策，使企业可以更高效率地利用企业资源进行更科学的理财，为企业争取更多的经济效益。

四、企业财务管理追求的新理念

（一）"零存货"理念

1. "零存货"的含义

"零存货"是现代财务理论中存货管理的先进财务理念，对于推动财务管理实践有着极其重要的现实意义。

"零存货"的理念来自日本首创的适时制（Just-intime，JIT），它是指通过合理规划企业的供、产、销过程，使从原材料采购到产成品销售每个环节都能够紧密衔接，简化制造过程中的无价值环节，减少库存，消除浪费，从而有效降低成本，提高产品质量。适时制下的生产系统是一种"需求拉动型"系统，采取由后向前拉动式的生产方式，即企业以顾客订货所提出的有关产品数量、质量和交货时间等特定要求作为组织生产的基本出发点，由后向前逐步推移来安排生产任务，前一道生产工序只按后一道生产工序的需求生产。它要求企业在供应、生产、销售的各个环节紧密相扣，尽可能实现"零存货"，从而增加资金的利用效率，提高企业经济效益。

2. "零存货"管理的理念

实施"零存货"管理的思想，要求企业供应、生产、销售等各部门必须实行统一计划，精心安排和合理配置企业的相关经济资源，实现均衡生产。

（1）领会"零存货"管理思想，各部门协调合作

目前，很多企业领导及员工缺乏对"零存货"管理的正确认识，仍固执地囤积大量存货作为企业的资产和财富的象征。但是，存货极易陈旧过时、积压变质以及流动性差等的缺陷使得固定囤积存货必然造成企业资金紧张、财富贬值，因而领会互联网时代的"零存货"管理思想并付诸实践成为解决这一问题的有效手段。

企业在管理过程中各职能部门为了增强自身部门应对市场变化的能力，更为了帮助企业争取更多的收益，一般会保证存货的数目维持在一定水平，尤其是销售部门通常需要较高的产品存货数量，确保库存商品齐全以满足各种客户的需求，也避免因商品短缺而造成生产和销售损失。生产部门在进行生产时，通过一定数量的产品和材料存货进行大批量的生产产品，这样不仅能够降低生产时产生的各种成本，还可以避免因材料短缺引起的生产延误。采购部门也希望保持较高的原材料存货水平，大量地采购原材料能够节约很多采购和运输成本，还能避免原材料中断供应导致生产进度被迫减缓甚至暂停。财务部门希望存货的资金占用越少越好，它们要确保企业资金的有效利用，避免因存货货款的占用而造成机会成本损失。由此可见，企业内部各个职能部门由于自身管理的需求对存货水平的要求相互矛盾。因此，存货的管理需要销售、生产、采购、财务等各部门的密切配合、相互协调，以达到企业总体优化，使企业获得最大利益。

（2）设置生产统筹职位，实现生产多样化、智能化

企业在生产经营过程中，有些客户购买产品前会提前下单，有些客户下单却有很多不确定性。因此，为了更好地实施"零存货"管理，可将客户需求进行分类，分为通用产品的需求和专用产品的需求。专用产品的客户一般都会提前下达订单；而通用产品通常没有很确定的订单，企业销售部门仍然需要预测。为了协调销售部门与生产部门、供应部门之间的沟通，企业可以设置生产统筹岗位或者设置生产统筹部门，统筹专员根据订单和市场预测的需求，随时了解和督促采购部门的采购活动，适时调整销售计划，每周末提交下周的交货安排，当出现供应商无法及时供货等突发因素时，立即与客户协调产品的交货期，同时通知生产部门调整原来的生产计划。同时，企业还应将该供应商列入密切关注名单，并且及时增加新的供应商。生产统筹专员的协调避免了供应、生产和销售部门的严重脱节问题，成为"零存货"管理的关键。

此外，随着互联网的发展，企业应尽量实施智能化生产，这样不仅能够提高生产效率，解决市场的大量供货需求，还能使生产出的产品品质统一，有效

减少传统人工生产中产生的残次品，使整个生产作业流程更加顺畅。因此，企业的各个部门应普及大数据、云技术等高新技术手段，优化生产过程，并根据各个时期各个地区不同的市场需求，设计出最科学的生产方案，实施监管生产经营的每一个环节，以保证生产经营的顺利进行。

（3）建立稳定可靠的大数据购销网络

采购部门应建立稳定的采购网络，比较各厂家进货价格、质量、规模、运输条件等，明确采购地点、采购对象或品种，广泛了解所需各种原材料、燃料、半成品、在产品、低值易耗品等的供应商资质等级、供货地址等详细信息。同时，采购部门充分利用互联网时代的大数据、云技术的优势收集、识别、处理、审核并确定相关信息，与供货商保持长期稳定的合作关系，保证供货商能及时为企业提供充足的原材料等存货。"零存货"管理要求企业以市场为导向，根据销量决定产量，企业可以利用大数据技术对不同时间各个区域的市场状况进行追踪观测，实时监测各个市场的销售实情，制定相应的营销策略以提高企业的市场竞争力，并根据销售情况积极开拓销售渠道，增加销量，制订合适的生产计划，避免产量不足供不应求失去市场先机，更要避免产量过剩造成积压浪费。此外，企业还要注重销售环节信用制度和信用政策的制定，减少收账成本，加速资金回收，提高资金使用效率。

（二）"零营运资本"理念

1."零营运资本"的概念及理论依据

"零营运资本"是近年来西方企业界所推崇的一种极端意义上的营运资本政策，就是通过严格而科学的存货管理、信用管理，使得企业的全部流动资产占用为零。由此可见，"零营运资本"从本质上讲属于"零存货"的进一步扩展。

追求"零营运资本"目的在于减少应收账款和存货，减少资产不必要的占用，以提高企业经济效益，"零营运资本"的理论依据也正在于此，通过提高营运资本的周转速度来压缩存货和应收账款，将占用在存货和应收账款上的资本解放出来，以此提高企业的经济效益。

2."零营运资本"的作用

"零营运资本"的理念相当于利用了财务杠杆，体现了以较少的营运资本取得较大的收益。"零营运资本"的这种杠杆作用具体为以下几个方面：第一，追求"零营运资本"可以促使企业加强应收账款的管理，使企业积极制定应收账款信用标准和信用政策，严格收账制度，确保应收账款加速收回而避免坏账的发生，确保资金周转畅通；第二，追求"零营运资本"可以促使企业加强存货的管理，使企业加速存货的周转，减少存货周转时间，避免因存货过时、滞销、积压、浪费等占用资金，节约开支的同时增加企业经济效益；第三，追求

"零营运资本"可以促使企业提高营运资本的周转速度，使占用在应收账款和存货项目上的资金解放出来，用于互联网技术、无形资产、智能创新以及生产经营再投资等，以此提高企业的经济效益；第四，追求"零营运资本"可促使企业资金投入更精准、生产能力更强、销售收款速度更快，加速企业的循环周期，促进企业设备以及产品的更新换代，以适应互联网时代的市场竞争，这样既巩固了老客户，又赢得了新客户，从而增加了企业的利润额。

（三）"零缺陷"理念

"零缺陷"理论认为产品的质量只与其制造过程有关，不受检验的方式影响。产品的质量与成本之间也存在着一定的数量依存关系。一般来说，在生产过程严谨无误的情况下，生产时所付出的成本越高，所生产出的产品存在质量越好的可能。因此，企业为了在成本不变的情况下更大程度地提高产品质量，应权衡生产标准，提升生产水平，监督生产环节，做好生产过程管理。在财务管理中引入"零缺陷"管理理念，有利于从根本上降低成本、节约资源。

质量是产品的命脉，从根本上影响着企业的发展。随着社会的快节奏发展，产品种类极其丰富，人们也有了更大的选择空间，因而需要企业在激烈的竞争中努力提高产品质量，把好质量关卡，才能取得更长远的发展，获得更多的经济收益。而产品质量的提升势必影响生产成本费用的变化。现代的产品与传统产品相比结构更加复杂，制作更加精密优良，质量更加可靠，制造成本也更高，企业的负担日益加重，所需费用可能占销售额的 7% ~ 10%。在 20 世纪中叶，国际对于质量成本管理的研究已取得了很大成就。从 20 世纪 60 年代开始，在美国著名质量管理专家朱兰和费根堡等人的倡导下，出现了全面质量管理（TQM）的概念，此后便在世界各国得到迅速推广，并在实践中不断得到丰富和发展，成为企业界备受青睐的管理工具。我国在 20 世纪 80 年代引进并推行全面质量管理，为企业带来了较好的经济效益。许多著名企业也在努力实施全面质量管理，并结合实际成立了专门的质量控制小组，建立了由高层领导、专业干部和工人参加的"三结合"质量管理体制，不仅保证了产品质量，提高了经济效益，而且还增强了企业竞争力。所有这些都表明，全面质量管理是质量经营的精髓，与传统质量管理相比更具有竞争力。全面质量管理的关键在于实现"零缺陷"。所谓"零缺陷"是指所有产品都符合规格，即将不合格产品率降为零。因此，"零缺陷"的质量经营理念具有成本效益上的合理性，它要求在每道工序、每个生产阶段均按照设计好的程序切实抓好质量控制，做到每道工序的"零缺陷"，以达到最后产品的"零缺陷"。这也就是说，"零缺陷"的质量经营理念把重点放在操作工人对每一加工程序连续性的自我质量控制上，一旦加工操作发现问题，就立即采取措施，尽快进行纠正（或消除），以实现缺陷在生产第一线瞬时的自动控制，绝对不允许任何一件有缺陷的零部件从前一生产程序转移到后一生产程序，以保证企业整个生产过程中"零缺陷"的实现。

（四）"零污染"理念

随着社会的进步，人们的环保意识逐渐提高；随着实现可持续发展战略的实施，全世界各国相继展开了环境保护运动。因此，各个企业也积极响应环保发展的号召，切合自身长久利益和社会发展进行考虑，依据相关法律法规和道德要求，积极实施清洁生产工作与治理污染，积极参与地质灾害防治，与全社会一起保护环境、恢复环境。"零污染"成为现代企业的环境战略目标。

作为一个完整的环境战略管理系统，"零污染"理念从利益相关者理论出发，以"与环境友好"作为基本原则，在企业战略和战术经营的各个方面和各个环节中融入环境因素。"零污染"理念要求企业以可持续发展为基本原则，依据相关环保要求制定发展战略；在产品研发和设计时，坚持与环境协调的设计思想，要求从制造、运输、营销、顾客使用以及报废处置等产品的全生命周期内考虑环境影响；在材料和能源采购环节中，推行"绿色采购"，以实现整个产业的绿色供应链；在制造环节中，推行"清洁生产"技术，尽可能减少"三废"的产生量，即使产生少量的废弃物，也要尽可能再利用，对于极少数不能再利用的，一定要进行末端治理，使之无害化排放；在营销和售后服务阶段，要对顾客使用产品过程产生的环境污染进行治理，对于产品使用产生的相关废弃物尽可能回收，从而真正提高顾客和社会的满意度。

"零污染"理念贯彻了现代企业的新型效益观和科学发展观，体现了新时代企业对环境更加负责的态度，表现了现代企业与社会同发展、共进步的决心。"零污染"理念是新时代下企业财务管理的需要，更是社会和谐发展的需要，具有极强的现实意义。

（五）"零起点"理念

"零起点"理念来源于管理会计中的零基预算，零基预算的全称为"以零为基础编制计划和预算的方法"，指在财务人员进行编制预算时，不考虑以往的财务情况，以零为基础计算各种项目开支的费用数额，从根本上分析各项预算的支出是否必要，并对必需的项目预算计算出支出数额。这种预算使企业以成本和效益为基础对企业的生产经营状况进行分析，重新调整各项管理活动，根据各项管理活动的重要程度进行资源和资金的分配。零基预算使企业更重视其当下的发展状况和未来的发展方向。

零基预算不受现行预算的约束，能够从客观的角度分析出各个部门的资金使用情况，帮助各级费用管理人员更方便地监管资金流动情况，促使企业各个部门在日常工作中精打细算，节约资金，提高资金的使用效率。在竞争激烈、技术革新的互联网时代，"零起点"的内涵在不断扩大，并将会延伸到企业管理的各个角落。如果企业的作业流程以"零"为起点，一切从头做起，不仅能使企业脱胎换骨，而且还能促使企业管理者打破陈规，从一个全新的视角来审视各项工作。随着经济环境的剧变及市场竞争的加剧，"零起点"的竞争战略将会越来越受到企业管理者的青睐。

综上所述，各个企业在当今时代背景下将"零"看作财务管理理念方面新的追求，这样的发展方向能够使企业在市场上拥有更强的竞争能力，获取更多的经济效益。

第六章　互联网背景下财务管理模式与战略创新

第一节　互联网背景下商业模式创新

在网络快速发展的当下，不断延伸的企业价值链要求企业的发展要与客户的需求不断适应，同时要看清企业为客户提供的价值是企业利润实现的重要途径。互联网时代不仅为企业财务战略执行奠定了客观基础，还促使企业商业模式创新，并在企业创新过程中吸引客户参与其中，让两者共同分享网络带来的好处——企业获得丰厚利润，客户享受大量实惠，最终最大限度地满足客户需求，使企业处于良性发展中。

企业如何利用互联网的优势对商业模式进行创新以获取持久的盈利能力，已成为落实企业既定财务战略的最关键问题之一。目前，商业模式逐渐转移到了战略层次，该层次重视它在市场上创造持续不断的竞争优势的能力，而经济运营层面的商业模式式微。在经济飞速发展的时代，商业模式的种类层出不穷，其概念及内容也得到了扩展与完善，在其不断变化中同资源和市场需求融合成了一个密不可分的系统。

一、互联网商业模式概念

（一）商业模式的基本概念

商业模式（Business Model），最早出现在 1957 年贝尔曼（Bellman）和克拉克（Clark）发表在《运营研究》期刊上的《论多阶段、多局中人商业博弈的构建》一文中，但这个概念当时并未引起学术界的关注。商业模式作为独立研究领域最早出现在 20 世纪 90 年代末期，直到 2003 年该领域才迎来研究高潮，不过最近几年，商业模式在我国经济学界和管理学界成为研究热点。

从静态角度概括商业模式的定义，主要有下面几种：①蒂默（Timmers）的观点，即商业模式是与产品、服务及信息流的架构相关的，主要用来对商业的参与者及其角色、参与者潜在的利润等进行描述。②玛格瑞特（Magretta）的观点，即商业模式是在讲故事，故事内容为厂商采用什么方式来运行。③拉帕（Rappa）的观点，即商业模式最原始的意义在于其采用什么方式来做生意。④其他学者的观点，即商业模式是组织抽象的外在表现形式，要求从概念、文本、图形、核心构建、合作及资本上考虑组织近期及长期的发展规划，同时对组织能提供的或将要提供的核心的产品或者服务予以全面考虑。除了上述角度外，时间维度也是概括商业模式的一个重要角度，从该角度看商业模式可以算作一种动态系统，其对厂商跨界开展的活动的内容、管理及建设有决定性作用。

伴随着网络时代的到来，商业模式的变化可以用"翻天覆地"来形容。网络的复杂多变导致传统的商业模式及经验主义都已经无法再适应新的发展趋势，进而导致国际上知名的电子厂商，像摩托罗拉、诺基亚等遭遇兼并甚至走向破产。而华为2017年年销售收入达到330亿美元，成为最有可能超过苹果的国产品牌。从这些例子不难发现，在网络迅速发展的时代，商业模式在生产和创造价值过程中需要消费者积极参与，从而促进消费者与厂商相互对接，让两者共同创造与分享价值。采用这样的商业模式带来的好处有两个，分别是供应面上的好处和需求面上的好处，前者是厂商带来的，后者是消费者带来的。假如将传统意义上的商业模式看作一种集合，而这种集合是在组织以明确的外部条件、内部资源及能力为前提条件下，实现对自身、客户、供应者、工人、股东以及利益相关人员的整合，进而获得超额利润的一种将战略创新、可实现结构体系、制度安排集合的模式，那么，互联网时代的商业模式则是一种模式群。这种模式群存在的前提条件是互联网的不确定和边界模糊性，采用的方式是供应者和需求者打造社群平台，目的是通过隔离机制的实现让组织得以稳定，实现更大的经济效益。

（二）互联网背景下商业模式的主要特征

1. 成功的商业模式是独一无二的

互联网时代竞争异常激烈，在这样的环境下，企业想要在市场中获得一席之地，并在自身的领域中独占鳌头，就一定要建立或者创造一套独一无二的、其他人无法复制也不能复制的商业模式。不然，企业根本没有在市场竞争中获得成功的法宝，最终会被竞争对手拍死在沙滩上。

2. 成功的商业模式带来独特价值

一个成功的商业模式可以为客户带来眼前一亮的感觉、快乐的心情，并乐意成为企业的忠粉。而新的体验、新的思想及更低的价值是独特价值最为直接的表现。

3. 简单务实是成功商业模式显著的特征

商业模式简单的特征体现在高效性和便捷性上，主要原因是网络时代客户以高效、便捷为追求点，因而网络时代的商业模式不可缺少简单这一特征。务实主要以商业模式的实效性为要点，对问题和需求的解决需要实实在在的方法，也就是不能采用虚假手段，而是要使用切合实际的手段。

（三）互联网背景下商业模式的关键要素

从国际上被认可且称赞的商业模式中不难看出，互联网商业模式成功的关键要素有七点，即战略定位、需求创新、开放性平台、优质的产品、产业生态系统、互联网式的营销及盈利模式，而这些要素之间相互影响、共同作用。

1. 战略定位

战略定位指采取一定措施，使企业的品牌、形象、产品等在预期消费者群体中占据有利的位置。该定位明确了企业服务的客户对象、提供的产品类型，确保企业在市场中能抓住重点，聚集资源，最终在激烈的网络竞争中获得一席之地。战略定位的重中之重是企业要分析自身的优势所在，准确剖析企业所在领域的市场环境，生产出优质的产品，进而让企业能够在该领域的市场中立于不败之地。

2. 需求创新

需求创新指的是企业能够对客户的需求进行深挖，了解客户的需求并对客户的需求给予满足。企业要想做到这一点，一定要有洞察客户需求、深入分析并挖掘客户潜在需求的能力。

3. 开放性平台

企业打造开放性平台应该围绕着自身生态系统，利用开放性平台来吸引有资质的合作者，让自身平台的应用更加丰富，同时能够将自身不够擅长的方面与合作者合作，这样相互合作，共同成长，让自身平台更加优质，从而提高吸引客户的黏度。

4. 优质的产品

优质的产品指的是企业为客户提供满足且优秀的产品和服务，让客户体验后能够留下美好的印象，进而选择该企业的产品。

5. 产业生态系统

产业生态系统指的是一种运营系统，其以开放性平台为核心，以用户、合作方等为对象，以整合产业链中的中上游为目的。在互联网发展的今天，市场的竞争已经发生了根本性改变，从以产品、技术及服务为主的形式竞争向着以产业生态系统为主的综合性的竞争转变。这就要求互联网企业一定要建立一个独特的产业生态系统，只有这样才能在竞争中获得成功。

6. 互联网式的营销

互联网式的营销指的是企业采用互联网思维，通过各种互联网的产品展开社会化营销，并通过互联网产品与客户实时沟通的一种营销模式。该营销的特征是将产品介绍、品牌宣传、收集客户资料及建议一体化。

7. 盈利模式

盈利模式指的是企业提供了客户所需求的产品或者服务而获取利润的一种

方式，换言之就是赚钱的方式。到目前为止，互联网盈利的模式多种多样，以广告、会员、内容服务、交易分成、数据分析等模式的收入为主。

二、互联网背景下商业模式的新特征

商业模式是企业通过对内外部要素及相互关系分析，针对企业盈利、生存和发展展开的设计，是企业价值创造的核心所在。商业模式是一个企业运营的指明灯，是企业成功运营的根本所在，它凝练了企业战略定位、企业盈利、业务、渠道、组织、管理等模式的内容。在互联网这一发展趋势下，商业模式的特征有了新的变化，主要有大生态新要求、大数据新要素、大平台战略及大融合新趋势。

（一）大生态新要求

1. 开放共享性

互联网的显著属性为开放性和共享性。互联网的出现打破了企业所在领域市场的地理及空间上的限制，逐渐向着全域全局的方向发展。众所周知，在互联网市场条件下，任何企业都无法独自满足经营所需要的全部资源，这就需要企业寻找外部合作，提升产业链的合作力度，建立一个开放、合作、共享的生态系统，而这不仅成了企业经营的重点，还是企业适应互联网开放性、共享性的要求所在。

2. 生产链转变成生态圈

在网络发展的当下，无论是企业内部的生产与管理，还是企业外部的竞争与合作，都逐渐从之前的线性、链条式的方式向着生态系统方式转变。从企业内部的视角看，企业将链条式、线条式管理、经营和组织方式向着生态圈的方式逐渐转变。这里所说的生态圈是将用户作为核心，企业的资源均以用户为中心向外不断延伸与拓展，进而打造成一个多要素构成、互促互进的生态系统。以企业外部的角度看，企业与其他企业的合作模式也从以供应链为中心转变成了以生态圈为中心，企业的合作模式打破了传统的生产链条式的线性关系，转而变成了广度、深度和密度交叉合作、共同发展的模式。在生态圈内，企业经过有机协调使每个衍生覆盖的业务模块共同发展，达到共赢的目的。

3. 企业生态圈的中心为用户

互联网大行其道，尤其是移动互联网中数字新媒体的加入，提升了媒体的互动性和活跃度，让信息的传播流动转变为以多向式、互动式为主，让其不再受时间和空间层面无法对应的限制，完全建立了用户的主导权地位，让用户处于整个生态圈的核心地位，同时也标志着用户主权时代来临。企业生态圈以用户为中心这一理念完全颠覆了企业发展运营的方式，这就要求企业要时刻以用户为核心，企业的经营活动要围绕用户来安排。

（二）大数据新要素

数据伴随着信息与经济的融合发展快速增长的同时，也成了基础性、战略性的重要资源，对生产活动、消费活动及社会生活等各方面产生了广泛而深远的影响。数据作为一种引领技术、资金、人才等方面重要的手段，不仅对社会分工协作组织模式有着深远影响，还对生产组织方式的创新与集约有着良好的促进作用，长此以往不但能让社会生产要素网络化、集约化、协作化、高效化地共享、整合、开发与利用，还能使传统的生产方式与经济运行的机制得到前所未有的改变，并使其在提升企业核心价值中成为"动力源"。

作为生产要素的数据给企业的发展带来两次全新的"革命"。第一次"革命"：与传统生产要素从外部获取资源要素相比，企业在数据流的带动下第一次完成了从内部获取资源要素的任务。在信息技术飞速发展与快速普及的时代，企业全部的活动都可以通过数据展开分析，也就是说，只要企业持续不断的运营生产，数据的产生就不会中断，且企业的生产与经营活动日益激烈，数据的量就会随之成倍增加，为企业带来的生产要素也会成倍增加。第二次"革命"：只要企业的生产要素源源不断地产生，那么实现"取之不尽，用之不竭"势在必行。

在商业模式创新方面，大数据可谓功不可没。数据源自并应用于企业生产经营的全部过程中，且在应用时能使企业在产品、渠道、营销、研发及管理上实现数据化，达到优化配置企业资源，提升全部要素生产率的目的，使企业跻身数据驱动型企业的行列。例如，用户管理这一环节，通过使用大数据采集客户信息，能帮助企业及时、准确且快速地了解客户需求，在深入分析的基础上，洞悉客户真正需求，提升企业获取的数据的价值，让其成为商业模式创新的有力支撑点。

（三）大平台战略

互联网时代的根本属性是即时在线，其重要特征为经济活动的即时在线性。在互联网时代，企业间的竞争发生了深刻变化，逐渐转移到以网络入口、流量为竞争要点上，同时不断深入挖掘互联网平台的功能，让它成为流量平台或入口平台。这一改变成了网络时代企业竞争的战略决策之一。

1. 以互联网分流聚类平台功能为主打造的长尾经济模式

长期以来，"二八法则"作为对企业生产经营具有指导意义的准则受到了企业的高度重视。企业在该法则的指导下，将为数不多的大客户作为关注的重点，从而导致企业间的竞争变得异常残酷，获取利润的空间也日益狭小。不过，互联网时代的来临，使得长尾理论快速取代"二八法则"成为重要的经济理论。该理论认为，应打破之前只重视20%"优质客户"的传统观念，使企业重视80%的分散化、碎片化的客户所带来的企业利润及市场空间，因为小众化、个性化的产品能够创造的市场价值是不可小觑的。互联网利用分流聚类平台的功能，充分满足客户多样化的需求，吸引大量客户，从而形成规模经济，促进企业长远发展。从这不难看出，"长尾经济"模式在企业发展中已经占据主流，越来越受到企业的青睐。

2. 以互联网技术应用打造的平台型经济模式

随着互联网的深入发展，一批以互联网应用为主的发展平台涌现出来，这也让企业战略定位与转型目标逐渐转移到了平台型经济模式上。此外，一些互联网企业与基础电信企业打造了一批以中小企业为服务对象的"双创"服务平台，加之一些大型制造企业同中小企业通过"双创"平台共同分享各种资源，共同为中小企业提供专业咨询、人才培训、投资融资等在线服务。此外，共享经济也隶属平台型经济模式，该经济主要应用在生活服务消费领域内，将该领域闲置的经济资源通过分享的手段，创造出产品和服务供给的新花样，从而吸引大量客户。

（四）大融合新趋势

互联网是经济社会发展不可缺少的设施，特别是受到网络快速普及的影响，在经济社会各个领域内消费者的参与度不断加深，让各行各业不得不随之转型。这也导致网络经济快速发展，各种以互联网融合应用为主的新的业态模式不断出现。

1. 从范围角度来讲

从范围上来讲，三大产业均被互联网融合与覆盖。

（1）农业发展中的融合与应用

在农业生产的每个环节中都有互联网的身影，且应用不断向着深度和广度延伸，形成了网络智能化的农业生产经营体系，使网络成了农业向现代化不断发展的"助推器"。

（2）工业发展中的融合与运用

在工业中应用互联网的突破口为智能制造，以此为契机使网络技术与工业各方面不断融合创新，提升企业在研发、生产、管理及服务等方面智能化的水平，从而形成智能工厂与智能制造模式。

（3）服务业发展中的融合与应用

服务业在互联网的影响下必然向网络化转型。服务业在互联网的影响下的应用可以有效地开展新的服务模式，将服务业向着信息化和网络化的方向推进。例如，一些常见的设计、咨询、物流、商贸等服务行业在互联网发展的必然趋势下逐渐转型。

2. 从形态角度来讲

从这个角度来看，互联网的融合向着三种业务经营的形态发展。

（1）线上与线下资源融合发展

线上与线下融合发展主要有三种类型：第一种是互联网企业，该类企业是通过线下资源有效整合后实现业务资源的融合与发展；第二种是传统企业，该类型的企业通过触网转型的方式完成业务资源的融合与发展；第三种是综合型企业，该类型的企业利用产业链上下延伸，加快垂直一体化推进资源的融合与发展。

（2）跨行业融合与发展

互联网在各行业中的应用与渗透，使得互联网产业化与产业化互联网的发展趋势与方向逐渐趋同，这就导致各行业的界限越发模糊，融合力度不断加大。企业在竞争中常用的手段之一就是跨界融合，因为跨行业融合能让企业以最快的速度打入新的领域中，攫取新的技术及人才，之后再与企业原有的资源整合，使得企业整个生产经营系统更加完善。

（3）实体与虚拟的融合与发展

虚拟经济是以金融业为核心，该经济的功能主要有优化资源配置、降低交易成本及发现重大价格等。具有明显实体经济功能的互联网还具有虚拟经济的基础性功能，这就让互联网肩负起了两种经济相互融合的重任。目前，各地出现的"产业＋互联网＋金融资本"模式成了两种经济融合与发展最为有力的佐证。

三、互联网背景下商业模式创新

（一）互联网背景下商业模式的创新途径

网络世界遍布创新与机遇，从智能手机快速地更新换代、App 模式独占鳌头、手机游戏及视频等快速发展、交友软件的推陈出新、团购网不断涌现等，都可以看出互联网充满了活力与创造力。不过我们要通过上述繁荣景象看到繁荣背后的本质——商业模式的不断创新。

企业获取核心竞争力最为关键的就是商业模式创新。国际上的一些大型互联网企业就因其具有竞争力强劲的商业模式而独占鳌头。一些优质的商业模式一直将客户的需求作为其导向，并不断提升产品和服务的品质，从而建设一个良好的生产经营系统，以拥有强大的竞争能力。对于互联网企业而言，要想创新商业模式，不妨从以下几个方面入手。

1. 产品

关于产品这一方面，企业要注意产品能否满足客户提出的需求，是否能让客户价值最大化，在与其他同类型产品比较时具有最核心的竞争力。

2. 需求

客户的需求是要企业不断挖掘的。企业在挖掘客户需求时要注意，是不是能够充分将客户的需求捕捉住并挖掘出来，同时对客户的消费理念和习惯予以引导培养。当前互联网的介入与消费理念的转变，使得客户的需求日益多元化，并向着娱乐化的方向发展，在这一发展变化下，企业怎样才能有效捕捉并挖掘客户的需求，是值得企业研究的。

3. 客户体验

商业模式成功与否直接受客户的体验所影响，所以一个成功的互联网企业往往对客户的体验非常重视。在互联网发展的时代，客户体验被赋予了更多的内涵，既有网上基本的使用体验，如网页、UI 设计等，也有一些内容上的体验，如购买是不是方便，产品内容是否丰富，互动是不是有效，服务是不是及时等。

4. 生态系统

互联网企业的竞争追本溯源是生态系统的竞争。生态系统是否和谐良好直接决定着商业模式能否获得成功。因此，企业在创新商业模式时，一定要时刻关注生态系统的打造，谋篇布局，踏踏实实推进。

5. 新的技术

严格意义上来说，互联网行业是知识密集型行业，不过伴随着通信技术的快速发展，新技术会不断产生。企业只要能抓住机遇在第一时间把自身产品与新技术融合，就可以使之前的商业模式发生改变，就有可能在激烈的竞争中脱颖而出。

6. 降低成本

就目前发展情况来看，互联网属于一种花钱较多的行业。这就需要企业考虑成本、运营费用等，同时控制亏损，延长盈利时长。

（二）互联网背景下商业模式的创新方法

1. 在现有模式上采用加法的方式来创新

该创新方法采用的是加法的方式，即在现有的、成功的商业模式上对其进行增加或者扩张。该方法的应用领域非常广泛，如在工业领域，计算机与机床结合形成了数控机床等；在生活中，牙膏中融入中草药的成分就成了药物牙膏等。在互联网领域中也有在此基础上进行创新的商业模式，如苹果公司，该公司将苹果终端与软件服务、平台等融为一体成为一种新的商业模式。该模式就是将终端模式、平台模式与软件应用模式加在一起，为公司带来了巨大的商业价值，从而使苹果公司在互联网领域中独占鳌头。

2. 在现有模式上采用减法的方式来创新

该创新方法采用的是减法或缩减的方法，即在现有的、成功的商业模式上对其减少或缩小。该方法实现有两种途径：一种是使产品或者流程简化；另一种是将全部资源与自身优势相结合，集中研究某一方向，追求精益求精。例如，无根袜的发明，在节约生产成本基础上，也简化了生产的流程，同时大受消费者欢迎。此外，像袖珍雨衣、压缩饼干、浓缩鱼肝油等产品都是利用了减法或缩减的方法开辟了新的市场。在互联网领域该方法成功使用的例子也屡见不鲜。奇虎360在初入互联网领域时采用的是多元化的模式，不过在周鸿祎的策略指导下，舍弃产品，专心做平台，最终的结果是共赢，让公司获得快速发展。

3. 在现有模式上采用修与改的方法

修与改的方法指的是在现有的、成功的商业模式基础上通过改变或者升级让商业模式更加完善。修与改的方法充斥着生活的各个角落，如将手动的马桶升级为自动感应的马桶，用按键的方式替换拨盘的方式，将普通门锁升级为电子门锁，用塑料水龙头替换铁质水龙头等。在互联网模式之中也有采用修与改的方法提升商业模式的，如O2O模式。在该模式成功应用支付技术后，将线上宣传与线下消费与支付的模式成功升级为线上宣传支付、线下消费的模式，这一革命为O2O模式的快速普及与发展提供了可能，也成功使O2O模式成为互联网领域中一个重要的商业模式。

4. 在相关领域最新商业模式采用复制创新或者学一学的方法

该方法指的是以相关领域最新的商业模式为基础，在模仿和学习中通过改进与创新的方法让其超越之前的商业模式成为一种新的商业模式。该方法在实行时通常是先走出去寻找到该领域最新的商业模式，复制过来之后再与企业自身的优势相结合，对局部开展创新，从而创造出一种新的商业模式。日本企业熟谙此法，如日本松下公司总是紧盯国际上一些最前沿、最成熟的商业模式，从来不会浪费大量人力、财力、物力在新技术研发上。公司一旦寻找到可用的商业模式，就会拿过来与自身企业的优势相结合，创作出一种适合企业自身的商业模式。虽然该方法在使用时方便快捷，但如果后期改进过程中不够注意，企业就不可能获得长足的发展。我国也有使用此方法获得成功的互联网企业——腾讯。腾讯利用免费的QQ模式打造了QQ平台，而该平台不仅重视客户及客户体验，还在运营中利用创新的方法，在平台上拓展增值业务，从而让竞争的能力不断提升。除了腾讯外，百度、阿里巴巴等在建设初期也尝试了该方法，从而开创了我国互联网的新局面。

5. 在不相关领域商业模式上采用代替的方法

代替的方法指的是用互联网领域中相关的内容替代不相关领域中的内容达到创新打造一个新的商业模式的目的。生活中，虽然大部分事物使用的领域和方法不同，但其功能是相同的，这样就可以尝试用代替的方法。在代替中，既可以采用直接找寻替代品的方式，也可以使用部分替代的方法。替代的基本过程为：首先，思考其他领域的整个或部分商业模式是不是能够被互联网领域的相关事物全部或者部分替代？其次，替代后会出现什么样的情况或者变化？

产生的效果是好还是坏？最后，替代后是不是从根本上解决了之前存在的一些疑难杂症。采用此方法可能会带来意想不到的效果。例如，喷洒农药专用的飞机。该飞机在机械种植领域被认为是日本中松义郎发明的。他之所以能发明这一装置，主要是因为他有一次坐飞机时被空中的沙子迷住了自己的眼睛，这件事情给予他灵感，既然沙子能从地上被卷起来，那么沙子要是被农药替换掉，药粉是不是也会像沙子一样从下往上飞起来，最终落到农作物的叶子上，这样一来就能极大地提高药效。在此基础上，他经过潜心研究最终研制出来了农药喷洒装置，并将其安装在飞机上。在互联网领域中我们也可以借鉴此种方法或者思路，如我们常用的免费模式就是基于此方法得到广泛使用的。

总而言之，在使用上述方法的基础上，互联网公司创新商业模式还应该结合客户价值创造生态系统、收入来源多渠道创新等方面进行革新。只有这样，企业才能够创造出竞争对手无法复制的商业模式，才能获得长足发展，在竞争中处于不败之地。

（三）互联网背景下商业模式的创新路径

1. 社群

社群指的是在具体地域或虚拟网络中相互聚集的社会单位，这些社会单位的特点是具有相同的价值观。一些学者在对社群的认识上存在着不同的看法。其中部分学者认为，在互联网世界中，社群被看作一种两两相互交织、满足客户需求并服务于客户的网状关系，一旦社群发展到某一阶段后就会自我运行，而这一过程被称作自组织。对于社群逻辑，笔者有自我见解，认为社群逻辑是一种以客户为主的 C2B 的商业模式。

在社群概念的引导下，产品和消费者之间的关系发生了变化，从之前的单向的价值传递转变为双向价值协同，传播也被赋予新的内涵——价值互动或者价值界面。价值界面中的界面指的是厂商与客户之间的界面。与此同时，在社群关系的影响下，厂商的产品转化成了社群产品，并在客户体验过程中得到充分融入。

在社群逻辑的引导下，因为人的不断参与，产品的全部属性都得到了不同程度的提升。例如，产品的寿命打破了规定的限制，会随着人尤其是重要的人而发生或长或短的变化；产品销量的高低不再受产品周期的影响，而是由人或者网络间关系的可靠程度所决定的；产品的管理不再依靠传统的战略资源，如金融、销售、人力等，而是依靠众多参与者来稳定，参与者通过在其参与的网络中不断让价值结构重复获得认可以达到稳定。

在社群逻辑的引导下，市场这一概念也随之改变，由之前厂商与社群消费者开展价值交换、真实存在的场所转变为两者合作网络成员间知识交流、碰撞与增值的场所。在这一改变中客户角色也发生了转变，成了参与者、建设者，同时也是受益者。

在社群逻辑的引导下，创新知识的源泉已不再清晰，与工业经济时代的规模逻辑也已大相径庭。在规模经济时代，规模随着经济的变大而变大，这时因为受到标准化与流水线生产的影响，品种越少就越优质。在社群逻辑介入后，这种规律完全倒置，大规模、私人定制的产品占据着主流地位，价值则是在主流产品生产过程中厂商与客户互相影响后创造而来。在这一过程中，厂商要做的是尽最大可能使长尾末端的需求得到满足，因为这一点是厂商在市场中能否获得成功的基础。不过我们要时刻注意，在社群逻辑的影响下，跨社群的营销不存在任何意义，主要缘由是社群具有个性化。正是由于社群内对产品的需求具有个性化，就会让社群内的粉丝提出自动限制产品规模的要求。因此，社群逻辑与规模逻辑是相反的。反过来可以看出，厂商假如对范围和规模不进行自我限制，那么便不会形成自己的粉丝社群，也就没有办法实现自身产品的价值。互联网时代受互联网模式的影响，厂商在获取资源创造价值时是无法离开社群的。这就要求厂商拥有开发多种产品的能力，如此一来才能满足社群中不同粉丝的个性化需求。只有网络社群成功建立后，产品及服务才能逐步建立并稳定下来。这就导致很多人认为，网络时代的产品尤其是品牌，往往会出现"喜爱的爱到疯狂，不喜爱的无感"的情况，其实这种认识还是有一定道理的。众所周知，需求不同，偏好不同，形成的圈子和社群也会各具特性。这就不得不逼迫厂商在研发产品时，视角要从之前的"物"转移到"人"或者"社群"上。由此可见，在社群逻辑的引导下，网络时代的经济已经从以产品和物为主的经济转向为以人为主的经济。

2. 开放平台 + 大数据

Web 2.0 时代的到来，带来的是网民数量的急剧增加，人们日常的全部需求通过网络几乎能够得到满足。以互联网为基础的开放平台，将网民的各种消费行为及信息汇总到一起，最终形成了人们所说的大数据信息。这些数据增长的量已经不能再用 GB 或 TB 来计量，而是需要用 FB（1000 个 TB）、EB（100 万个 TB）甚至 ZB（10 亿个 TB）来计量。大数据的内容主要由开放平台的用户交易数据、社会化媒体中用户行为及关系数据和网络定位及位置数据构成，其特征为大量化、多样化、快速化及价值化。互联网数据中心（IDC）数据分析显示，截至 2011 年年底，我国互联网行业拥有的数据总量已经达到 1.9EB，到 2016 年的时候增长已经超过 10.2EB。

大数据时代已经成为企业发展的新的动力。以大数据为基础，企业利用大数据分析工具对消费者的一切行为如消费习惯、爱好及能力等精确分析，这样既可以帮助企业展开精准营销，还能让企业从中发现新的商机甚至创新出新的商业模式，从而提升企业与消费者的黏度，让企业转型为拥有前瞻性眼光的企业，最终在竞争中获得胜利。

"开放平台＋大数据"在未来会成为最具潜力和活力的商业模式，这主要是因为该模式在深入挖掘和创造双边市场客户潜在需求的效果上非常显著。散落在互联网平台上的数据通过大数据技术的分析能将潜能充分发挥出来，让企业快速成长。我们从各种平台型企业的发展中都能发现散落数据在其中的作用。例如阿里巴巴，它将历史上所有买家、卖家的询价及成交数据等庞大数据盘活，之后利用这些数据帮助企业预测用户的需求，进而形成两个指数——询盘指数和成交指数。一般情况下，两个指数会稳定在合理的范围内，一旦检测到超出正常范围的变动，就会及时通知企业准备"过冬"。再如百度游戏，百度通过对搜索引擎上用户感兴趣的关键词程度的分析，将用户进行了细分，为百度网络游戏的运营商在数据上提供了支撑，这一"棱镜效应"为其创造了崭新的盈利模式。再如淘宝，该平台将大量原始数据向全球开放，并与第三方研究机构合作开展一些新的服务，如数据分析、业务咨询等，通过这一改变让其获得了丰厚的利润。

对企业而言，"开放平台＋大数据"的商业模式既是挑战也是机遇。在信息化时代中，企业只要能掌握海量数据，并以此为基础对消费者行为进行精准分析创造新的商业模式，就能在残酷的市场竞争中占据有利地位，获得发展的主动权。数据挖掘技术能够让企业分析所获得的大量数据，为长期产品换代、应用多样化、客户精准定位、客户体验提升、发现新的市场机遇等提供数据支撑，从而创造出一种完全不同的商业模式。基于此，企业不妨利用数据分析和挖掘技术对开放性平台上汇聚的大量用户的行为数据进行分析与挖掘，这样既可以提升平台的聚合力和竞争力，又能使企业的现有商业模式得以完善。亚马逊之所以能在竞争中获得成功，关键在于其是一家客户至上的企业，重视客户体验，强化数据化的运营。亚马逊耗费大量资金建立了一个数据研发队伍，研究数据分析专用的工具，并分析浏览过亚马逊网站或消费过的客户数据，根据分析获得相关数据，精准地为用户提供相应的产品或者服务。

大数据已经成为企业最为重要的资产之一，将大数据资源充分利用起来，企业才能在参与市场竞争中手握利剑，所向披靡。因此，企业在大数据时代的必然选择是建立以客户为核心，数据化运营，并拥有强大的数据分析能力。为此，移动互联网企业致力于打造"数据至上"的企业文化，引进数学、统计学及工程方面的专业人才，提升数据整合和分析能力，时刻准备迎接大数据时代带来的机遇与挑战。

3.跨界

跨界又被称作跨界协作，指的是跨行业、跨领域开展合作，是对潜在的、大众喜爱的生活方式及审美的暗示。跨界最大限度地使网络原有的边界模糊，使创造新价值的需求得到了满足，并通过跨越行业、领域甚至文化和意识形态的方法擦出新的火花，创造新的事物，让之前不相干或不兼容的事物或元素产生联系，创造出新的价值。

当索尼公司还在为拥有领先世界的数码成像技术沾沾自喜时，蓦然发现世界数码相机销量最高的竟然是研制手机的诺基亚公司，这让诺基亚成了成功跨界者。三家基础电信运营商在移动市场上你争我夺时，突然发现腾讯的微信竟然抢占先机碰触了它们的"蛋糕"，自此微信成了移动通信的跨界者。

从深层次上看，互联网存在无边界的可能性；从产业层次上看，虚拟与实体经济融合，平台型生态系统商业模式的出现，使产业的边界更加模糊，甚至出现了大量无产业边界的现象；从厂商组织的层面上看，日渐精细的专业化分工，虚拟组织如雨后春笋，为厂商组织跨界提供了可能性；从知识结构的层面上来看，互联网大大改善了信息不对称的情况，为跨界人才及产品经理人的出现提供了可能。

跨界协作带来的好处多多，在产品方面，能提高产品的环境适应力，延长产品的使用寿命；在战略方面，能用温和的合作关系替代激烈的竞争关；在成本方面，能有效降低企业进入市场的成本。不过需要注意的是，知名度和忠实用户的数量是产品生存的基础，企业想要获得这两者，需要的是机遇和积累，仅仅依靠资本投入是无法获取的。与跨界协作创造的价值成正相关的因素有涉及知识的复杂程度，跨界的跨度，新事物的寿命及环境适应能力、竞争力等。成功的跨界者采用开放式创新的方式，为企业提供了一个打造新的商业模式的机会，虽然这一机会会因为产业的不同而出现差异。

4.资源聚合与产品设计

（1）从资源基础观的视角分析

社群平台作为异质性资源的一种，具有挑选和聚合资源的能力，在网络中占据着重要的地位。有关学者在判断资源价值时给出了相关标准。从厂商的角度来分析，组织是资源的堆积物，资源又是一个组织能够时刻充满竞争力的源泉，这就要求其必备的特性是有价值且稀少，同时也无法被复制或替代。一些学者认为，资源被认定为具有价值，需要满足下面的基本条件：①能够满足厂商的需求；②能用低于竞争对手的成本获得客户满意；③能满足客户个性化的需求。除此之外，当资源能创造出商业机会或消除掉厂商遭遇的环境危机时，当提升效率或影响力的资源能被厂商拥有或者使用时，资源同样也会被认定为具有价值。这样的社群平台既有自身专职属性，也承担着资源交流与聚合的任务。由此可知，技术和资源是工业经济时代最有价值的，社群平台是"互联网+"时代最有价值的。

（2）从动态能力观的视角分析

从这一角度出发分析，社群平台对产品设计的发展具有促进作用，具有整合和利用资源的能力。产品设计作为资源配置在网络中的术语之一，被认为是一个信息处理的过程，其具有综合性和创造性特点。在产品进行设计的过程中，客户的需求会呈现出具体化、理想化的特性。企业在创造新的、更好的产品过程中，会对资源重新分配组合，甚至会对现有资源采用新的方法进行组合。因为一旦现有的产品无法支撑厂商获取更多利润，那么厂商发展的重点就会转移到采用新的资源配置方式来实现自身价值创造上。社群平台个性化、偏好性强的特征，让目标客户的需求和期望被无限放大，厂商此时紧抓C2B的策略不放，按照客户提出的个性需求，开展产品设计，最大限度地放大客户感知的使用价值，使客户的需求得以满足，进而在实现供需平衡的同时，最大化地满足价值创造。

第二节 互联网背景下财务管理与企业战略创新

一、战略及战略管理的特征

（一）战略的概述

希腊语"strategy"是"战略"一词最初的来源，后逐渐具有将军或军事领域的意思。在公元前4世纪，中国著名的军事家孙武撰写《孙子兵法》中虽然没有将"战略"一次明确地提出来，不过其泛称的"谋""计""画""策""筹"等均可以看作"战略"这一概念最初的形式。在历史演变过程中，中外优秀的军事家对"战略"一词开展了大量分析与研究。德国军事理论家和军事历史学家卡尔·冯·克劳塞维茨（Carl von Clausewitz）在《战争论》一书中对战略有这样的论述："战略是针对整个作战计划及每场战役中分配和应用军事工具、安排军事人才所应用的策略，主要是为了实现战争的目标。"毛泽东也曾对"战略"有过精辟的论述，其在《中国战争的战略问题》一书中讲述道："研究带全局性的战略指导规律，是战略学的任务。研究带有局部性的战略指导规律是战役学和战术学的任务。"中外军事家虽然对"战略"的定义有不同的见解，但都已经成功将其运用到了军事领域中。不仅如此，军事家们还将战略作为指导全局的策略，视为一种思维方式和决策的过程。

伴随着社会的快速发展，战略作为一种思想与理论被各领域广泛应用，进而衍生了众多专业术语，如外交战略、教育发展战略、经济发展战略等，战略的含义也因此得到了极大丰富与拓展。将作为思维方式和统领艺术的战略应用到管理领域中，碰撞出了新的学科，如企业战略管理。从20世纪80年代开始，企业战略管理因其创新的管理思维在企业界掀起了应用热潮，同时也丰富和发展了战略管理这一理论的内容，让其理论体系更趋完善。大部分人认为企业取得成功的主要因素在战略管理，但对"战略""战略管理"的相关理论的理解存在着较大差异。从这些差异上我们不难看出，战略管理是一个相对而言较为年轻的学科，同时也暴露了企业组织战略管理中的复杂性和多样性。

在前人研究的基础上，笔者对企业战略管理做了如下定义：企业战略管理指的是以企业外部环境变化和内部资源条件为基础，对企业各环节业务活动使用相应的方法或者技术进行全局谋划的过程，其目标是让企业获得长远发展和强大的核心竞争力。该定义不仅能够让本小节研究的战略及战略管理更加完善，还奠定了财务管理研究范围界定的理论基础。

（二）互联网背景下企业战略管理的特征

战略在互联网时代已经从理性的战略规划转变为非线性的要素及机会的把握。因为企业面临的外部环境具有不确定性和混沌性的特点，加之决定战略要素是否成功的非线性要素能量在积累和释放时会出现质变、裂变甚至聚变，所以战略的核心内容应该包括选择正确的方向、洞悉未来的趋势及把握良好的时机等。从某种意义上来说，战略离不开企业家的精神和思维。这就导致很多企业摒弃传统的定制三年、五年甚至十年详尽规划的方法，转而应用企业家思维，洞悉并把握未来发展趋势，做出合理的未来假设，从而对未来发展做系统思考。企业传统的战略计划在昨天和今天的基础上对明天做出假设，而当下企业的战略计划是以后天的发展趋势对明天做出安排。企业传统战略是以企业的角度去看企业和产业，当下的战略是站在企业之外或者说企业的制高点上看企业和产业。

互联网时代制定战略不是简单地画一张战略图。在之前制定战略时采用的思维是从上到下，而现今的战略思维来源于用户和网络平台。因此，从某种意义上说，在制定战略的时候，人们要有架构思维。

传统时代的战略制定是在确定方向和目标后，落实到策略这一层面。而在网络时代制定战略时则要挖掘出能将价值引爆的点。企业不再是简单地谈所谓的策略，而是注重通过市场挖掘价值引爆的点，一旦成功寻找到这一点，企业就寻找到了快速发展的契机。

在网络时代，战略的形成往往会经历更迭、创新和优化，通过不断探索和试错，向着目标不断逼近。企业在试错过程中会不断找寻发展的方向，探求未来发展的道路，从而不断向着未来目标逼近。在网络时代，战略的追求由之前怎样达到预先设定的战略目标替换成了采用什么样的方法逼近未来目标。互联网时代注重关键绩效指标（Key Performance Indicator，KPI），这是因为，企业的绩效需要不断调整、探索，企业要在探索过程中将其不断优化。

二、财务管理战略的含义及特征

财务管理战略被看作一个过程,该过程以分析企业内外部理财环境因素影响资本流动为基础,全局性、长期性、创造性地谋划资本流动,并保证其有效执行,达到企业资本有效且均衡流动、资本运营质量和效果有效提升、企业战略目标能很好实现、企业竞争优势显著提升的目标。

企业财务管理战略的任务是以企业各项战略要求为出发点,详细分析资金的需求总量,确定融资的途径与方式,调整并优化资本内部结构,在满足生产经营活动资金需求的同时,通过资产管理提升资金使用的效率,确保资金的利用达到最优、最大化,使企业各项战略目标成功实现。

业界在企业财务管理战略的目标上一直存在较大的争议。在市场经济条件下,得到认可的目标有三个观点:①利润最大化。利润最大化是指在企业财务活动管理的指导下,不断增加企业利润,使利润达到最大化。②股东财富最大化。股东财富最大化指的是企业利用财务合法、合理经营,使股东的财富变得越来越多。③企业价值最大化。企业价值最大化指的是企业利用最佳的财务策略,在考虑资金时间价值、风险与报酬的基础上,通过财务合理、合法地经营,在确保企业能处于长期稳定发展的情况下,让企业的价值最大化。

综上所述,财务管理战略指的是企业在保证处于竞争优势的前提下,利用财务管理战略的分析工具,全局、长期且创造性地对企业财务战略决策、选择、实施、控制、计量、评价等活动进行谋划,从而使企业竞争优势增加,让企业战略目标顺利实现的过程。通过上述这一定义,笔者总结出财务管理战略的几大特征。

(一)导向:财务战略目标

明确的目标导向是成功的战略实施和完成的必备条件。这就同一个不知道去向何方的人就无法启程是一样的。财务管理战略目标确定了企业财务战略的方向,对企业财务战略的边界做出了明确规定,也就是财务战略该做与不该做的。企业财务管理战略目标处于财务战略系统的主导位置。企业财务管理战略目标为企业财务管理战略总的发展指明了方向,对财务管理战略的具体行为准则做出了明确规定,如此一来才能将财务战略方案选择的边界界定在有效范围内,将同企业发展方向和财务战略目标相偏离的方向排除掉。企业只有将财务管理战略框定在合理的范围之内,才能站在全局的高度,客观而科学地概括并描述企业财务活动的发展目标、道路及方向。同时,只有财务管理战略目标明确才能保证财务管理战略的属性清晰明确。此外,作为企业战略管理子系统的财务战略管理目标是企业战略目标实现不可缺少的工具,一定要服从于企业战略管理的要求，并与企业战略管理相协调、相一致，进而从财务上对企业战略的顺利实施提供支持。

（二）核心：企业竞争力

在企业的经营活动中，直接影响企业竞争的因素有企业中财务战略管理目标、资源的应用与分配、财务决策的制定与实施等。资源尤其是财务和经济资源是企业发展必不可少的部分，不过即便企业拥有大量的资源也无法确保其核心能力和竞争力始终处于有利位置。将企业竞争力作为核心使财务战略的直接目标清晰明了，让财务战略决策有了参考的标准，同时也让财务战略管理行为有了行动指南。财务管理战略实施过程中，企业要寻找提升竞争力的方法，寻找能让企业形成核心能力的资源，探索在既定资源的基础上实现财务战略的途径，以及找到企业利用核心能力创造强劲竞争力的优势所在。也就是说，企业的财务管理战略一旦离开企业核心能力将不复存在。

企业对核心能力要有识别、构建和利用的能力，这样才能最大化地满足客户需求。在拥有这些资源后，企业不仅要拥有支配和驾驭其的能力，还要有效地提升财务资源的使用率。企业的竞争力既是企业财务管理战略的后盾，也离不开科学财务战略的创造、维持、创新及发展，只有如此，企业才能保持强劲的竞争优势。

（三）竞争力提升参数：战略成本管理

财务战略管理中必须直视的问题是战略成本管理，那是因为在企业竞争力中重要的影响因素就是成本。在日益残酷的竞争环境和复杂的经营环境中，企业能获得并保持长久竞争力最为关键的是如何通过战略成本获取效益和竞争的优势。

战略成本管理就是企业通过运用战略成本管理工具，全面熟悉、分析、控制和改善企业的成本，从而找到成本不断改进的方法和获得长久竞争力优势的过程。成本管理究其根本是将成本信息放到战略管理之中，让其与影响战略的重要因素相结合。

在将企业竞争力作为核心的财务管理战略当中，企业竞争力和财务管理战略的结合点就是战略成本管理。在企业财务管理战略体系中融入战略成本管理，既有利于企业的生产与经营活动，也使财务管理战略的内涵更加丰富。

（四）财务战略决策的内容

财务战略决策的内容包括选择、实施与控制以及计量与评价。选择对企业财务资源配置的方向与模式及竞争能力的强弱具有决定作用，对企业理财活动的行为以及效率会产生重大影响。不仅如此，财务战略的选择、控制与评价均是以企业拥有长久竞争力优势为基础的，而长久的竞争力优势是财务战略的本质所在。

财务战略决策的内容要站在企业全局的角度来考虑，一定要与企业整体战略相符合，同时还要适应其他职能战略。财务战略管理与其他职能战略在本质上的特性是站在战略高度对财务问题深入研究，将财务管理战略的特征突显出来。这一本质的特性也可以视为财务战略良性发展的过程。财务管理战略重视整体性，将企业管理的整体目标看作最高目标，以此对各部门运作进行协调，并通过有效且秩序良好的财务战略开展的过程让其顺利实现。

（五）重视企业的理财环境

财务管理战略对环境因素的影响更为重视。分析财务管理战略的环境面向的是未来，而不是"过去"与"现在"；关注的是环境因素动态变化的一种趋势，而不是某一特定"时间点"的环境呈现的特点；既有宏观环境的综合分析也有内部因素的微观环境分析，其中前者包括战略管理中的政治、经济、社会文化、法律等，后者包括产业、供应商、客户、竞争者等。此外，企业还要将环境变化的多样性与财务战略稳定性的关系处理好，通过科学分析财务环境，为企业制定正确的财务战略打下良好的基础。

从上述特征中不难发现，作为企业战略管理系统中的子系统之一的财务管理战略，虽然具有相对独立性和综合性，但它也要与企业战略管理的目标及思想保持一致。此外，它还具有全局性、长期性、竞争性及稳定性等企业战略管理所具有的一般特性。

企业在制定、实施和控制财务战略时要对企业内部和外部各种因素综合考虑。企业财务管理战略要有战略眼光，将扩大市场份额、实现长期盈利、打造核心竞争力作为目标，同时对企业未来、长远和整体的发展给予高度关注，对企业市场竞争力的占位要给予重视。财务管理战略的管理重点是企业外部有关情况，为企业提供全面的外部信息，在提供信息时，应该以让企业获得竞争优势为目的，对企业所在市场的变化、市场宏观经济的政策及发展趋势给予关注，同时还要重视竞争者的动向、竞争者的价格等情况。提供的信息类型不仅有传统财务管理所提供的财务信息，还有企业外部相关的非财务信息，包括竞争对手的定价、成本等，以及市场的需求总量、占有率、产品质量、服务质量及网络等。

三、财务管理战略在企业战略管理中的地位

在企业之中，企业战略管理居于核心位置，是财务、营销、生产等部门战略计划的总和，在企业发展中发挥着总领作用。财务管理是财务部门核心中的一员，是财务部门制定部门规划的基础。从这一点来看，在企业战略中财务管理是其重要的组成部分，而财务战略又在企业战略中居于核心地位，但财务战略受到财务管理的限制。在市场经济环境中，财务管理已经不再是企业经营中

的附加功能，而是具有了一定的独立性。企业离不开生产，生产后带来的价值是企业立足的根本，因而财务体系不仅需要企业不断维护，还要企业在维护的基础上不断挖掘其战略内容。

在企业管理战略中财务管理占据着非常重要的位置。第一，公司经济运营是企业制定战略管理的根本所在。企业所制定的财务战略中必不可少的部分有企业财务的具体情况、对企业运营采用的模式提出的意见或者建议等；第二，运营资金的管理、企业财务风险的控制、企业融投资等战略规划既是公司战略管理中的必备项，又是财务管理的主要内容；第三，财务管理战略的主要目的是让资金处于高效运用中，对企业内外部资源进行优化配置，为制定企业战略管理实现企业发展的目标奠定基础，同时对企业健康快速发展，建立自身优势有着不可替代的作用。

企业财务管理是企业战略管理打造核心竞争力不可或缺的支撑，换言之，财务管理的重要内容是企业财务资金管理。财务管理不仅要将企业战略的要求真实反映出来，还要确保这一战略能顺利实施。基于此，人们也可以看出，在企业战略管理体系中财务管理的地位非常特殊，其把企业各战略利用资金链有机串联在一起，再以货币的形式呈现在大众面前，进而使财务战略成为企业战略体系中功能性子战略之一。企业战略与财务战略间的关系是整体与部门、主战略与子战略。虽然在企业战略中财务战略只是其中的组成部分，但是因为企业生存与发展的重要驱动因素是资金，这就让财务战略在企业战略中成了中流砥柱。在战略管理系统中，财务管理战略的地位如图6-1所示。

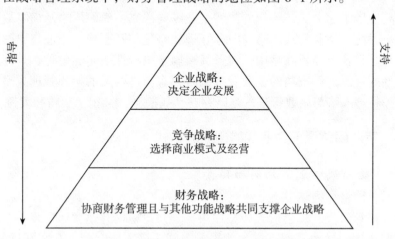

图6-1　财务管理战略地位

由图6-1可知，财务管理战略在企业战略管理中占据着基石的位置。企业竞争战略的直接支持系统由财务管理战略、生产战略及研发营销战略共同组成。其中，企业竞争战略的执行战略便是财务管理战略，因为财务战略以财务作为出发点，对与经营有关的、涉及财务的事项提出切合实际、操作性强的目标，使企业在竞争中更容易获得成功。每项企业活动都与企业财务挂钩。企业各种生产要素的获得都离不开财务资源，企业各种经济资源的投入、产出及运用都是通过财务指标来表现和计量的。实际上，企业根本无法准确地将各战略做财务性战略和非财务性战略的区分。例如，企业的发展和生产经营的需要对企业筹资具有决定作用；企业的整个再生产过程与企业资金的投入与使用有密不可分的关系；股利分配则与企业的再生产和投资需要有关，并不是单纯的财务问题。因此，企业财务活动在实行的过程中与企业活动的各个方面是相互联系的。可以这么说，在企业管理战略的每一个子战略中都有财务管理战略的身影，财务管理战略并不是一个纯粹的职能战略，它和其他职能战略间有联系也有区别，与企业战略也不是简单的从属关系。

企业的竞争环境无时无刻不在变化，为了使企业战略能够保持稳定，企业要分析竞争环境并根据分析结果调整财务战略，确保财务战略在不同环境和时期下能够始终直接支持企业的各种竞争战略，并通过竞争战略将企业战略和财务战略联系起来，从而保证财务战略能以企业总体目标为导向做出正确的选择、决策、实施、控制、计量及评价。

综上所述，企业战略的基石非财务管理战略莫属。作为企业战略管理系统中不可缺少的综合性的子战略的财务战略，不仅在资金上保障了企业战略目标及竞争战略目标的实现，还和其他的职能战略共同构成了企业战略管理体系的"金字塔"。财务管理战略不仅利用资金与综合财务信息这两大要素有机地将各层次战略连接了起来，还承担着协调企业纵向战略、横向战略及横纵战略关系的重任。因此，企业管理战略与财务管理战略是相互影响、印证与协调的动态反馈关系。在企业经营战略中，财务战略属于执行性战略的一种，具有从属性和局部性的特点。而成功的企业管理战略要有与之匹配的财务管理战略。所以说，财务管理战略与企业管理战略既存在从属关系，又相互制约和支持。

四、互联网背景下企业战略创新的方式

（一）企业战略创新的驱动因素

1.云、网络与终端

进入信息时代，社会形式转型加快，公共设施提升速度远远跟不上社会形势的转型速度，导致其拥有很大的提升空间。进入新时代，互联网日新月异，新模式层出不穷，公共基础设施的水平则严重滞后。企业为了获取源源不断的资源，提升其核心竞争能力，一定要在提升互联网技术公共设施水平上下大力气。互联网的发展离不开紧跟时代的公共设施——云、网络及终端。云是指云计算、大数据基础设施。它就像生活中的水和电一样为用户提供方便，降低资

源的使用成本。企业生产率的进一步提升与商业模式的创新都是由数据的利用能力所决定的。网络不再仅仅限于互联网，还包括这一范畴内的其他事物。企业只有不断对互联网的负担能力进行改善，才能让用户不断增值。终端是企业与用户连接的形式，如类似于计算机的设备、传感器、App 程序等。终端既是获取信息的源泉，也是一个提供信息的平台。

2. 数据

数据的创建、传输和使用与人的活动有着密不可分的关系。随着互联网数据技术的更新与进步，数据已经突破了其原有的限定范围，不再受传播速度的影响，从而扩大了传播的范围，增强了其传播的价值，使社会效益得到了有效提升。在网络社会中，数据可以说是一种独特的元素，其通过技术和速度收集大量数据存储起来，拥有智能化的处理能力。悄然而至的大数据时代对人们生活的各个方面均产生了影响。2019 年，在数据中心建设方面，我国建设的数据中心约有 7.4 万个，占全球数据中心总数的 23%；在机架部署方面，我国数据中心的机架总规模达 227 万架。此外，我国目前使用的 IDC 数据中心已达 2213 个；超大型、大型数据中心数量占比已达到 12.7%。从上述数据可以看出，我国数据中心在不断向大型化、规模化的方向发展。区域应用和大型集团旨在通过寻求规模化建设防止出现盲目建设和重复投资的情况。

产品开发数据也是企业战略创新的一个重要驱动因素。产品开发数据其实就是数据产品，如精准的互联网广告，其通过创造新的价值，将使用的数据扩大化，而后紧抓新产生的数据开拓出新的资源。在社会发展不断创新的时代，社会分析进一步深化和数据应用领域信息的规模化，让企业和人的洞察和辨别能力不断提升，这在一定程度上不仅使社会效益获得提升，还为全面获取信息提供了相应保障。

3. 协同

协同合作不仅能提升企业信息基础设施的水平和数据梳理能力，还能使数据快速融入企业各层次机构中，降低生产过程中产品的交易成本，从而对企业的生产与盈利产生较大的影响。企业要想变革，协同分工与合作必不可少。大数据的出现使得市场环境发生变革，企业要想在这一变革中占据一席之地，就需要利用廉价且高效的数据分析工具，不断提升自身数据处理能力，同时充分利用协同关系，转变企业在消费观念上的认识——从不知到熟悉，从孤立分散到群体互动，从被动的消费者到潜在的消费者，从单一消费者到多样性消费者。在这一革命下，企业组织机构的模式与战略也在不断发生变化，从之前以企业生产和消费为中心逐渐转向以消费者或客户为中心的战略管理。

新的劳动分工的出现使协同合作随之出现。企业在节约成本、降低生产经营成本的前提下，开始寻求一种新的生产方式——外包。企业在采用这一生产方式后，不用再耗费大量人力、财力、物力来维护一个庞大的组织机构及多余且低效率的价值链，这就为小企业的发展提供了广阔的空间。小企业的发展为生产和消费数据的集成提供了无限可能。数据是一种灵活的资源，能精简生产链，提高生产效率，有效促进生产与消费的增加，将消费者聚集在企业平台上，形成企业电子商务方式。

在信息快速发展的当下，信贷体系不断改进，致使沟通和协作的临界值降低，个人专业知识不断突出，就业形式更加灵活多变，尤其是年轻人，他们通过网络，获得企业外包之后可以根据自己的时间和地点安排工作。其实，很多企业就提供这样的工作，如翻译、设计、客户服务等。由此可以看出，随着企业组织形式的转变和就业模式的变化，就业和收入结构也会随之发生改变。

总而言之，新的信息基础设施的建设、新的生产因素的出现是企业生产经营的动力所在，其释放出的强大能量促进了信息技术革新和企业生产制度的创新。互联网的发展不仅促进了企业信息基础设施革新，以及工业和农业基础设施创新，还促进了网络经济向传统产业的渗透，从而实现经济转型。

（二）互联网背景下企业战略创新优势

电子商务交易平台服务作为高效、便捷的信息基础设施，为每次交易的每个环节提供专业服务，既方便了交易过程、提高了交易对象的准确性，也有效地控制了交易的成本。具体而言，互联网背景下企业在战略创新方面存在的优势有时间成本低、营销成本低、渠道成本低、物流成本低、资金周转成本低和信用可降低成本等。

1.时间成本低

电子商务服务平台为企业经营电子商务网站、在线商城等提供了技术支持，有效降低了企业资金和时间成本，使企业资金流动缓慢的状态得到有效缓解。在线商城等线上商店与实体店比较而言，资金回流更快，更能节约企业的时间成本。例如，据中央广播电视总台中国之声《新闻和报纸摘要》报道，2020年的"双11"，天猫与京东交易额分别达4982亿元和2715亿元。

2.营销成本低

快速发展的信息技术和专业化的数据分析系统，为企业准确销售、实时监控和及时沟通交流提供了便利，而这些优势是传统的、成本低廉的电视、报纸和户外营销等所不及的。此外，网络销售支持多种支付模式，如支付网关模式、网上银行模式、第三方支付模式等。企业在开展线上营销时，可以根据自身实际情况灵活选择支付模式，从而降低销售成本，提高销售效率，使企业价值最大化，最终实现企业制定的业务战略目标。

3.渠道成本低

电子商务交易服务平台将传统销售渠道中各地经销商的环节直接省略掉了，客户可以直接向工厂下单，这样就有效降低了生产经营中的渠道成本。此外，企业可以通过电子交易服务平台保证产品的质量，为客户提供售后服务。新型的销售渠道——"生产商→网店↔客户"逐渐精简了传统的多级销售的渠道，这样使生产到最终消费的渠道得到了极大简化，从而让渠道成本大大降低，让渠道效率得到极大提高。

4. 物流成本低

企业使用电子商务物流平台时，需要支付维护物流系统的成本，不过实际支付的费用是以基本业务量为基准的。一个具有专业配送能力的物流平台组织，其形式会更灵活，对不断变化的业务适应能力会更强。如果企业在通过电子商务平台开展营销时选择的是上述这样的物流组织，再加之运输的距离较短，那么物流的成本就会大大降低。相关研究表明，如果企业能够选择一个合适的电子商务物流平台，那么能够使企业的物流成本降低 20%~30%。

5. 资金周转成本低

在传统的销售模式中，分销商和零售商存在着复杂的关系，在账面上经常存在坏账等情况，这些不良的情况对企业货币流动的速度有着严重的影响。电子商务可以直接在供需双方之间开展，通过网络直接完成付款和结算，从而降低了企业的金融成本。在具有相同资本规模的企业中，发展电子商务的企业与传统营销企业相比，资本周转的速度和资金使用的效率都得到了极大提升。

6. 信用可降低成本

在商品经济时代，商业信用可以发挥其润滑剂的功效，能很好地降低企业间的谈判成本和摩擦成本。企业打造良好的商业信用体系，在谈判时能有效节约时间和成本，在交易时能降低交易的成本，在生产时能提高生产的效率，在营销中能提高产品流通的速度。一旦企业的商业信用降低或崩塌，那么在无形中会增加谈判和摩擦的成本，增加交易的成本，让社会资源配置的效率低下。因此，改善企业电子商务信用服务、规范电子商务安全、净化电子商务信用环境，对降低电子商务交易成本有着巨大的作用。网络运营商和电子商务平台相互适应，能促进信贷体系的改进和成熟，进而使企业各方面的成本得以降低。

（三）互联网背景下企业战略创新方式

1. 多边市场的定位

定义双边和多边是对平台商业模式分析和设计初步要做的事情。因为生态圈的限定，平台企业在盈利和创收的商业模式上一改之前简单的、单一价值链及单向流动的商业模式，转而向着平台商业模式发展。该模式可以在同一时间内将各方的收入和成本及时核算出来，将平台上企业的信息实时、快速地汇集到平台开展管理，进而将企业的利润快速分享，让企业平台的市场得到有效扩展，最终使企业的盈利和创收更加丰厚。

通过对国内外平台企业分析研究发现，不管生态系统有多复杂，公司组织结构有繁复，其选择的商业模式或者模型多为双边。多边市场指的是利用一个或多个交易平台，将两个及以上的接入节点连接在一起，让用户在平台上形成互动，之后利用合适的定价，让每一个接入节点都能够参与其中。如搜索引擎，它是利用三边模式（内容↔使用者↔广告）建设而成的生态系统平台，通过信息整合的手段，将三方群体（网站↔网民↔广告商）连接到一起。从某一层面上来讲，网站可以看作搜索引擎的"内容物"，只不过这一"内容物"是网站整合后的内容。网站利用"内容物"免费帮助客户寻找到其所需要的信息，并对其产生依赖心理，进而吸引广告商入驻网站。

2. 网络效应的激发

在企业战略规划中，生态圈能不能吸引大量企业群体与平台相连接，让生态圈与战略规划有秩序、有层次地相融合，形成环节紧扣的链条机制，同时设计出满足企业群体客户的产品或者服务，让平台企业与用户企业处于和谐状态，进而实现企业战略规划的目标，上述内容是企业经营成败的关键所在。

在企业平台运行过程中，与平台衔接的客户在不断增加的同时也给平台带来大量新的客户的现象被称作正网络效应；反之，带来的新客户的数量非常少的现象被称作负网络效应。处于生态圈内的企业如果正网络效应显著，那么生产经营战略规划的方向会转向被补贴方，并以此为筹码吸引其他的企业加入其生态圈内，让其正网络效应更加显著；相反，一旦补贴①不存在了，用户流量的增长会严重受损，甚至会失去一部分用户流量。如开心网，该网属于互联网社交平台的一种，参与其中的用户注册会员后可以将现实中的恋爱关系转移到虚拟的互联网平台上，同其他用户分享生活的点滴。短短 15 个月的时间，该网站的用户量就增加到了 10 万人，用户通过网站能看到更多朋友的生活点滴，使用会员的同一边群体效应随着新增的朋友的加入而不断增强。

生态圈的负网络效应指的是在经营平台的过程中，随着一些群体积极加入平台导致极少部分用户不愿意甚至拒绝加入的现象。例如，某企业的大型春季招聘会。该企业通过大型宣传吸引了大量求职者投简历，在人力资源部获取大量求职者信息后，发送给求职者的不是招聘进展情况，而是企业的产品信息，这样的做法会严重影响企业的信誉和形象。因此，企业平台在构建初期就要做好相关制度的建设，防止这类事情发生，否则将影响企业平台的形象，甚至会产生负网络效应。

3. 用户过滤机制的构建

鉴定用户的身份是用户过滤机制构建中首先要完成的。在严格的过滤机制的筛选下，平台企业能成功挑选出对平台有重要影响的平台企业群体，将一些

---

① 补贴指的是平台企业对于某一方群体提供免费（或者普遍低于市场价格）的服务，借以吸引该群体的成员入驻自己的生态圈，并以此为筹码，转而吸引另一方群体入驻生态圈。

与企业平台不相适应的群体从生态圈内剔除，之后根据生态圈内各个企业群体的表现将用户的过滤机制有效建立起来。一旦用户过滤机制成功建立，那么就能以最公平的方式评价企业群体，让其成为最有效的用户过滤机制。现如今，电子商务平台如京东商城、当当网等建立用户相互评分的机制有效提升了生态圈评价的标准。

4. 用户归属感的寻找

在电子产品如此丰富的当下，苹果公司每推出一款新的电子产品如 MacBook，iPod，iPhone，iPad 等就会掀起一股购买热潮，之所以如此，是因为苹果公司推出的产品基本上都将美观与实用相结合，其产品不仅拥有美观的硬件，还拥有丰富、个性化的软件。究其成为高科技电子公司的原因，是该公司将用户作为营销的核心，时刻关注用户的体验，想用户之所想，设计用户之所需，对客户的消费心理及产品的身份效应有着深入了解，将用户的价值身份通过产品充分体现出来，尤其是在产品更新换代过程中，公司既做到了唤醒客户归属感，又使用户的黏度不断提高，促使用户继续选择该公司的产品，从而让公司的市值不断增加。从苹果公司的做法我们不难看出，企业在经营管理中，要通过产品赋予用户归属感，建立用户归属机制，从而扩大其在生态圈内的用户范围，增加用户对企业平台的黏度，提高用户对企业的忠诚度，进而为企业带来大量潜在的新用户，提升企业的市场价值。

5. 开放式与管制式策略

在交易过程中，传统的产业价值链或者价值链组合的形式与规则是封闭的，但在互联网时代，企业交易过程中面对各方链接市场会选择开放平台的方式，进而形成一个开放的交易生态圈。如苹果 iPhone，在苹果产业链中，iPhone 的硬件制造商的地位不可小觑，因为 iPhone 在用户心中的位置取决于硬件的质量，所以 iPhone 的生产商可以说是 iPhone 平台中不可缺少的部分。之所以这样说，是因为苹果公司在硬件这一块并没有采取完全开放的群体。每一代 iPhone 产品的设计均由苹果公司来把关，之后认真且严谨地选择其制造商来生产该产品。这一点与谷歌公司的安卓系统是不同的，后者对选择安卓系统的链接平台的供应商是完全开放的，让其成为生态圈中的重要成员。不过为了保持生态圈平衡，平台对任何一方市场或者企业采用的是不完全开放的形式。平台以此为基础，设计用户过滤机制，将与生态圈不相符的企业群体淘汰掉。不过，假如用户过滤机制过于严苛，那么很多客户成员会被隔离，这样一来就无法在生态系统中形成群体。这就要求生态圈设定的用户过滤机制一定要中立客观。需要注意的是，这里所说的客观中立不等于完全的自由，是相对的自由，能够在生态圈内自由进出的只能是平台的供应商或者与平台有合作关系的企业。因此，企业在制定战略规划时，尤其是制定生态协作策略时，要进行综合考虑，不能完全开放或严格管制，要秉承一定的"度"，只有如此才能将制定战略的意义体现出来。

6.关键赢利模式

随着互联网竞争日益白热化，企业经营的环境发生变化，经营战略也随之做出相应调整。在上述变化中，平台生态圈企业也应根据其经营规模、策略及交易原则、费用的变化等做出相适应的改变。国内外很多学者或者企业家认为，企业发展、成长或者盈利的关键在经营规模上。在这一理论认知的影响下，企业盈利模式也逐渐形成并确定下来——采用多种渠道去销售的方式达到企业盈利的目的。然而，在互联网背景下，企业盈利模式的基础是平台链接的各方市场或者企业的供需关系，过程是在这一基础上将各方资源的竞争优势整合到一起，利用网状的价值增值网形成网络效应，之后通过在增值节点实施收费的手段为企业赢得利润，最终形成企业的盈利模式。实际上，在平台生态系统中，可持续营利目的的实现与各层面机制和规则环环相扣是密不可分的。

第三节　互联网背景下成本管理战略创新

企业财务管理战略创新包括纳税筹划战略创新、成本管理战略创新及财务决策战略创新等。企业财务管理战略创新是以财务管理量的积累为基础，在相关因素影响和改变下完成质的改变，以量变到质变的这种交替演进的过程实现创新。竞争机制的提升指的是将生产与技术、经营与管理等条件重新与财务管理的相关要素组合到一起，它是企业财务管理战略创新的源泉。

一、互联网背景下企业财务成本管理现状

（一）扩大的财务成本管理范围

传统意义上的成本管理是以某一产品或者生产过程为对象，按照直接成本计入，间接成本按规定的标准分配到产品之中的方法，将产品的成本准确计算出来。互联网和信息技术的发展，不仅改变了企业的财务流程与管理模式，也对企业成本管理有了新要求和新挑战。在经营日趋多元化的趋势下，企业在保证自身产品销量的情况下，可以选择多余或者闲置的资金进行其他投资，如买股票、债券等。在进行其他投资时，企业财务部门首先要评估投资资金成本，之后再计算资金的机会成本，从而不断扩大企业成本的计算范围。此外，一些工矿企业的财务成本范围不仅包括基本的生产所需，还要将损害环境造成的成本、法律成本及塑造社会形象的成本计算在内。

（二）产品成本划分不够明确

成本管理是众多成本管理项目利用有机结合的方式进行管理的过程，不是单个成本管理项目的简单累加。在成本核算的时候，企业可选择用于控制成本的方法多种多样，方法不同获得的成本数据存在较大差距，所以没有办法将各成本间的界限清晰划分出来。此外，企业成本管理系统的损耗会存在隐性成本等，这些成本无法分配到产品上，也会导致成本管理信息不够清晰，进而影响企业管理决策。

（三）财务成本核算量增加

会计核算是利用货币的形式计量企业全部的经济活动。传统的财务成本管理在推算产品成本时主要采用产品法、分步法、分批法等方法，将各生产车间、仓储部门等汇集的成本数据，直接或者间接地分配到产品之中，以此为企业制定产品价格和控制成本提供依据。在互联网发展的当下，企业成本管理的范围不断扩大，企业成本汇集对象为企业的某个项目或者企业自身，汇集的过程也更加复杂、多样，这在无形之中增加了成本核算的工作量。

二、互联网背景下企业财务成本管理措施

互联网和大数据技术的发展影响着企业生产经营活动的各个环节，尤其是企业财务成本管理受其影响非常大。在企业财务成本管理中应用大数据库系统可以搜集到更多的管理数据，在很大程度上提高了企业在财务成本管理上的效率。在提供便利的同时，企业财务成本管理也面临着新的挑战，如管理模式的创新、人才要求的提高、管理范围的扩大等。下面笔者将分析一下互联网时代企业财务成本管理的措施。

（一）企业要有正确的成本管理观念

信息技术的发展与融入促使企业的生产节奏不断加快，在这一背景下，企业的视野也要不断扩大，不仅要关注产品的市场需求潜力，还要重视用户的意见及反馈，让全部人员都能参与到企业管理中。在网络时代，企业的成本管理和控制逐渐朝着全员参与、全方位全过程实施的方向发展，且企业对这一发展趋势相当重视。企业要树立正确的成本管理观念，就要找准企业成本管理的对象。企业成本管理的对象既包括基本成本，如项目的调研成本、产品的设计成本、生产和销售成本等，也包括管理成本和物流成本等与之有直接关系的成本。

（二）运用信息化手段创新财务成本管理

在网络发展的当下，企业应用一些信息化手段如材料条码、ERP成本管理及定位系统等，有效地提升了成本管理的效率及准确性。在大数据被广泛应用的现在，企业可以运用云计算、数据库系统等信息手段对成本分析的数据和影响成本的因素进行收集分析，从而使财务成本管理客观且公正。此外，信息技

术的应用能让成本年数据资源共享，这样既可以让总公司及时了解各子公司成本管理方面的信息，也能让公司整体的成本管理目标很好地实现。

互联网时代为企业和客户的沟通提供了便利，也极大地缩短了两者沟通的时间。对产品的质量、价格、售后等方面，不同群体客户可以直接通过网络销售平台提出自己的要求或建议，企业应抓住大数据时代提供的优势，通过云计算或者大数据库系统及时搜集这些消费信息，然后根据用户的合理需求优化企业产品。企业要重视客户对产品价格提出的要求，并根据企业成本控制的目标将产品及时调整到合适的价位，让产品适应市场需求的同时，调整企业成本控制。

（三）财务成本管理要与企业战略目标相统一

只要能使产品的成本降低就能获得相应的利益，这是传统成本管理模式固有的、片面化的思想，而这一思想将成本与企业战略目标的统一性完全忽略了。该思想在现实工作中的表现为：一些企业为了让产品的整体成本降低在生产中购买质量次、价格低廉的原材料或者强制提高工人的生产效率。虽然这一做法在短时间内能使产品的生产成本下降，但长此以往会严重降低企业的整体利润。网络时代的到来，企业应一改之前的陈旧思想，将企业成本管理与企业战略目标统一起来，向企业财务管理部门灌输正确的战略意识，使其通过对产品成本与企业整体成本的关系及影响因素的分析寻找到降低或者控制企业整体成本的方法。

（四）企业内部机构的改革

计划经济体制下的企业运行模式、组织架构及产品成本在市场经济和互联网的冲击下分崩离析。传统企业组织架构的三大链条（生产、商品及运输）在互联网的影响下发生了变化。网络时代，客户的需求日益多样化，企业为了更好地满足客户的需求，就不得不改变企业的商业模式及组织架构，让组织架构不断更新升级。同时，为了满足网络经济对组织架构的需求，进一步控制企业管理成本，企业应该彻底改革组织机构，将主要的权力下放到生产或销售一线，使这两个部门能及时按照客户的反馈或者市场的变化调整生产或销售策略。机构经过彻底的改革后，不仅能使企业上报信息的时间成本和人力成本有效降低，还能有效缩短消费和生产成本的信息反馈与搜集的时间，进而促使企业整体管理效率和综合利润水平的提升，最终增强企业产品的竞争能力。

（五）建立预算管理体系

信息技术的应用使企业财务成本智能化管理成了可能。智能化管理流程一改之前传统的流水线运作模式，让企业利用大数据库系统搜集和共享平台数据，这样不但使企业多元化管理和分析得以实现，而且为企业管理提供了科学化的依据。现如今，大部分企业在编制企业预算时会采用滚动预算编制[①]的方法。当市场上原材料、物价水平等发生较大变化时，企业依然会按照原先的预算指标来执行，这样就会造成执行的公平性和准确性大打折扣，也就无法在企业管理层分析预算差异时提供科学、可靠的数据。此外，大部分企业的预算控制体系完善度欠佳，信息化技术应用水平较低，在预算分析手段上以单纯的图表为主，从不将企业的需求与环境情况考虑在内。网络时代，财务管理模式与大数据平台相结合，打破了数据挖掘和运用的瓶颈，使财务管理体系的功能更加强大。以大数据平台为基础的财务管理体系能有效地将企业财务、项目及业务等历史数据汇集到一起，为分析企业预算目标、编制预算报告等提供科学的依据，同时让预算流程的编制更加科学化、合理化。

三、互联网背景下企业财务成本管理创新

（一）构建大数据平台，理性开展成本谋划

在互联网快速发展的时代，企业要利用大数据思维打造专属的大数据平台，利用成本行为及成本关系数据准确寻找成本管理的信息。大数据给企业带来的优势数不胜数，如及时与客户互动、洞悉客户需求，开展服务品牌拓展及商业模式创新等。互联网的加入使产业间的异质性社会互动朝着更深的方向发展。社会化互联网促使企业主动与上下游企业开展互动并进行成本谋划，让以用户生成为中心的社会互动变成企业决策的重要条件之一。例如阿里小贷，其可以通过分析企业电商平台交易的数据，对企业的信用做出快速判断，及时为小微企业发放所需贷款。大数据时代，成本数据由结构性和非结构性数据构成，成本信息搜集的范围包括财务、经济与物质及非财务、经济与物质等方面，成本信息处理上要求速度快、时效性高。

成本增加的源头是成本结构变得复杂。企业在控制成本时要以成本范围及成本结构为基础，通过大数据分析所获得的成本信息，将非增值业务控制在一定范围内或消除掉。例如，O2O模式成功地整合了线上线下资源，为控制或消除非增值业务提供了保障。VR技术与智能化的个性定制技术为客户提供了更加流畅的现场体验，这就要求企业为客户提供因激发客户需求而打造的全面的智能化支持服务。在成本控制上，企业的管理者不要将眼光集中于控制显现成本上，这样往往会造成隐性成本快速增加，最后因小失大。例如，如果对高管的薪酬大幅度削减，那么就会造成大量高管人才流失；如果严重削减研发支出，那么久而久之会让企业失去潜在的核心竞争力；如果营销支出过分削减，那么企业市场竞争力会逐渐失去。企业在会计选择上应向着精细化、管理化、

---

① 滚动预算编制指的是在去年预算的基础上固定增加或减少一定的百分比。

责任化的方向深入，核算单元更加细化，让企业更加重视可控的成本。企业各个部门在建立成本控制量化分解体系时，必须遵循"主管负责制"的原则，建立责任与利益共担共享、相互监督与制衡的运行机制，显著提高企业的管理效果。例如，麻省理工学院就曾经选择汽车工业来研究精益生产的效果。学者通过研究发现，精益生产能让企业的生产效率提高 60%，让废品率降低一半，从而达到降低生产成本的目的。企业在建设成本管理战略体系时，一定要将环境成本考虑在内，也就是说，企业要主动承担环境成本。企业应主动评估生产给生态环境带来的各种影响，进行绿色成本核算，提倡清洁生产，倡导循环经济，切实履行自身的社会责任，使经济价值与社会价值共同达到最大化。

（二）以互联网用户思维和跨界思维为基础，分析价值链战略成本

互联网带给企业的用户和跨界思维，使得企业价值链节点上的文化逐渐朝着"以市场为导向、以消费者为中心"的方向转变。在此文化的指引下，企业在了解客户和满足客户需求时可以选择多种方式，利用增值服务的方式使用户黏度不断增强，从而抢占先机，占据潜在市场。企业降低成本最有效的方式是整合价值链。在"互联网+"背景下，企业间的竞争实际上是产业链、价值链和供应链的竞争，是测试和检验企业对用户响应速度与互动能力的竞争。有效解决企业与用户信息不对称和消除产业间市场失灵的途径为互联网社会互动。资源整合和价值共创是价值链功能未来的发展趋势，社会互动对价值链的影响已经渗透到每一个阶段，当然也包括新产品研发阶段。在价值链上，企业集群成本的界限与劳动分工的边界不再清晰可辨，逐渐朝着企业、用户及其利益相关者的价值共创的方向发展。价值链分析的内容非常广，既有价值转移、价值增值和产业内部制衡的关系等横纵向价值链分析，也包括行业之间、企业之间及竞争者之间的价值链分析。通过分析行业价值链，企业上下游价值链同时增值，从整体价值链入手对成本结构分析后，能很好地将企业成本信息及时传输到企业成本数据中心，让两者同步；通过分析企业自身价值链，能及时将不增值的因素消除掉，使其成为决策内部价值链重构的重要因素；通过分析竞争对手的价值链，能对全局有一个全面了解，为企业成本管理竞争战略的制定提供重要依据。互联网智能化发展致使产业边界相互交叉，融合发展，并通过优化生产要素配置、定制个性化设计、协同各产业间的效率及应用智能化设备共享信息等方法，将自然资源的损耗降到最低的同时，最大限度地提升产品的用户价值，从而有效提升经济运行的效率。

企业通过价值链对成本战略进行分析，不仅能让价值增值更加清晰、全面，还能全方位了解价值增加的环节。价值链上的企业通过对内部的数据、外部网络数据及上下游企业的相关数据的整合，不但可以让企业内部活动拓展到全部供应链，使成本管理的空间范围得到扩张，而且还可以让企业从经营管

理的层面拓展到企业战略层面，使企业成本管理的时间范围得到拓宽。网络时代的企业可以利用改善成本管理的方法如大数据、云计算、物联网、智能终端等，使企业战略管理与成本信息更匹配，商业竞争生态更和谐，从而为企业赢得更多的空间与市场。

（三）用互联网思维分析战略成本动因

企业应用互联网思维就是将产品和服务做到最好，完全在用户的预期之外。企业在运用互联网思维打造新的产品和服务时，一定要紧抓用户消费体验的关键之处。企业在分析成本动因时，应该从成本起源入手，通过资源消耗的因果关系展开。成本动因指的是引起成本发生的各种因素。产品、作业与资源间的关系较为复杂。首先，作业是产品与资源连接的点；其次，产品与作业、作业与资源之间是相互消耗的关系。成本动因分析是通过寻找各种不增值作业的根本原因，以达到优化成本动因的目的。从企业战略层次上来讲，成本动因有两种：一种是结构性成本动因，是企业实现战略成本管理目标的组织依据；另一种是执行性成本动因，是企业实现战略成本管理目标的效率保障。

企业在实施战略成本管理时，既要将成本信息与成本管理的关系考虑在内，也要分析生产各环节的成本动因，以此来确定成本管理的重点所在。此外，影响产品成本动因分析的非生产环节的因素有企业优势、捕捉市场机会的能力、创造的新技术或工艺、营造的良好的企业文化等，也应该被管理者重视起来。战略成本动因分析既对战略成本定位非常有利，还能促使企业关注自己的竞争地位及竞争对手的各种信息，从而打造出与企业战略相适应的成本战略。

（四）以互联网平台思维为基础，形成战略成本管理信息系统

互联网平台的思维是开放、共享和共赢，模式精化为打造多主体共赢互利生态圈，落脚点是打造企业战略成本管理信息系统。在网络时代，企业战略成本管理离不开信息系统平台的支持，战略成本管理的信息化推动着成本共享中心的建设，进而为企业战略决策提供有价值的成本数据。这些高价值的成本数据不仅反映了企业的资源力和执行力，也展现了企业的控制力和决策力，并将公司的管理智慧充分体现了出来。互联网战略成本管理在成本信息的提供上具有覆盖面广、层次丰富、准确性高和及时有效等优点。

战略成本管理离不开信息系统的支持。这一点在青岛啤酒公司建立信息系统中很好地体现了出来。该企业在实施战略成本管理时，将现代化信息技术很好地融合在了其中，建立了以 Oracle ARP 为核心的 ERP 信息系统。该信息系统通过信息化技术整合并规划了企业业务，优化了公司资源，使资源利用率大幅度提升，为企业节约了生产成本的同时，增强了企业的竞争能力。成本战略管理的内部评价机制和绩效评价指标体系，不仅能加强成本管理部门和业务

部门之间的关系，还能提高团队合作的能力，让成本战略管理系统更加稳定可靠，同时还能将成本管理活动的绩效及时反馈回来，让绩效目标更加明确，使成本管理的水平更科学、更规范。绩效评价指标体系由企业财务能力、客户满意度、成本管理效果及竞争力等方面构成。

（五）聚焦互联网的虚拟思维，树立风险防控意识

在互联网虚拟思维影响下，企业会置身于虚拟的空间和环境之中，这给战略成本管理带来了很多不安全因素。

1. 从企业所面对的外部环境这一角度分析

目前，新常态下的经济发展面临着三大挑战，即速度变化、结构优化及动力升级。宏观调控体系的显著特征是区间弹性调控与结构定向精准调控结合在一起。互联网虚拟思维促使资本服务虚拟经济，导致企业在扩大生产规模和技术创新的时候没有雄厚的资金来保障，也无法很好地将企业走出融资的困局。

2. 从企业内部这一角度分析

企业提供产品与服务同市场需求契合度、市场占有率、产品研发的水平、售后服务的满意度等方面存在较大出入。之所以出现上述变数，主要与大数据、物联网及云计算等背景的相互累加、网络时代企业经营环境不确定性加大、企业战略成本实施的风险程度不断增强有关。企业在互联网时代如何走出融资困境呢？不妨通过提升企业自身信誉度，利用网络众筹融资等方式解决融资困境。此外，企业还要分析择一成本，以此使成本结构、成本和效率、成本与质量、成本与竞争力、成本和效益之间的关系保持平衡。

随着信息技术的不断发展，企业间的竞争格局也悄然发生了变化，从封闭到开放再到全球化、智能化。网络时代的企业战略成本管理是一种全员、全程、全环节及全方位的管理，是将管理战略、成本信息及信息技术有机结合的管理，通过多个中心、同步快速地搜集、处理、存储、传递成本信息才得以实现全员、实时决策。要想确定企业的战略成本管理潜力如何，可以通过观察企业与互联网的融合度是不是够深，看企业在贯彻互联网思维上是不是够彻底，看企业的整个生态链是不是够完善。只有从意识和行动上出发切实用互联网思维打造企业战略成本管理的企业，才能在竞争中获得最终的胜利。

第四节　互联网背景下财务决策战略创新

一、财务决策

（一）财务决策的概念

财务决策指的是选择和决定财务方案及其政策的过程，并制定出让人满意的财务方案。财务管理的核心是财务决策，因为只有制定的财务方案切实可行且有良好的效果，财务活动才能达到预期的效果，才能使价值最优的财务管理目标顺利完成。财务决策属于综合决策，分析与选择财务预测结果是财务决策的基础条件。对财务决策方案拥有决定权的有货币化可计量的经济标准和非货币化不可计量的非经济标准。财务决策方案是多种因素综合后得出的结果，并不是单一因素就可以决定的。

（二）财务决策的分类

1. 按照能否程序化划分

按照是不是能够程序化，财务决策分为两种，即程序化财务决策和非程序化的财务决策。程序化财务决策的对象是重复出现的例行财务活动，而非程序化财务决策对象是个性化、不常出现的，不是例行的财务活动。

2. 按照决策所需时间划分

依照决策所需时间长短，财务决策可以分为长期财务决策和短期财务决策两种。长期财务决策的时间限定是一年以上，短期财务决策的时间限定是一年之内。

3. 按照决策所处条件划分

按照上述条件，财务决策可以划分为确定型财务决策、非确定型财务决策及风险型财务决策。确定型财务决策的条件是完全掌握未来情况，且每一种方案只要一种结果出现；非确定型财务决策的条件是完全不清楚未来的情况，且每种方案会出现的结果有好几种，结果还没有办法确定；风险型财务决策的条件是完全没有掌握未来的情况，每种方案会造成的结果又集中，不过能够按照概率对条件予以确定。

4. 按照决策涉及的内容划分

按照上述标准，财务决策可以划分为三种：第一种是投资决策，使用的情况是对外投资或内部资金配置的时候；第二种是筹资决策，使用的情况是筹措资金的时候；第三种是股利分配决策，使用的情况是分配利润的时候。

此外，财务决策还可以分为生产决策、市场营销决策等。其中，生产决策指的是对生产部门生产的产品、生产的数量及生产的方式所做出的决策，其具体内容是多余生产能力的运用方式、亏损产品的处理方法及产品进一步加工的确定等。

二、财务数据与财务决策

在互联网不断进步、市场经济不断发展的当下，行业之间的竞争呈现愈演愈烈的态势。在这一背景下，企业财务决策在企业竞争中所占据的重要地位就凸显了出来。企业一旦无法做出正确的财务决策，那么结局必然只有一种——被淘汰。企业大量有效的数据分析可以帮助财务决策提升其效率性和准确性，不过这需要企业财务软件技术的有力支撑。目前，很多企业对会计电算化的理解不够深刻，认为这一技术只是将纸上的账目转移到计算机上而已，甚至在管理层制定战略决策使用财务数据时，财务人员还要将数据从计算机上调出来再次进行人工加工与整合，这严重降低了企业的工作效率。只有极少数的企业会充分发挥会计电算化的优势详细分析企业的财务数据。在大数据被广泛应用的当下，企业决策所需的数据日益复杂化、多样化、大量化，这一变化既是对会计人员的挑战，也是对企业信息处理系统不断完善提出的要求。如果企业无法对海量的信息采用正确的处理方式，那么这些信息巨大的使用价值也会丧失。

财务决策影响公司的生存与发展。年代不同，财务决策层的要求也不尽相同。传统的财务决策者看重资历，凭借自身经验做出相应决策，现在财务决策者已经不再将经验排在首位，因为互联网的介入导致财务决策的因素逐渐增加，环境也更加复杂，单纯凭借经验进行决策，会逐渐被市场淘汰掉。因此，现在财务决策者在做决策时，往往将数据作为参考依据，从数据中发现财务问题所在，并以此寻找解决问题的途径，之后再依据数据做出相应决策。大数据分析系统在信息挖掘和整理方面的能力非常强大，企业通过对挖掘和整理的数据进行详细分析得出有效的结果可以有效推测企业的未来。此外，大数据分析系统还能整理财务与非财务的相关数据，为决策者提供科学准确的决策依据，打破之前凭借经验决策的壁垒，从而使决策的风险大大降低。

对企业的长远发展而言，决策管理发挥的决定性作用是无法忽视的。时代不同，决策管理的重点也会不同。之前以产品为主的决策模式逐渐被以客户需求为主的决策模式所代替。现如今，企业围绕客户需求开展生产经营，让企业产品的针对性更强，更能提升客户对产品的黏性，让客户对企业做出好的评价。大数据分析系统以企业财务和经营的具体情况为基础，结合现下市场的环境，通过科学客观地分析数据做出最为准确的结论，为企业管理者做战略决策提供有价值的依据。

三、企业财务决策发展创新

（一）以企业业务需求为基础，增强数据积累

随着大数据时代的到来，数据的价值越来越受到企业的重视，甚至成了企业竞争力必备的筹码之一。基于此，企业对数据资产的建设与管理也越发重视了。企业在搜集数据过程中，不单单重视企业自身数据搜集，有时候为了决策需求也会从第三方购买相应的数据资源，之后对这些获取的资源进行汇编和整理。实际上，企业要想建立真正的数据资产，不仅要获取大量的数据资源，还要掌握处理大量数据的相应的信息技术。换言之，企业既要不断提升自身整理、加工处理数据信息的能力，还增强数据利用的效率，深入挖掘数据之间存在的逻辑关系，才能成功建立数据资产。

（二）形成数据共享，提高利用率

现在大部分企业在管理与财务中引入了云技术。通过这一点可以看出，企业已经清楚地认识到数据的价值和应用与一般资产是完全不同的，数据利用网络共享可以生产数据网，然后数据网提供的大量数据又为企业提供了大量的资源，这样如此循环往复良性发展。由此可见，数据只有不断流动才能实现其价值，才能让价值不断增加。企业信息共享既可以让企业的信息搜集效率提高，还能为企业信息的应用奠定良好的基础。

（三）培养和引进合适的人才

无论哪个时代，劳动都离不开人的参与，企业最具竞争力的资源也是人才。大数据时代，从企业具体情况入手，分析企业不可或缺的人才有大数据实施人才、大数据分析人才和大数据整合应用人才三种。大数据实施人才与其他两种人才相比，其工作是三种之中最简单低端的工作，也是最容易的工作。大数据分析人才的工作内容是通过自己拥有的专业知识分析企业搜集的大量数据信息，将其转化成有利于企业发展的有价值的数据信息，之后同企业财务标准结合在一起，对数据做出科学客观的分析。该类人才相对短缺，需要企业人力资源部门时刻关注。大数据整合应用人才属于管理方面的人才，是企业要花费大量人力、物力来进行培养的。该类人才在实施企业决策过程中具有决定性作用，同时对企业的发展具有引导作用。这就要求企业应该积极同各方开展合作，培养大数据整合应用人才，为企业注入新的力量。

（四）以开放的思维面对和处理财务工作

数据在给企业发展带来便利的同时也带来了挑战。以目前的发展趋势来看，未来社会必然是开放的、沟通方便顺畅的。如果企业一意孤行、故步自封，那么等待它的只有淘汰这一种结局。因此，企业财务决策一定要改变。首

先要改变的就是思维，由定式思维向着开放式思维转变，这就要求财务工作者要采用开放的思维展开工作；其次，财务管理者要改变管理观念，重视大数据分析系统的建设和数据应用型人才的培养；最后，企业要转变信息运用观念，重视并加速信息共享，引领行业发展。企业只有运用开放思维面对和处理财务工作，才能促使企业不断提升管理效率，让企业的发展更上一层楼。

四、财务管理决策流程创新

互联网时代，企业财务管理决策不同于之前的管理与决策方式，这种变化影响着企业对于数据的态度和运用，促进了企业之间及企业内部的信息传递与交流。在种类繁多的数据下，企业的决策者和管理者对于决策的能力及效率有所提高，进而影响了企业的内部结构以及新形式的学习型组织的构建。同时，互联网时代大数据的出现，对于企业决策技术提出了更高的标准，影响着企业的销售策略、企业的网络生态建设、企业的商业模式等的转变等。因此，财务行业对数据进行深入挖掘，既是探索数据的规律的表现，也是完善传统财务计划和弥补财务缺陷的必要做法。传统意义上的财务分析，以财务分析结果和不同产品及业务的经营状况为基础，以相对的数据段的数据为分析对象，一旦管理者在制定财务决策需要财务部门提供最前沿的数据时，财务人员需要深入最前端的数据中找寻其所需要的数据。科学的财务决策既是财务管理的核心也是财务管理的重要职能，已经渗透到了企业财务管理的各环节及职能之中。需要注意的是，决策的流程和程序是科学决策的关键所在。

传统意义上的财务决策流程分为四个步骤，分别为发现财务管理中的问题、运用逻辑详细分析发现问题、寻找问题根源找出原因、提出并制定解决所发现问题的方案。

互联网背景下，企业财务管理决策的流程将发生根本性变革。网络时代，企业财务决策的流程也分为四个步骤：第一步，数据搜集。企业通过财务大数据系统，搜集、处理并获取各种类型的财务数据，不过要做到数据的统一性与精准性。第二步，对获取的数据进行量化分析。企业通过构建大数据云计算平台，利用云技术对海量财务数据展开实时分析。第三步，寻找数据背后的关联性。分析数据后要深入挖掘财务数据背后的关联性。第四步，制定解决问题的方案。互联网背景下，企业财务管理决策最大的变革是不再纠结于事物间的因果关系，而是将重点放在了问题间的相关性上。

企业财务决策所学的数据来源渠道非常广泛，可以利用物联网、社会网络平台等媒介获取，也可以通过云会计平台从财务决策利益相关者如工商部门、税务部门等手中获得。一旦获取相关大数据信息后，企业可以利用大数据处理技术与方法科学合理地处理相关数据，然后利用数据挖掘和分析技术将财务决策所需的数据信息如审计、纳税等提取出来，最后通过科学技术手段如文本分析和搜索、可视发现等技术为企业财务决策提供服务。

　　在千变万化的市场经济中，财务人员要站在企业整体运营的高度，利用财务决策流程管理企业资源配置、资金流及收购兼并等事宜，通过对所获取的数据进行深入挖掘与分析，使前后数据得以有效衔接。企业要想从数以千万计的数据中找准最佳时机将数据成功提取出来是非常不容易的，财务人员的主要工作是对企业数据库全部的数据进行有效管理，为企业各部门提供高质量的数据，同时通过合理的成本将企业价值释放出来。在企业运行中，财务部门要配合其他各部门的工作，有效整合企业内部零散的数据，然后在有效的数据质量控制和报告制度等措施下，使数据满足企业内部要求的同时，让数据符合企业或行业相关规范，达到数据质量保证标准，最终使企业内部数据库的安全性和完整性得以提高，数据的价值得以提升。

　　综上所述，基于快速发展的互联网信息技术，既让信息处理的能力和利用的效率得到了提升，也加快了科技成果向生产力转化的速度；同时，也使企业的发展和竞争面临着新的机遇和挑战。在网络时代，管理的信息化和经济的全球化极大地推动了现代企业财务管理战略的全面发展和创新。

第七章　互联网背景下财务管理技术与方法创新

第一节　互联网背景下预算管理创新

互联网背景下，企业通过搭建先进的硬件平台，利用云计算的强大分析能力，随时监控企业管理过程的执行情况，及时了解企业发展的最新动态，发现企业运营过程中的薄弱之处，之后针对发现的问题及时改进工作计划，调整财务战略部署，将预算用到刀刃上。

一、预算管理的概述

预算管理指的是企业以整体战略目标为指导原则，充分且全面地预测与筹划企业未来的经营活动及财务结果，同时通过监控经营活动执行的过程，分析对照实际完成情况与预算目标间的差距，从而及时调整和完善企业经营活动，最终达到使管理者有效管理企业并完成企业战略目标的目的。

（一）成本预算

成本预算是一种预定成本或者说是预计或未来成本，是企业依照预算期特别的生产及经营的大致情况所编写的。确定预算成本的基础是企业预算期内的销售及生产预算，之后对生产与经营中的直接材料、直接人工、制造费用及期间费用等进行预算编制。如果企业使用的是变动成本的方法，那么针对变动的制造费用可依照预计分配率测定，并确定各成本项目数额；针对固定费用，可以将其作为期间费用，依照总额进行测定，同时将其直接从当期边际贡献中扣除出去，最后再进行整体汇总。

（二）作业基础预算

从预算执行结果的视角分析，预算结果与导致成本产生的基本活动有关，这种基本活动称为作业。作业不仅是企业运行的构成要素，还是企业价值创造和资源损耗的基础部件，这样一来企业就可以将作业作为预算管理的基础，作业基础预算应运而生。

从作业基础预算的角度分析，企业资源消耗的直接动力因素是作业，所以企业可以根据这一点将作业成本的标准确定下来，将其作为制定预算的数据来源。因为资源非常有限，作业不同，效率自然也不一样，所以企业需要以战略目标为指导原则，优化作业及其组合的方式，并选出最合适的组合方式。在选择好作业组合的方式后，企业就能按照之前明确的作业成本标准来规划或制定未来企业资源分配的方案，并最终形成预算方案。

作业管理预算主要是从企业基本运作的单元出发，为预算编制提供准确的基础，同时为预算分析和决策提供可靠的依据，比较适用于间接成本和费用比例较大的企业。

（三）限制基础预算

企业生产经营过程中需要的资源类型多样，但资源的数量无法完全与生产所需匹配，这就造成了生产经营出现资源使用的短板。一种或者多种资源在使用时出现紧缺或受限时采用的预算管理办法被称作限制基础预算。当企业生产活动受制在一种资源的短板时，企业要针对短板产生的原因和具体的情况采取相应的解决办法，达到短期内边际贡献最大化，运营成本最低。具体而言，企业在资源受限时，要对短期内产品组合进行决策，对优先开展生产的产品做出决定，然后在此基础上进行预算编制。

限制基础预算是以产出最大化或者成本最小化等措施将企业规划的目标实现为自身目标。它涵盖的范围包括整个生产制造系统，对一种或者某几种资源依赖性较大的企业较为适用，这样的企业在经济效益和竞争力上直接受到资源运用效率的影响。

（四）标杆基础预算

在企业预算管理的实践中，不仅能从投入和转出过程的视角来看，也能从产出效率这一角度来观察。企业使用最为先进的效率指标，也就是标杆来设定预算项目的标准，并以此为基准将达到标杆的措施及实施步骤明确下来，从而让预算管理绩效持续不断增长。标杆基础预算既将预算目标的设计作为重点，也看重预算目标达成所采用的保证方法。在预算期内，企业应对预算的执行情况进行实时监控和分析；在预算期快结束时，企业应详细分析预算期内预算执行的具体情况，重视标杆的实现程度。

标杆基础预算从改进当前预算管理绩效的目标出发，探讨企业当前影响预算绩效的诸多因素及其改进措施，始终瞄准标杆，实现持续的预算管理创新。标杆基础预算适用于企业的竞争优势建立在某几项业务或者流程上的情况。如果企业缺乏特色或者竞争优势建立在多项业务综合的基础上，标杆基础预算的实施效果可能不是十分明显。

二、预算管理的现状

（一）概念模式，管理者重视不够

从企业发展来看，大部分企业都开展了财务预算，不过水平却参差不齐。之所以如此，主要因为企业财务预算管理的定义不够清晰明了，企业管理者对财务预算的重视程度不够；企业生产规模小，管理者无法看到预算管理在经营中产生的作用；财务预算管理人员素质低下；财务预算管理编制的程序不能紧跟时代步伐等。

一些企业管理者觉得制订财务计划再制定财务预算是一种浪费资源的做法；一些人认为财务预算就是从管理层到基层将企业管理者制定的财务指标贯彻落实下去；还有一些人认为财务预算只与财务部门相关，与自己无关等。这些错误的认知严重影响了财务预算管理工作。

（二）制定的预算缺乏战略引导，忽视市场需求

企业在编制财务预算过程中，将大部分注意力放在了短期活动上，没有重视企业制定的长期战略，这样一来就会造成短期的预算指标与企业长期战略目标不一致的情况，不仅会导致各个时期财务预算无法良好衔接，还会严重阻碍企业长期战略目标的实现，无法让预算管理达到预期目标。此外，企业在编制预算管理过程中，往往不重视对市场的调研与预测，不重视分析市场环境，且采用的制定方法以固定预算为主。这就导致企业财务预算的弹性不足，应对市场变化的能力欠缺。企业编制财务预算出现上述情况，主要原因是我国企业战略管理依然处于初级阶段，甚至一些企业依然采用计划管理的模式，没有充分认识到企业内外部环境的变化，无法准确定位企业发展战略。

（三）预算执行过程和结果都存在不足

财务预算想要达到理想的效果，不仅要有科学合理的财务预算方案，还要有保证财务预算能顺利执行的手段与措施。当下，虽然大部分企业已经意识到财务预算的重要作用，也着手建立财务预算管理机制，但大部分企业的财务预算只是停留在文件或者财务报表上，并没有严格执行财务预算，且企业在财务预算执行过程中监督控制力度明显不足，在财务预算执行结果的考核和激励上也不够完善，同时也不认真分析财务执行不足的原因等，上述这些做法对财务预算管理的有效性产生了严重影响。

（四）人员素质不高，影响财务预算管理效果

企业财务预算管理中不可缺少的部门就是财务管理部门。财务预算管理效果的好坏直接受到该部门人员素质及技术高低的影响。财务管理部门是以企业财务预算委员会或企业法人为领导，负责企业财务预算编制、审查、上报下

达、形成报告等工作，同时对企业财务预算的执行情况实时监督，并对预算与实际执行出现差异的原因进行分析，提出修改或改善的意见或者建议。

需要注意的是，企业财务预算因数量庞大、环节复杂，与会计、管理等多个学科及知识相互交融，导致财务预算管理人员素质不高，无法满足财务预算管理所需。例如，财务预算管理人员因计算机水平不高，编制预算只能采取手工计算的方法，这样一来不仅会造成编制成本增加，还会影响预算管理的效果，让企业无法重视财务预算管理。

三、预算管理创新策略

（一）以企业战略为基石实施财务预算管理

在"以企业战略指导财务预算管理实施"这一理念的引导下，日常财务预算管理在企业长期发展战略中占据了基石地位。财务预算管理是数字化计划很好的写照，是企业发展战略得以落实的良好途径。因此，企业在实施财务预算管理的前提条件是调研市场并分析企业资源，确定自身长期发展的战略目标。在此基础上，财务人员对各个时期的财务预算进行编制，并将前后有效衔接起来，防止预算工作流于形式。

（二）树立正确的财务预算管理理念与目标

财务预算以预算和决策为基础，以企业战略为核心，以一定时期内的资金活动如企业资金投资与获取、项目支出与收入、企业经营的成果及分配等为对象开展的管理活动。从这可以看出，财务预算将市场作为导向，将企业战略要求及发展规划作为中心，将业务和资本预算作为基石，将利润获取作为目标，将货币作为编制的核心。

企业财务管理是未来管理，属于管理导向性战略管理，是财务管理目标和企业战略目标得以实现的整体行动计划。其实，财务预算目标指的是在企业战略指导下实现的财务管理目标。也就是说，财务预算只有以企业战略目标作为指导，财务预算管理才能焕发活力。

（三）面向市场确定财务预算

销售预算可以说是企业整体预算的基础，因为只有将未来的销售预算确定下来，才能将一定时间内的生产、采购、直接材料、直接人工、间接制造费用、期间费用、资产负债表、损益表和现金流量表等预算确定下来。此外，销售预算的决定因素是预计的销售额度及销售的单价，由此可以看出，企业的整体预算体系要以分析和预测市场的发展情况为基石。

（四）设置财务预算管理的组织

专业性和技术性较强的预算，一旦缺乏专业的机构和人员，预算的管理就无法达到预想的效果。这就要求企业应按照财务部颁布的《关于企业财务预算管理的指导意见》中的规定，同企业具体的情况相结合建立财务预算管理组织，担任起企业财务预算管理的实施工作。

如果企业内部有董事会，那么应该组织建设财务预算委员会。该委员会的成员以熟悉会计业务且具有组织能力的企业董事为主，其主要任务是企业财务预算原则和目标的拟定，企业财务预算方案的审议、调整与平衡；财务预算组织与下达，财务预算执行情况的监督以及对财务预算编制执行中的问题审议与协调等。如果企业内部没有董事会，那么可以组织建立财务预算领导小组，以加强企业内部财务监督与控制机制。总之，不管是企业财务预算管理委员会还是财务预算领导小组，均是企业财务管理部门，主要负责编制、报告、执行及监控企业财务预算的相关工作。

（五）加强预算信息反馈，提高预算编制可靠性

编制企业财务预算时，需要的数据变量有时无法将其准确数值确定下来，这时会采用近似估计的方法处理，所以在实际编制企业预算时要根据企业的具体情况具体分析。第一，企业编制预算要按照前沿性和现实性的原则开展。最前沿的预算不仅在调动员工生产经营积极性方面作用突出，还能促使生产经营活动的短期目标顺利完成。现实性也是财务预算不能缺少的特性。财务预算一旦脱离现实性，就无法在企业内部顺利开展，也就无法将员工生产经营的积极性和主动性调动起来。第二，企业编制财务预算的可验证原则。企业坚持财务预算的可验证，对其有利方面有：①提高了企业预算的准确性和科学性；②提升了员工的责任感；③强化了管理的基础性工作，增强了预算的认可度，提升了员工参与管理工作的积极性，让企业的整体管理水平得以全面提高。

（六）预算控制和约束力的大幅度提升

企业全部生产经营活动都要以企业预算目标为中心，这是预算管理的本质要求所在，同时在预算执行时将企业经营战略落到实处。预算目标一旦制定完成，那么在企业内部将成为金科玉律，企业内部的生产经营活动及各项活动，都要认真贯彻执行，围绕其开展一切经济活动。企业内部的专业机构在实施预算控制管理时要严格按照预算的要求和方案来做，按照预算政策严格执行，将企业执行的实际情况及时反馈回来，在恰当的时间使用必要的限制手段，同时在整个企业预算执行过程中使用最佳的管理方法与策略，最终在企业内部形成全员参与、全面预算管理。

（七）选择预算编制方法要科学

预算编制的方法包括固定预算的方法、零基预算的方法、弹性预算的方法、滚动预算的方法及概率预算的方法。一般情况下，弹性预算的方法适合于

对市场价格及份额不是很明确的企业，也就是初创或者成长期的企业；固定预算的方法适合于对企业情况较为确定的企业。

（八）考核与评价要科学合理

企业在做预算考核时，要将企业预算实际的执行情况同预算指标进行对比，只有如此才能将企业的真实的经营情况反映出来，才能对员工的工作成绩做出客观的评价。企业通过对实际预算执行情况与预算指标存在差异的原因进行分析，能够帮助企业总结相关经验，制定修改和完善措施。各企业应该根据具体的情况，制定和设计与企业相适应的反馈、分析及考核的表格，并制定出完善的预算控制制度，将预算的执行情况及时反馈出来，在适当的时候采取必要的限制措施。考核严格在预算和实际执行情况对比的基础上，肯定预算的成绩，找出产生问题的原因，并对其认真分析，为今后工作的改进提供依据，同时通过严格的考核，使员工的奖惩更公平，以此调动员工工作的积极性，促使员工努力积极工作，为企业战略目标的实现提供保障。

（九）提高人员素质，建立完善财务信息系统

企业财务预算管理工作顺利实施的必要条件是让财务预算人员拥有超强的综合素质和业务水平。如何提高财务预算人员的综合素质和业务水平呢？首先，要加强职业道德教育，鼓励人员掌握所涉及的学科知识以及现代化的管理方法，使财务人员的组织、应变及协调的能力得到极大提升的同时，让财务预算人员的工作效率和质量也进一步提升。其次，财务预算管理因环节复杂、工作量较大同时涉及多个部门，所以一套强大的计算系统是不可缺少的，这样既能避免财务预算停留于表面，也能让预算管理的时效性和准确性得到保证。这就要求企业应通过互联网、大数据等信息技术，建立一套 ERP 系统，使财务管理实现信息化。在必要的时候，企业可以购买与财务相配套的软件，如 SAP 软件。该软件将每个具体环节作为原始信息的录入人员，信息采用一次性录入，重复组合多次性提取的方式获得信息。在使用该软件时，使用者根据预算授权登录与使用其中的数据信息。企业使用这些财务资源管理软件，对企业物质流、价值流及信息流统一的实现非常有利。总之，企业要想达到财务预算的理想效果，建立和完善财务信息系统是必不可少的条件。

第二节　互联网背景下筹资活动创新

资金不仅是企业的血液，也是保障机体正常运转的必备条件。筹资指的是企业以生产经营和资金使用的实际情况为出发点，按照企业将来的经营所需和发展的策略，通过内部积累或其他渠道，向投资者和债权人筹集生产经营所需

资金的活动。从本质上来说，企业破产其实就是资金链的断裂。筹资活动可以让企业在经营中得到不断的资金注入，而资金成本率则是评价筹集活动首要的指标。

随着互联网时代快速发展，企业的筹集活动无论是筹集观念、筹资方式还是筹资渠道等都与传统的筹资活动完全不同了。因此，企业要紧抓网络在筹集资金上的优势进行筹资决策，从而让企业能用较低的筹资成本筹集到适度的发展资金。

一、观念的创新——筹资的重点在于"筹知"

互联网背景下，与资本、土地等有形资源相比，知识及拥有知识的人力资源为企业创造的价值更大。人这一要素是企业生产活力无限与积极应对环境变化的必备因素，因为人不仅具有学习知识的能力，还能将知识成功转化成现实生产力的主观能动性。从实践中可以看出，企业持续发展与不断创新的关键是拥有并掌握了新知识与技术，从而形成了核心竞争能力。在企业筹集活动中，筹集的资本既包括财务资本，也包括知识资本。企业不仅要最大限度地从外部筹集知识资本，还要增强开发和培养知识资本的意识，使企业的软环境得以改善。

企业要不断创新财务的理念，秉承"以人为本"的原则，让企业员工拥有权益财务，让拥有创新知识的专业人才以知识作为资本成为公司的股东，让员工的薪酬与企业的绩效挂钩，从而促使专业人才为企业发展出谋划策，这样不但能形成长期的激励机制，还能让企业价值最大化，使财务管理的目标得以实现。此外，企业也能以科技力量作为筹码与其他公司开展合作，筹集到大量的资金，研究开发出单独企业所无法研究的项目。不仅如此，企业还能利用特许加盟、无形资产抵押等筹集资金，促使企业生产经营规模不断扩张。

二、筹资方式的创新——充分利用金融创新品种

网络时代，企业高风险的特征越发突出，致使企业的融资方式也随之发展变化。首先，在股票融资中，比较受欢迎的是累计转化优先股，采用度更高的是债券创新品种，如可转化债券。其次，抵押贷款的比重逐渐高于银行贷款的比重，这是因为银行对资金安全性和流动性的要求很多企业无法做到。再次，因企业时效性的限制，商业信用的商业票据急剧减少。最后，金融机构为满足投资企业和大众对筹资活动的需求，推出了花样繁多的金融投资产品，让其逐渐成为企业筹资的新选择。到目前为止，基础和衍生的金融工具打造出了多种多样的金融产品，这些产品既包括期货、期权、货币互换等简单金融产品，也包括房地产抵押贷款债券、债务抵押债券和信用违约掉期等相对复杂的金融

产品。网络银行的应用与普及，不仅使企业与金融机构之间的关系更为紧密，还因为方便快捷的服务成为新的筹资工具，为企业灵活选择筹集方式提供了可能。

三、筹资渠道的创新——筹资活动国际化

各种商务活动的逐步网络化，使网上筹资变为现实。网络银行业务的产生与发展加快了国际金融市场全球一体化的速度，使得企业筹资活动的市场得到了极大的扩张。媒体空间的拓展及网上银行、电子货币等的使用，加速国际资本流动速度的同时，也大幅度提高了货币风险。这就要求企业在筹资活动中要格外重视汇率风险。而以汇率风险防范为中心会产生一系列新的融资工具，这类工具与选择债券类似，"身披"厚厚的国际金融外衣。企业筹资活动的一项重要内容就是围绕金融工具创新，学习运用新型的金融工具。企业的筹资活动一方面因为没有了地域限制而增加了资金来源渠道，另一方面也因受国际金融市场的影响变得更加复杂。

四、筹资方式集群创新——开发大数据

互联网时代的筹资，其数量和质量成为企业首先要关注的两个基本因素，也是最重要的方面。企业在保证资金量充足的同时，也要保证资金来源的稳定和持续，同时尽可能地降低资金筹集的成本。这一环节降低筹资成本和控制筹资风险成为主要任务。根据企业总的发展战略，合理拓展筹资渠道、提供最佳的资金进行资源配置、综合计算筹资方式的最佳搭配组合是这一战略的终极目标。

随着互联网时代的深入，企业财务资源配置逐渐向着"轻资产模式"转变。该模式的特征为：以内源筹资或 OPM 战略获得筹资为主导，固定资产或存货的财务投资大幅削减，尽量不依靠间接贷款（如银行贷款）等，倡导没有股利或者低股利分红，企业的现金储备时刻处于充裕状态。该模式改变了企业财务筹资活动，使企业的财务筹资从商业银行基于财务报表和抵押资产的信贷审核方式逐渐转向了"去杠杆化生存"的方向。

随着互联网介入企业经营活动的加深，企业经营的透明程度不断增加，依照财务理论通过财务杠杆适当提高让股东价值得以提升的传统思维已经过时。此外，传统的财务管理导致企业内部筹资、投资及业务经营活动不能统一起来，企业的筹资目标只是为了满足投资和经营所需，在财务风险控制上也只考虑资本结构而已。

企业在快速发展的网络时代，筹资和业务经营得以全方位整合，而业务经营本身就有财务筹资的意思。互联网金融指的是大数据融入金融行业。从中

小企业的角度来看，互联网金融在资金供需效率上比传统金融机构高出一大截。例如，阿里金融。在阿里系统中收集了其客户的信用状况、产品质量及投诉等情况的相关数据，阿里金融利用大数据平台和云计算服务，评定客户风险等级，计算客户违约概率，从而挑选出优质的阿里小微客户，为其提供贷款服务。

集群供应网络是指各种资源供应链为满足相应主体运行而形成的相互交错的集群网络结构。随着供应链内部技术扩散和运营模式被复制，各条供应链相对独立的局面被打破，供应链为吸收资金、技术、信息以确保市场地位，将在特定产业领域、地理上与相互联系的行为主体（主要是金融机构、政府、研究机构、中介机构等）建立的一种稳定、正式或非正式的协作关系。

集群供应网络筹资就是基于集群供应网络关系，多主体建立集团或联盟，合力解决筹资难问题的一种筹资创新模式。它的主要方式有集合债券、集群担保筹资、团体贷款和股权联结等，这些方式的资金主要来源于企业外部。大数据可以有效地为风险评估、风险监控等提供信息支持，同时通过海量的物流、商流、信息流、资金流数据挖掘分析，人们能够成功找到大量筹资互补匹配单位，通过供应链金融、担保、互保等方式重新进行信用分配，并产生信用增级，从而降低了筹资风险。

从本质上讲，大数据与集群筹资为筹资企业提供了信用附加，该过程是将集群内非正式（无合约约束）或正式（有合约约束）资本转化为商业信用，然后进一步转化成银行信用甚至国家信用的过程。大数据中蕴含的海量软信息颠覆了金融行业赖以生存的信息不对称格局，传统金融发展格局很可能被颠覆。如英国一家叫 Wonga 的商务网站就利用海量的数据挖掘算法来做信贷。它运用社交媒体和其他网络工具大量挖掘客户碎片信息，然后关联、交叉信用分析，预测违约风险，将外部协同环境有效地转化成为金融资本。在国内，阿里巴巴的创新则是颠覆性的。它将大数据充分利用于小微企业和创业者的金融服务上，依托淘宝、天猫平台汇集的商流、信息流、资金流等一手信息开展征信，不再依靠传统客户经理搜寻各种第三方资料所做的转述性评审，实现的是一种场景性评审。

阿里巴巴运用互联网化、批量化、海量化的大数据来做金融服务，颠覆了传统金融以资金为核心的经营模式，且在效率、真实性、参考价值方面比传统金融机构更高。大数据使得之前信用可得性不高、收益颇丰的业务（像高科技小微贷款业务）的征信成本及效率得到了有效改善，为征信和贷款后的监控寻找到了不错的解决办法。但是，金融业属于成熟度高、风险高的行业，成本的限制及效率变化的有限性，使其在短时间内无法获得颠覆性成绩。

传统的、一对一模式的筹集因受到企业内部资本的限制，即便外部协同资本非常充裕，但因内外信息无法及时沟通导致不对称，致使这部分资本没有办法被企业识别出来从而将其忽视掉，最终使中小企业尤其是科技类型的中小企业陷入筹资难的困境中。利用大数据在线及动态监测，处于集群供应网络内的企业充裕的协同资本会被识别出来并获得动态监测，进而转化成金融资本。阿里巴巴、全球网等金融创新正在处于一种集群协同环境的大数据金融资本挖掘与识别的过程，这实际上是构建了一种全新的集群筹资创新格局。

企业资本高效运作最有力的体现是集群式企业关系。大数据引领下的集群筹资创新为群内企业金融资源提供了有力保障，同时将产业集群的生命力及活动最大化地激发了出来，营造了特殊的金融资本协同创新的环境。根据大数据来源与使用过程，大数据发展下集群筹资基本模式有自组织型大数据集群筹资模式、链主约束型大数据集群筹资模式和多核协作型大数据集群筹资模式三种类型。其中，自组织型大数据集群筹资模式的典型代表是阿里巴巴、Lending Club 等，链主约束型大数据集群筹资模式的代表是平安银行打造的大数据供应链金融，而多核协作型大数据集群筹资模式的代表是全球网。

五、融资市场的创新——利用风险资本市场融资

未来，企业具有高风险的特点，这就使得将筹资企业更多地利用风险资本和二板市场。个人及家族投资人员、风险投资基金会和投资银行下设的风投部是获取风险资本的主要渠道。出于鼓励新经济发展的目的，风险资本市场的门槛将放低，该市场的繁荣程度将与其风险性一同提高。

六、利用互联网降低资金成本

企业的资金成本由资金筹集费用和资金使用费用两部分构成。在网络发展的当下，要想从根本上让资金成本降下来，企业只有充分将互联网的优势利用起来，使资金筹集费用和资金使用费用降下来才可以。

一般情况下，资金筹集费用由直接成本和间接成本两部分组成。企业重视的常常是直接成本，如证券制版、印刷、发行承销等支出费用，因为这些费用在财务上是可以直接计量的。企业往往对间接成本重视不够，如筹资前期在方式选择上的花费、与有关方开展谈判的花费等间接成本。其实，受到我国传统文化中重视人际关系的影响，间接成本在企业筹集费用中占据的比重还是相当大的，甚至其费用的高低直接决定着企业资金成本的高低。

资金供求双方可以通过互联网信息平台进行交互式查询，找到有意合作的伙伴后，利用互联网实时沟通的方式对细节展开磋商，直至完成整个谈判过程。通过这种方式开展的筹集活动极大地节约了企业筹资资本，也为资金供求双方交涉提供了便利，简化了流程，提高了信息沟通的准确性。电子货币利用网络银行使货币资金的流动实现了不受时间、空间限制及无纸化，不仅使资金

的使用效率得以提高，还降低了资金筹集的费用。互联网介入金融界后，企业筹资的空间与时间的限制被打破，使企业筹资的空间得到了拓展，为企业资金的选择提供了方便，还让企业资金成本大幅度降低。

传统的企业筹资因受到信息搜集成本高、沟通不及时等因素影响，使得筹资的特征呈现出本土化，这在某一程度上使得本地资金提供方居于垄断地位，进而造成资金使用成本居高不下的情况。在网络时代，全国乃至全球的资金供应信息，企业都可以通过互联网技术轻易获得，自由选择供应资金的一方。只要在国家政策允许的条件下，企业筹资的对象可以是任何地区的任意供应方。这在无形之中使得传统筹资中供应方占垄断地位的情形土崩瓦解，从而形成竞争力满满的资金供应市场。因为资金供应市场竞争加剧，资金使用费用明显下降，为企业获得低成本的筹资提供了可能。例如，企业利用互联网直接公开发行股票最早出现在美国。1994 年，美国有 28 间小型企业利用互联网直接公开发行股票上市交易来筹集资金。也就是说，发行股票的企业使用的方式是互联网，而不是承销商或者投资银行，其利用互联网公布企业上市的消息并传达发行的相关文件等，避开了传统公开发行的一些要求，如严格的注册程序及信息披露等，这样就能很好地将互联网跨空间优势发挥出来，将上市公司和投资者紧密联系在一起，从而大大降低了筹资成本。

第三节　互联网背景下投资活动创新

企业在保证自身正常的生产经营活动所需外，有可能为了将闲置的资金利用起来获取相应的经济利益；也有可能为了保证扩大再生产，控制或者影响其他企业经营或财务上的相关政策；还有可能为了囤积大量资金，为今后企业某些特定用途奠定资金基础等，把现金、实物资产或无形资产等让给其他企业使用，从而形成股票、债券、基金、固定资产等各种投资。社会总财富增加的根源是企业的投资活动。然而，企业要想通过投资活动为社会创造价值，那么其选择的投资项目获得的利润在扣除成本外应该还有净收益。从经济学角度来说就是在企业选择投资项目时，利用投资决策把为数不多的资源成功应用到恰到好处的资产之中。企业的投资决策可以通过多种途径实现，既可以通过建立企业厂房、购置机器设备甚至改建扩建等实现，也可以通过股票、债券购买和通过合作经营的途径向其他企业投资等实现。

不同的分类方法，投资的种类不尽相同。在此，笔者选择按照投资性质对其进行类型划分。按照这一标准，投资可以分为实业投资、证券投资和产权投资三类。实业投资是一种直接的投资，指的是经济主体将资金或者资本投到特定的生产领域中，如产品生产中，进而形成一定的生产能力，最终在将来获得相应的利益。证券投资是一种以证券为媒介的间接投资，指的是将资本用来购买有价证券，如债券、股票、基金等从而获取利润。产权投资指的是以产权为对象的一种投资。投资的方式有两种：一种是通过实物投入实现；另一种是通过资本市场来购买股票完成。

在互联网快速发展的时期，企业在开展投资活动时，不妨尝试着从下面几个方面进行创新。

一、充分利用网络资源，提高实业投资效益

（一）企业要擅长捕捉投资的机会

企业捕捉投资机会有两个必备条件：一是企业要充分了解并认识企业自身及其所处的外部环境；二是把握商业机会的能力。社会的发展其实就是一种变化，如果没有变化那就不会有发展。商业机会与企业内外部环境的变化有着密不可分的关系，变化中暗藏着巨大商机。从这一点可以看出，企业把握商业机会的必要前提是把控企业内外部千变万化的环境，尤其是对外部环境变化的把控。处于传统环境之中的企业，要想做到成功把握企业内外部环境的变化，需要大量的人力、物力及财力的投入建立完善的信息系统，然后利用该系统处理通过各种渠道获得的信息，进而发现商业机会。就算大型企业，要想很好地搜集和分析获取的大量信息，并在效率和效益上达到理想状态也是非常困难的。处于互联网时代的企业，可以通过互联网将全球海量的数据聚集到一台网络终端设备上，方便企业搜集和分析获取的信息，使效益和效率得以实现，让企业捕捉投资机会的能力得以提高。

（二）借助网络优势，提升投资项目管理质量的同时增加投资的数量

互联网经济快速发展，加快了全球经济一体化的步伐，企业跨地区、跨国投资活动日益频繁。同本土或邻近地区投资活动相比，跨地区、跨国投资活动的投资管理问题存在特殊性。跨地区或跨国投资因现实的投资距离相对较远，与就近地区投资相比，其在了解投资项目涉及的各要素如资金、应收账款及企业行政管理等存在较大困难。在互联网还没有应用到投资领域之前，尽管企业在管理中会使用各种通信技术使远程管理成为可能，但依然存在时间滞后等问题。

互联网属于前沿的通信技术之一，这一技术在企业管理中的应用实现了远程实时监控，极大地缩短了监控时滞，提高了监控的效率。互联网提供的技术保障，不仅使企业跨地区、跨国投资项目的管理质量得到了提升，也减少了企业管理同一个投资项目所花费的时间及精力，这样企业就可以将剩余的时间和精力投到其他投资项目项上，增加企业投资的数量，促进企业潜能的发挥。

二、适应网络经济发展优化产权结构

(一)通过虚拟企业组建进行产权投资

传统经济模式下,企业在维持与货物供应商、分销商之间的稳定关系时会采用纵向一体化的模式。该模式将产权投资作为稳定企业与为其提供原材料、半成品或零部件的企业及分销商关系的纽带,其产权投资包括企业投资自建、投资控股或兼并等方式。在市场环境稳定的情况下,该模式不仅对核心企业控制原材料供应、产品制造、分销的全过程百利无一害,还能让企业在残酷的竞争中获得主动权。

随着互联网经济的发展,企业生产与经营的环境与之前相比发生了巨大变化。经济环境的变化导致企业无法准确预测企业未来的发展,相应地,企业要想在变化后的市场竞争中占据主动权,就需要企业在面对快速变化的市场出现的各种机遇拥有快速反应的能力。上述这些变化对企业的要求使得原先的纵向一体化模式无法与之相适应,因为纵向一体化模式下,企业与其供销商、分销商之间的稳定关系是通过把握之前某种市场机会所建立的。一旦之前的市场机会已经不复存在或企业需要对新的市场机会进行把握的时候,企业就想要将之前建立的稳定关系解除掉,不过对企业而言,这种关系的解除并不是容易的事情。在有了这一认识之后,企业选择组建虚拟企业成了必然的发展趋势。企业组建虚拟企业就是将之前从设计到制造甚至到销售都由企业一手把控的模式放弃掉,选一种在全球范围内找寻供应商和分销商,以合作伙伴的关系建立一个利益共同体或策略团体。这样的伙伴关系在它们赖以生存的市场机会消失需要解除时比之前的纵向一体化模式更容易,在成本和时间上都要节约很多。而互联网的介入又拓展了企业寻找合作伙伴的空间。由此可见,互联网经济时代企业产权投资发展的必然选择是组建虚拟企业。

(二)在产权投资要素中无形资产的比重不断提高

互联网经济时代,拥有巨大潜力的无形资产发挥着越来越重要的作用,且企业的投资也逐渐向着无形资产的方向转变。知识转化成的资本已经成了企业生产和再生产最为重要的元素。企业在产权投资时选择知识产权等无形资产的形式更加普遍,在产权总量中所占比重不断攀升,这样一来,加强无形资产投资管理的问题便被提了出来。到目前为止,很多企业尤其是新成立的企业,会让拥有技术特长或具有创新能力的人员以其技术等作为股份参与到企业经营活动中,这主要是因为这些人员的技术或者潜能在将来会给企业带来一定的经济效益。

（三）交叉持股，形成利益联合体

现代经济是以分工为基础建立起来的，经济的发展带来的是精细化的分工。个人或者企业为了获得效益最大化，会选择其比较擅长或拥有优势的领域开展经营活动。互联网时代的到来，使得企业间、个人间的交流沟通愈发快捷，这不仅很好地扩大了分工和合作的发展空间，还促使企业和个人不断挖掘自身优势，也就是核心能力，从而在经营中获得更大的利润。就企业来说，一旦挖掘到自身核心能力，就能以其核心能力从事相应的生产经营活动，其他不是非常擅长的业务就可以转交给其他企业来做。在这一理念的引导下，企业分工合作的关系内涵有了新变化，由之前单纯的分工合作关系转变为战略联盟或伙伴关系。为了很好地维持或实现战略联盟或伙伴关系，企业可以采用两种方式：一种是签订相关协议；另一种是交叉持股。后者虽是一种较为传统的模式，不过也是双方相互牵制最好的方式。

三、采用网上证券交易方式进行证券投资

互联网的发展使全球金融市场逐渐融为一体，不仅为投资者实时信息查询和交易提供了方便快捷的途径，使证券和基金市场得以快速发展，还为企业闲置资金寻找到了投资的方向。

（一）证券投资的种类繁多

网络经济的快速发展使得经济发展中的风险程度明显提升。金融市场紧抓这一点衍生出了很多防范风险类的金融产品，加之竞争加剧带来的金融产品创新，导致金融产品的种类越来越多样化。企业在这一变化中极大地拓展了证券投资的选择空间，进而导致可选择的证券产品的种类更加多样化。投资产品种类繁多既可以让企业利用投资组合降低企业投资的风险，也可提升企业的投资收益率。不过从整体上来看，企业的投资活动变得更加复杂了。

（二）证券投资的空间范围得以拓展

当前，世界各国最为主要的证券交易场所可以说都成了国际性的证券交易场所。与此同时，选择通过国外证券市场来进行筹资的企业和参与国外证券投资的人员越来越多。互联网经济的快速发展，加速了证券市场国际化的步伐，由此带来的优势有两个：一是互联网方便了投资者了解国际证券发行企业的财务状况和经营状况，能更全面快速地了解其他国家宏观经济政策和对证券市场发展变化产生影响的因素；二是互联网的发展使得网上证券交易变为现实，从而为投资者在其他地区或国家进行证券投资提供了便利条件。

（三）网上证券业务优于传统的证券业务

与传统证券业务相比，网上证券的优势有如下几点。

1. 成本优势，费用呈降低趋势

在传统模式经营证券业务过程中，证券商作为交易的中介有很多费用，如人工成本、场地成本、水电费等，而这些费用如果放到网上证券业务模式上都会大幅度减少。当然，在传统证券业务模式下产生的费用项目改变的过程中，会产生一些新的费用项目，如互联网使用的费用，但从费用消耗的整体上来看是逐渐削减的。

2. 便利程度高

互联网尤其是国际互联网的使用为投资者提供了极大的便利条件。投资者不管在什么地方或时间，只要能利用计算机这一网络终端设备与互联网相连，就能快速获取投资的相关信息，开展证券交易。而网上证券业务快速发展的原因之一就是交易便利程度的提高。

3. 证券投资的资讯服务全面快捷

对于证券投资者来说，进行科学合理的证券投资的前提即是掌握充分的投资决策的相关信息。网上证券业务的开展可以使证券投资者通过自主地选择浏览等方式，从网络证券经纪商及证券资讯类网站上获得即时更新的以及经过深入分析和研究的证券投资相关信息，这些信息的获取可以在极大程度上支持投资者的投资决策。与传统证券业务模式相比，网上证券业务的这一特点对证券投资者具有极大的吸引力，这也是网上证券业务的重要优势之一。

对证券投资者而言，掌握大量投资决策信息是开展科学合理证券投资的必要前提。网上证券业务的发展方便了投资者通过网络证券经纪登录证券咨询类网站，利用自主选择浏览等方式及时快速获取刚刚更新或经过深入分析研究的证券信息，而这些信息的获取为投资者做投资决策提供了数据支持。网上证券业务的上述内容成了吸引投资者的重要方面，也是其不可忽视的优势所在。

4. 证券投资咨询与指导趋向个性化

网络证券经纪商和其他的证券机构利用自身网站打造证券投资咨询与指导业务模块，利用这一模块结合特殊投资者对风险及期望投资回报的要求，再将其可投资的考虑其中后为其量身打造投资组合，让其增值目标得以实现。此外，网络证券经纪商和其他证券机构可以通过网站与特定投资者开展实时沟通，为其提供投资上的指导。上述这些是网络证券业务优于传统证券业务的一大方面。在互联网经济时代，网上证券业务所具有的上述优势对企业证券投资而言具有强大的吸引力。此外，网上证券业务交易方式赢得了证券投资企业的关注，并成为其重要的投资选择方式之一。

第四节　互联网背景下分配活动创新

一、虚拟企业的利润分配

互联网技术不断发展与全球化竞争日益白热化，虚拟企业（virtual enterprise）这种虚拟运作模式正在被越来越多的企业所认识和采纳。虚拟企业因其灵活的结构、高效的运作、共享的知识、互补的优势等特征成了能与快速变化的环境相适应的模式之一。虚拟企业受到成员不确定性、契约间续性和结构动态性等因素的影响，使其运作的风险被大幅提高。不仅如此，由于成员之间的信任协作关系不够稳固，容易被各种外在因素影响导致信任崩塌。虚拟企业特别是以某一短期合作项目而组建的虚拟企业，从某种意义上来说只是一个临时性的行动组织而已，一旦项目结束就会宣告解散，这一点从企业利润的分配上也能看出来。短期的虚拟企业在确定利润分配的政策时，不用考虑企业长期规划与发展，它会将其获取的所有利润分配出去，换言之就是在企业存续期间，股利支付率是100%。更为不可思议的是，该类企业在利润分配时会参考消耗资产的处理方式，就是在发放股利的时候将部分初始投资退回去。

对传统企业模式来说，将利润的分配比例（股利支付率）确定下来是制定企业利润分配政策的关键所在。此外，传统企业会以长期可持续发展作为制定利润分配的一个标准。在此标准下，企业会把当年产生的利润留存下来为扩大生产经营规模做准备。当传统企业的现金流不够时，可以选择不进行分配或推迟分配，这一点是按照《中华人民共和国公司法》规定的"无利不分"的原则进行的。

二、利润分配的基础

网络经济时代，推动经济不断增长的动力逐渐转向了知识。在企业现实生产中，企业中个人拥有的知识或经验转化成为人力资本或者无形资产，与物质资本共同参与企业生产经营创造出价值。与物质资本相比，知识转化成的人力资本或无形资本在生产要素中所占的比重越来越大，并要求参与生产分配，也就是人力资本或无形资本不仅要求获得基本的薪酬，还要求参与剩余价值的分配。一般情况下，人力资本会选择股份支付的形式参与企业利润分配。作为国际上常用的利润分配方法，它已经成了企业高级管理层最主要的收入来源。在我国，针对这一做法出台了相应的支持政策，如《中华人民共和国公司法》《上市公司股权激励管理办法》等。

三、知识资本的利润分配形式

互联网经济时代，随着知识资本为企业获取利润贡献的增加，其分配的比例也逐渐增加。这些分配形式按照适用对象的差异，分为版税、专利及专有技术、品牌商标、技术入股、股票期权等。

（一）版税

版税是针对著作权产品而言的。知识产权重要的组成部分就是版权，而版税是以版权为对象支付酬劳的形式，具体指的是著作权人或作品的所有者按照一定比例从著作出版发行的销量收入中获得财产权益。具有版权的作品有音乐、戏剧、曲艺、舞蹈作品，文字作品，口述作品，电影电视剧作品，录像作品，美术、摄影作品，地图、示意图等图形作品，工程设计、产品设计图及说明和计算机软件等。

（二）专利及专有技术

专利是指发明人对自己的发明创造所拥有的各种权利，这些权利主要有所有权、使用权、制造产品权、销售和出口产品权。专利的类型主要有发明专利、实用新型专利及外观设计专利三种。专利既将知识资本的拥有人员在转让其专利时的经济价值体现了出来，也将发明人的经济财产权清楚地体现了出来。非专利技术又叫作专有技术、秘密技术或技术诀窍，指的是符合法律条件且在生产、管理和财务等活动领域应用的不为外人所知的知识、经验或者技能。这些知识、经验或者技能主要有工艺流程、公式、配方、技术规范、管理及销售技巧或者经验等。非专利技术的特点是不享受法律保护但要符合法律条件，外人不知道，需要靠自己保密来维持。非专利技术与其他资本的相同点是能够给企业带来不小的经济效益。

专利及非专利技术参与利润分配的方式有两种：一种是一次转让，另一种是转让使用权。前者是专利及非专利技术所有者在将专利应用获得超额利润前获得专利及非专利技术的购买者所支付的利润。对专利权所有者而言，一次性获取专有技术的转让费用，可以让其不再面对专利及专有技术应用带来的风险，但同样也不会再享受专利及专有技术应用后带来的价值增值。后者企业通过收入租金的方式将专利及专有技术的使用权让渡给其他企业或者个人，且出让者和受让者在一定条件下使用出让的专利及专有技术。该方式虽然风险大，但投资回报也很客观，还可以利用市场价值增值检验其价值。

（三）品牌商标

品牌商标方式指的是采用特许权形式，让商标参与利润分配。作为企业产品服务特性的外在呈现形式的商标，不仅将企业生产经营及管理的理念、文化表达了出来，还通过长时间的积累为企业营造了良好的形象，让企业的价值得以顺利实现。商标参与企业利润分配的形式为品牌或者商品使用的费用。

（四）技术入股

技术入股指的是技术人员以技术发明或者技术成果等作为资本，经过企业评估后投入企业生产经营中从而获得企业股权，享受企业收益的一种利润分配的方式。理论上来说，知识资本投入要素包括经营管理的经验和特有的技术技能等，这些都可以作为资本股份投到企业中获得股份分享收益。而技术股权是知识资本分配中最为高级的一种形式。技术发明最大的吸引力不仅仅在于现实回报快、长期的价值增值回报大，还在于丰厚利润的股权回报。

（五）股票期权

股票期权指的是持有者（买方）在交付了期权费用后获得在合约期限内或到期后按照合约的价格买入或卖出一定数量的公司相关股票的权利。行权作为一种权利，指的是持有股票期权的人可以在合约规定的时间内按照行权的价格购买或卖出公司的股票的过程。一旦行权期内公司的现行股价低于行权价格，那么持有人就可以选择放弃股权。放弃股权对持有人而言在现金上没有任何损失，一旦行权期内公司的现行股价比行权价格高，那两者之间的差价就是持有人的现金纯收益（交易费用扣除后）。按照期权性质来说，在不触犯行权条件的前提下，持有人可以自由决定行权时间，一旦行权发生，条件符合，那就可以将所得股票转让出去。

20世纪70～80年代是股票期权走向成熟的阶段，其为国际上大多数公司所采纳。作为股票分配形式之一的股票期权，其主要特点是公司采用无偿赠予的方式，使企业的利益与员工承担的经营风险捆绑在一起，促使员工积极工作增加自身收益的同时为企业创造更大的价值。

在互联网时代，股票期权将成为知识资本参与利润分配的主要形式之一。股票期权的主要形式有股份认购期权、限制性期权、股票增值权、"影子"股权等。股份认购期权指的是企业员工在规定时间内将之前约定好的经营目标完成后，企业赋予员工按照约定价格购买一定数量的企业股票的一种权利。一旦企业的股票市场价格走高，员工持有者可以选择恰当时间行权，利用行权价与市场股价间的差价获得现金收益。限制性期权指的是员工在企业某些必须的限制性条件，如期限限制或业绩限制等条件下行权的期权形式。股票增值权指的是公司授予激励对象的权利，一旦公司的股票价值上升，那么激励的对象就能利用行权获取一定数量的股价升值所带来的收益。激励对象在行权前不用支付现金，行权后可获得一定数量的现金奖励。"影子"股权与股票期权可以说是相同的，股权持有者有权通过股票差价获得现金收入。

不管是电子政务、家庭办公、电子商务还是网络购物、虚拟企业等都是以互联网为基础发展而来的。互联网使得网络经济呈现出虚拟性、动态性、时效性、国际性等特征。同时，互联网时代呼唤财务管理的创新。互联网时代的经济环境与传统的经济环境相比最大的不同是网络技术广泛的渗透，这使财务管理的环境发生了巨大改变。环境条件的变化要求财务管理活动的每一个环节都要创新。只有如此，才能让企业更好地与时代要求相适应。互联网时代，企业财务管理活动的全面创新离不开网络信息资源与网络技术的广泛应用，在财务管理的每一环节中融入网络技术，可以极大地提高其为企业创造价值的能力。

第五节　互联网背景下财务报告创新

对于企业对外提供的财务信息等资料最常用的表述是财务报告。财务报告能将企业财务状况通过明确的形式呈现出来。对于企业来说，收集和系统分析企业财务报告相关数据，能帮助财务信息使用人员快速全面掌握企业经营及财务状况，同时也能帮助企业管理人员找到企业发展中出现的经营管理问题。现如今，企业经营活动变得复杂多样，财务报告及其分析在企业经营中的作用逐渐凸显出来。在新的经济环境中，传统财务报告的分析方法的局限性日益突出，不仅严重影响了企业管理水平的提高，还严重阻碍了企业的发展。那么，在新的经济形势下，如何改进与创新传统财务报告的分析方法，让其能很好地适应时代的变化，成了企业财务管理中一定要重视的工作。

目前，企业应该认识到互联网时代传统财务报告受到的重大挑战，必须深化改革传统财务报告模式，重新审视财务报告的内容和流程，构建一种全新的适应互联网时代发展的财务报告模式。

一、互联网背景下传统财务报告模式面临的挑战

传统的财务报告采用的是分期报告模式，分为年报和中报，以"四表一注"为主干，其中"四表"主要是指资产负债表、利润表、现金流量表和股东权益变动表，"一注"指的是财务报表附注。该种报告模式能够对资产、负债、利润和现金流量等财务信息进行确认并有效地反映经济信息，发挥其监督作用。但是，随着网络时代的来临，企业在财务信息需求方面改变巨大，使得传统的财务报告模式无法再适应时代需求。

（一）财务主体的多元化和不确定性

在信息技术快速发展的当下，出现了很多以互联网为基础打造的网络公司或者运用互联网平台重新构建产业链的企业。在网络空间，企业经营业务灵活多变，因而网络中的虚拟公司业务随之产生，但随着业务的完成，虚拟公司也

能随时消亡，因而以持续不断地经营这一假设为前提的传统财务报告模式无法与快速短暂的经营活动相适应，也无法与互联网时代的经济发展需求相适应。

（二）互联网时代企业的周期变化

传统的财务报告基于企业持续经营的基础，但互联网不仅加快了信息传播的速度，还缩短了企业的生产周期，加剧了企业经营活动的风险。在此种情况下，企业的利益相关者需要及时了解企业的相关经营状况，随时掌握有助于他们做出决策的信息，因而传统的基于财务分期而进行的定期编制的财务报表无法满足时代的发展要求。

（三）互联网时代财务信息的范围变化

随着互联网技术的发展，人类进入网络经济时代，信息使用者需要获取企业更多的信息，但传统财务报告模式单一地使用货币计量下的财务信息无法满足时代发展的需要。信息使用者期待通过财务报告获取更多有利的信息，既包括货币信息也包括非货币信息，为企业管理者在决策时提供参考依据。因此，网络时代，财务报告要及时改变计量方法，使财务报告信息的容量不断扩充，同时大量增加非货币信息，如外部环境信息、人力信息及地理环境等信息，使企业管理者获得更加全面且系统的财务信息，为企业决策提供具有参考意义的信息。

（四）互联网时代财务信息及时性的要求

财务的价值基于信息用户能及时获得财务信息的假设，如果财务信息获取不及时，那么财务信息也就没有价值可言。传统的财务报告模式主要是以中报、年报的形式提供财务信息，因而信息披露呈现间断性。而在互联网时代，企业经营互动连续性不断增强，网络空间的经济交易更加容易产生，所以，交易活动的不断产生也促使财务信息不断地产生。随着互联网技术的发展，传统财务信息的及时性遭到严重的打击，无法满足信息用户的需求。

二、互联网背景下财务报告创新的必要性

财务报告模式之所以要进行创新，主要是因为两个方面因素的影响：一是因为会计环境的变化，导致原有的模式已经失去了存在的环境前提；二是因为财务信息使用者的需求，同时也因为环境改变而发生变化。因此，为了适应会计环境以及财务报告使用者信息需求的变化，财务报告模式的创新也就显得十分必要了。

（一）网络技术与会计环境

会计环境指的是会计赖以生存与发展的客观条件及其周围状况，在这里主要指的是社会经济环境，至于政治法律环境、科教环境及文化教育环境因篇幅所限不在本次研究范围之内。从会计环境这一角度出发研究会计问题是会计研

究重要的途径之一，将会计环境作为研究的出发点，能很好地从总体高度将会计的本质、目标及其发展规律牢牢掌握住。

企业会计社会经济环境主要有企业外部环境和企业内部环境两种。社会经济环境的发展与变化加之新经济业务的推陈出新，既促进了会计信息需求的快速发展，也极大地促进了会计信息披露模式的改革。会计环境直接影响着会计目标及各种会计原则和规则，也就是说，环境的改变必然要求会计与之相适应，这一点在会计发展的过程中得到了很好的印证。作为会计不可缺少的组成部分的会计环境可以说是会计理论结构中最主要的一种理论因素。会计本就是一个多维的、立体的概念，包含多个维度，如会计事务、会计理论及会计组织等，各维度之间又是相互影响与制约的关系。

工业社会经济环境是传统意义上的会计理论与实务发展起来的基础。网络经济快速发展致使会计环境发生了改变。企业的会计环境由企业内部环境与企业外部环境两部分构成。企业的外部环境主要由社会、政治及经济制度，以及社会经济的发展水平、社会科学技术和文化发展的水平等构成。企业的内部环境主要由组织生产方式、企业管理模式及水平、会计管理制度及人员素质等构成。两种环境是一种相辅相成的关系。从某些层面来说，企业外部环境是通过企业内部环境中的特定组织体现出来的。

随着网络技术的发展与广泛应用，以电子商务为代表的虚拟企业的产生与发展出现了很多新的企业生产管理的方法，如计算机辅助设计（CAD）、"零库存"适时生产系统（JIT）、会计作业成本计算制度（ABC）等，这些新技术和方法的应用对传统的会计环境提出了前所未有的挑战。

（二）网络技术与企业外部环境

网络信息化技术对企业外部经济环境带来的变化主要有下面几点。

1.提升了市场开放度，趋向全球化

网络信息化技术的应用，使得经济市场的开放度不断提升。在这样高度开放的经济市场环境下，现代企业逐渐成了自我约束、发展及适应的社会自助型经济组织。企业的经济活动也不再局限于一隅，而是逐渐向着全球化的方向发展。市场交易的项目也变得多元化，如人力资源、知识产权等都可以作为交易项目进入市场进行公平交易。

2.市场需求多元化，高度细分化

目前，市场主流的流行趋势已经无法再继续维持下去，同化欲望已经被差别化欲望所代替。客户追求独树一帜的欲望使得个性化浪潮蜂拥而至，这就导致市场需求趋向于多元化和多样性的方向发展。为满足市场需求多元化的要求，企业必然会加速技术创新及新技术应用的速度，设计出能满足市场差别化欲望的新产品，这样一来就会导致市场细化。而新产品层出不穷会直接降低产

品更新换代的速度，进一步提高市场细化程度。由此不难看出，网络信息技术时代的经济市场是一个需求多元化、细分程度极高的市场。

3. 经济风险逐步扩大

经济风险的扩大，主要表现在：①不断加速创新的知识技术大大缩短企业产品与设备的使用周期，导致企业不得不面对随时会被淘汰的命运。②网络经济时代，资本流动速度加快，企业与银行之间的金融关系不再牢不可破。企业作为经济主体可以直接进入金融市场，加之金融市场中各种金融工具和金融业务的不断更新，企业融资与投资环境变得更加复杂化，风险也进一步加剧。③网络信息技术在企业内广泛应用，虽然为企业的发展带来了资源的高度共享，但也让企业的竞争对手摸清了企业的具体情况，使得企业经营中的各种风险不断加剧。

4. 进一步缩短了经济机会的有效期

网络信息技术的快速发展，使信息资源高度共享的同时，也让经济信息充分暴露于市场中。企业可以借助网络信息技术通过较低的成本将所需的信息快速汇集到自己手中。在这一条件影响下，取得良好经济机会的竞争会更加激烈，导致的结果不仅使经济机会从发现到使用的时间大大缩短，还会让大批竞争者涌入具有竞争优势的市场中。此外，由于技术创新得到企业重视，使得产品或者服务更新换代的周期大幅缩短，这就会进一步缩短企业占有经济机会有效期的时间。

5. 高度发展的资本市场

信息时代的资本市场因互联网的介入逐渐成为密不可分的整体。筹资方在参与国内资本市场的同时，也能通过国际资本市场寻找融资对象。在网络经济时代，资本市场既包括有形的资本市场，也逐渐向着无形的资本市场也就是网络资本市场转变，这样转变可以帮助企业通过较低的融资成本获得企业经营发展需要的资金。此外，资本市场的高度发展，金融创新技术的推陈出新，使得企业跨国投资愈发方便快捷，也让企业成功规避有些金融风险成为可能。

6. 市场要素流动化趋向明显

市场要素流动化趋向明显，主要表现在两个方面：一方面是劳动力要素流动化。信息技术快速发展的时代，人才成为企业发展的关键因素，企业间的竞争也成了人才间的竞争，且竞争趋势愈演愈烈。这种接近白热化的竞争导致企业劳动力要素流动起来。另一方面是资本要素的流动化。资本市场高度发展促使企业间通过新的商业机会开展资本重组的机会大大增加。网络时代，信息经济一体化发展为大、中、小企业在打破国内市场转战国际市场寻找融资或投资提供了很好的机会，这在某种程度上加快了资本的流动。

（三）网络技术与企业内部结构

1.管理组织结构发生改变

电子商务模糊了物理差距与时差概念，能够帮助企业高效且快速地搜集并处理所获得的数据。企业将电子商务应用到会计部门，能方便会计部门内部及部门与其他部门甚至是与外界的信息沟通与交流。集团企业可以通过电子商务财务软件对全部下属机构完成集中记账、远程报账、远程审计及资金的集中调配等工作。企业采用这一处理方法是将下属机构作为财务报账的单位来对待的，这样不仅能精简基层财务机构的人员，降低会计成本费用，还能使集团总部及时搜集和处理下属机构的数据，从而实现决策科学化、业务智能化的目标。此外，集团企业还能充分调动并利用内部丰富的资源信息以完成信息共享的目标。

2.会计部门内部数据处理技术环境的改变

网络信息技术的发展带来了无纸化交易和电子数据传递这两大产物。电子签名可以确认电子数据的有效性。以磁性为媒介存储体的电子数据的特征有容量大、存储方便、复制迅速、传递快速以及信息共享。这些特征将传统企业内部组织信息传递的时空限制彻底打破了。网络时代计算机的运行速度无可比拟，能通过技术手段将传统会计部门复杂的核算及分析瞬间完成，同时也使得财务报告从形式、内容到发布方式等都发生了翻天覆地的变化。

3.企业营销方式发生了改变

电子商务企业是以互联网为基础来建立营销网络的，买方和卖方通过商务网站进行交易。因互联网无形的特性，所以企业竞争的优势一改之前由雄厚资金所决定的局面，向着由企业信誉、产品质量、售后服务及物流派送能力和人力资源管理等所决定的方向发展。越来越多的企业利用互联网从事营销活动，通过公平竞争的方式获得客户认可，这就需要企业为客户提供大量的相关信息，以提升客户的黏度。

三、互联网背景下财务报告的创新方法

（一）建立实时财务报告系统

网络经济时代提升了财务信息搜集与分析的难度，企业可以通过打造实时财务信息系统解决这一难题。企业可以建立专属的财务信息中心、财务报表平台甚至财务信息门户，这样不仅能及时、全面且多样化地搜集财务信息，还能快速分析搜集到的财务信息，并及时更新财务信息记录。

（二）交互式按需财务报告模式的构建

网络经济时代，信息使用者的需求向着多样化和共同性的方向发展，而利用互联网打造交互式按需财务报告模式能很好地满足信息使用者的上述需求。

交互式按需报告模式指的是将已经按照需要编制好的或者按需要加工好的财务信息在适当的时候提供给决策者，主要目的是满足使用者多样化信息的需求。灵活性较强的交互式按需财务报告模式通过数据库和模块化财务会计程序的建立，利用报告生成器及系统反馈，可以很好地完成信息使用者和财务报告单位之间双向、直接、快速的沟通。而信息使用者还可以主动提出改进报告单位报告系统的方法，从而改善信息不对称的现状。

（三）提升财务报告模式中的风险防控等级

网络经济发展的时期，企业利用财务信息系统打造财务报告实时系统，通过共享财务信息资源成功建设交互式按需财务报告模式。但是，互联网的空间存在的风险导致网络财务报告也会出现避无可避的风险，如财务信息泄露、黑客攻击企业财务网站等。这就要求企业要重视网络财务报告模式中的风险防控，要提升企业网络财务信息系统安全防范的能力。提高企业财务信息系统风险防控的途径有：在制度建立上，企业可以建立用户身份认证、验证及权限管理等制度、系统管理多重控制制度、业务申请处理及预算管理流程控制制度、检查制度等；在技术上，可以采用高级防火墙技术、网络防毒、信息加密存储、数据签名技术及隧道技术等。

总而言之，互联网在财务报告制度中的作用越来越重要。企业财务管理中引进并应用的大量财务管理软件，使得财务报告模式改革与创新的速度不断加快。网络经济时代，传统的财务报告模式将逐渐被网络财务报告模式所替代。因此，企业财务管理人员在面对新的变革时，为了很好地掌握并熟练运用新的财务报告模式，就需要有终身学习的理念，主动学习新的财务报告编制的相关技能，将财务知识与计算机技能融会贯通，满足网络时代新的财务报告模式多元化的需求。

参考文献

[1] 曾俊平, 李淑琴.“互联网＋”时代下的财务管理[M].长春: 东北师范大学出版社, 2017.

[2] 李克红.“互联网＋”时代财务管理创新研究[M].北京: 首都经济贸易大学出版社, 2018.

[3] 晏晓波, 刘磊, 剧凤兰.互联网＋时代下的财务管理[M].北京: 经济日报出版社, 2018.

[4] 王力东, 李晓敏.财务管理[M].北京：北京理工大学出版社, 2019.

[5] 王培, 郑楠, 黄卓.财务管理[M].西安：西安电子科技大学出版社, 2019.

[6] 王培培.财务管理[M].大连：东北财经大学出版社, 2019.

[7] 陈辉如.“互联网＋”背景下财务管理创新研究[J].中小企业管理与科技(下旬刊), 2020（12）:48–49.

[8] 张建彬.“互联网＋”时代企业财务管理转型的思考[J].经济管理文摘, 2020（24）:131–132.

[9] 罗永方.“互联网＋”时代企业财务管理转型性思考[J].中国乡镇企业会计, 2020（12）:218–219.

[10] 濮飞燕.网络经济时代下的财务会计管理研究[J].今日财富, 2020（24）:130–131.

[11] 焦丽娟.“互联网＋”背景下企业财务管理的创新路径[J].决策探索（下）, 2020（12）:77–78.

[12] 周节, 毕文文, 李红菊.互联网＋背景下的财务管理[J].大众投资指南, 2020（23）:178–179.

[13] 芮小泓.基于互联网思维的企业财务管理工作探究[J].现代商业, 2020（33）:185–186.

[14] 杨琳.互联网大数据对财务管理的影响及对策[J].财经界, 2020（33）:88–89.

[15] 支朝胜.浅析互联网环境下财务管理的适应性变革[J].财务管理研究,2020（11）:73-76.

[16] 刘洁.互联网时代企业财务管理转型新策略[J].全国流通经济,2020（32）:45-47.

[17] 戴璐."互联网+"背景下企业财务管理模式研究[J].现代商业,2020（32）:168-169.

[18] 巩树生.浅谈"互联网+"背景下企业财务管理模式[J].商场现代化,2020（21）:163-165.

[19] 孙晓鹏."互联网+"时代下企业财务管理创新思考[J].商场现代化,2020（21）:186-188.

[20] 陈晶晶."互联网+"背景下财务管理的发展策略[J].山西农经,2020（21）:116-117.

[21] 刁仁芹."互联网+"背景下企业财务管理创新研究[J].产业创新研究,2020（21）:137-138.

[22] 高长源.论"互联网+"环境下企业财务会计管理模式创新[J].审计与理财,2020（11）:42-43.

[23] 李方舟.互联网环境下企业财务管理模式创新策略研究[J].纳税,2020（29）:119-120.

[24] 王园艳."互联网+"时代企业财务管理转型研究[J].商讯,2020,（28）:48-49.

[25] 温磊.浅谈互联网企业的财务风险问题及管理建议[J].中国管理信息化,2020（19）:36-37.

[26] 李珍贵."互联网+"时代企业财务管理的创新研究[J].商业文化,2020（27）:42-43.

[27] 张艳茹."互联网+"财务管理模式问题研究[J].营销界,2020（38）:144-145.

[28] 孙明琦.互联网时代背景下企业财务管理创新思考[J].商场现代化,2020（17）:163-165.

[29] 林敬燕.互联网行业的企业内部控制与财务管理探析[J].时代经贸,2020（26）:62-63.

[30] 韩圆圆,靳轩轩.互联网时代企业财务管理新动向探索[J].中国管理信息化,2020（18）:58-59.

[31] 赫然."互联网+"背景下企业财务管理模式探索与创新研究[J].财经界,2020（30）:123-124.

[32] 吴珊珊."互联网+"时代与企业财务管理的创新思考[J].河北农机,2020(9):74.

[33] 常升泽.互联网环境下企业财务风险控制探讨[J].大众投资指南,2020(17):83-84.

[34] 贾秀丽.浅析互联网经济背景下企业财务管理创新[J].山西农经,2020(16):121-122.

[35] 杨荣.新形势下现代企业财务管理存在的问题与对策分析[J].财经界,2020(24):110-111.

[36] 赵文莉.浅谈互联网背景下企业财务管理的创新策略[J].经济师,2020(8):103-104.

[37] 崔英.互联网时代财务管理的定位与创新策略研究[J].中国商论,2020(15):112-113.

[38] 殷悦.互联网状态下的财务管理创新策略[J].产业与科技论坛,2020(14):198-199.

[39] 黄舒娟.基于互联网环境的企业财务管理模式创新分析[J].中小企业管理与科技(中旬刊),2020(7):48-49.

[40] 陆天瑶.互联网时代企业财务管理创新研究[J].营销界,2020(28):93-94.

[41] 赵云.网络时代企业财务管理创新研究[J].财经界,2020(14):99-100.

[42] 任建婷.基于互联网背景下的财务管理创新途径[J].中外企业家,2020(15):59.

[43] 李春梅."互联网+"时代下企业财务管理创新思考[J].商讯,2020(14):57,59.

[44] 王素坤.浅析互联网时代财务管理的创新与发展[J].纳税,2020(13):134-135.

[45] 王睿.中小型互联网企业的财务风险问题及管理建议[J].现代营销(信息版),2020(4):33-34.

[46] 贺婷.新形势下互联网公司财务管理信息系统建设解析[J].商讯,2020(10):43,45.

[47] 黄洪.互联网背景下的企业财务管理创新分析[J].财会学习,2020(10):57,59.

[48] 唐杨.网络经济下企业财务管理对策几点建议[J].中国产经,2020(6):71-72.

[49] 王吉敏.互联网背景下的财务管理创新路径探索[J].中国产经,2020(6):102-103.

[50] 李家豪.互联网背景下财务会计管理分析[J].中国管理信息化,2020(5):60-61.

[51] 孙睿.刍议互联网背景下企业财务管理创新的必要性[J].财经界,2020(3):179.

[52] 罗婧秋.关于互联网时代下财务管理创新的思考[J].现代商业,2019(36):191-192.

[53] 庄宜萍．互联网企业财务管理存在的问题及对策 [J]．财富生活，2019（24）：156-157.

[54] 冯俊．试论互联网发展对财务管理的影响 [J]．中小企业管理与科技（上旬刊），2019（12）:44-45.

[55] 欧星萍．论现在财务管理如何跟上互联网时代发展步伐 [J]．大众投资指南，2019（23）:178,180.

[56] 王敏．互联网对企业财务管理的影响及建议 [J]．产业创新研究，2019（11）:114-115.

[57] 卢云．构建互联网财务管理规范体系研究 [J]．中外企业家，2019,（32）:73.

[58] 彭金叶．"互联网+"环境下企业的财务管理改革探究 [J]．营销界，2019(43):202,209.

[59] 李林．互联网+背景下企业财务管理工作存在的问题与优化对策 [J]．财会学习，2019（30）:33,35.

[60] 李英．互联网+形势下企业财务管理模式研究 [J]．中外企业家，2019（28）:66.

[61] 梅建安．互联网+时代下企业财务管理创新探析 [J]．知识经济，2019（28）:83-84.

[62] 欧阳琪．浅谈"互联网+"下企业财务管理模式 [J]．时代金融，2019(27):57-58.

[63] 吴庞．基于"互联网+"的企业财务管理的创新分析 [J]．才智，2019（26）:242.